政府会计与国家治理现代化丛书

XINGZHENG SHIYE DANWEI CAIWU
GONGXIANGLUN

行政事业单位财务共享论

陈志红　陈志斌　等著

中国财经出版传媒集团
中国财政经济出版社

图书在版编目（CIP）数据

行政事业单位财务共享论／陈志红等著．--北京：
中国财政经济出版社，2019.12
（政府会计与国家治理现代化丛书）
ISBN 978-7-5095-9492-6

Ⅰ.①行… Ⅱ.①陈… Ⅲ.①行政事业单位－财务管理－研究－中国 Ⅳ.①F812.2

中国版本图书馆 CIP 数据核字（2019）第 274164 号

责任编辑：武志庆　　　　　　责任校对：李　丽
封面设计：王　颖

中国财政经济出版社 出版

URL：http://www.cfeph.cn
E-mail：cfeph@cfemg.cn

（版权所有　翻印必究）

社址：北京市海淀区阜成路甲28号　邮政编码：100142
营销中心电话：010-88191537
北京财经印刷厂印装　各地新华书店经销
710×1000毫米　16开　18.25印张　322 000字
2019年12月第1版　2019年12月北京第1次印刷
定价：83.00元
ISBN 978-7-5095-9492-6
（图书出现印装问题，本社负责调换）
本社质量投诉电话：010-88190744
打击盗版举报热线：010-88191661　　QQ：2242791300

课题组成员

"江苏省社科应用研究精品工程"财经发展专项课题重点项目《大智移云时代行政事业单位财务共享的机构设置及人员配置研究》(项目号：18SCA-03)

课题高级顾问：江苏省财政厅赵光副厅长　黄春育处长
　　　　　　　南京大学财务处黄力处长
课题主持人：陈志红
课题组成员：陈佳佳、黄嘉诚、陈雨桐、崔正林、王健、丁子云、
　　　　　　葛晓冬、朱晨曦
课题报告总纂：陈志红、陈佳佳等

"江苏省社科应用研究精品工程"财经发展专项课题重点项目《政府及公共部门财务共享问题研究》(项目号：17SCA-01)

课题高级顾问：江苏省财政厅赵光副厅长　黄春育处长
　　　　　　　东南大学总会计师丁辉教授　任卫时处长
课题主持人：陈志斌
课题组成员：黄嘉诚、陈佳佳、刘岚、张慧丽、周宇倩、朱芬芬、朱晨曦
课题报告总纂：陈志斌、黄嘉诚等

序言

20世纪80年代初,美国福特(Ford)公司在欧洲建立了世界上第一个财务共享服务中心并开始推行财务共享服务模式,财务共享的理念开始生根发芽并逐步发展壮大。到了90年代末,财务共享模式通过大型跨国公司传播到中国。2005年,中兴通讯最早引入这一先进管理模式并建立了财务共享服务中心,开启了我国财务共享发展的历程,自此,国内开始了对于财务共享服务中心的研究。经过十几年的发展,我国一大批企业开始走上财务共享之路,如华为集团、海尔集团、长虹集团、宝钢集团、中国广核集团等。大量企业在建立财务共享服务中心的过程中不断应用和优化了财务共享的理论,大大丰富了财务共享服务概念的内涵和外延。

从2000年起,我国部分省市的行政事业单位在财政监督下进行会计集中核算的工作模式改革,在省级或市级层面建立直属会计核算管理中心,对一定范围内的直属单位进行统一核算,如陕西省2000年5月成立陕西省省级机关会计核算中心(县处级单位),但这种集中核算模式只停留在会计委派制的层面,并未能实现真正意义上的财务共享,需要进一步向财务共享服务模式转型。2017年1月,安徽省合肥市财政局基于财务共享服务理念,以"互联网+"为手段构建了市直预算单位财务集中管理平台,探索建立部门预算、预算执行、会计核算、资产管理、财务决算等业务系统之间的数据共享机制,从而成为我国行政事业单位首个财务共享服务中心。

财务共享服务模式在企业的发展经验,能为行政事业单位财务工作模式的创新与变革提供新的思路。共享中心所发挥出的高效率集中核算和低成本信息共享的优势,为行政事业单位管理规范化、行政高效化、监管透明化的改革发展道路提供了技术支撑，也为行政事业单位贯彻落实党中央提出的"推进国家治理体系和治理能力现代化"要求、向社会公众提供真实可靠的政府会计信息奠定了基础。

  本书重点研究行政事业单位财务共享问题，探讨了行政事业单位财务共享服务中心建设的紧迫性、必要性与可行性，以及财务共享服务中心之间的权责利问题；探索了行政事业单位财务共享的战略目标定位、分阶段财务共享模式、业务流程设计重组、财务共享服务中心的组织架构、岗位配置等；讨论了财务共享服务中心的实现系统和运营保障措施。本书的研究对行政事业单位推广财务共享中心的建设有一定的促进作用，对行政事业单位建设财务共享中心有一定的参考价值，对这一领域的研究也有较大的借鉴意义。

施建军

原对外经贸大学校长、教授、博士生导师

2019 年 10 月 20 日

摘　要

随着"大智移云"技术的发展和国家治理现代化的逐步深化，全面推进政府及公共部门财政管理科学化、精细化以及会计信息化发展已成为时下重要任务，这要求行政事业单位的财务工作由简单的会计核算模式向决策支持型智能信息化转型。财务共享服务作为当下国内新兴的会计信息运作模式，为实现行政事业单位会计信息管理模式的转型提供了新的思路。如何通过财务共享将财务资源与其他资源结合起来，实现单位财务管理的"服务"职能，发挥价值创造功能，助力业财融合的实现，成为现今研究的热点问题。

本书运用调查研究法、文献综述法和案例分析法展开研究，旨在为江苏行政事业单位建设并运行财务共享服务中心提供实践参考。本书在系统梳理已有研究文献获取理论支持的基础之上，通过走访企业、学习和总结财务共享建设经验，走访行政事业单位，了解行政事业单位会计信息共享与管理需求，调查目前行政事业单位部门预算、政府采购与财政集中支付系统以了解它们与会计核算系统的对接。

本书分导论、财务共享模式构建论、机构设置及人员配置论以及实现系统与保障体系论等四个方面展开深入研究。首先，在导论部分，本书探讨了行政事业单位财务共享服务中心建设的紧迫性、必要性与可行性，在此基础上研究了财务共享的战略目标定位；其次，在财务共享模式构建论部分，本书在总结企业典型服务模式的基础上，结合行政事业单位的组织特点和战略目标，探讨财务共享服务模式的构建问题，并基于财务共享服务中心进行了业务流程的优化再造；再次，在机构设置及人员配置论部分，本书研究了财务共享中心与行政事业单位委托—代理关系，按照四个阶段性战略目标设计了四个阶段的组织架构，探讨了在四个阶段中的岗位设置和人员安排问题，详细描述了各岗位的职责分工和对人员胜任能力的要求。最后，在实现系统与保障体系论部分，本书探讨了财务共享系统的构建以及运营保障措施问题，并在系统总体架构和具体子系统的设计方面给出了可行性方案。

目前，对财务共享服务中心的相关研究多数集中在企业层面，对于行政事业单位财务共享的研究停留在提出概念和发出倡议的阶段。本书的研究意义可以归纳为三点：第一，为会计核算组织模式变革的研究提供增量理论贡献；第二，为会计共享模式理论以及共享经济模式的理论研究提供增量贡献；第三，为行政事业单位实施财务共享提供了实践参考，为行政事业单位财务共享体系的建设和运行提供实践指导。

目 录

第一部分 导论

第一章 引言 ……………………………………………………（3）
　一、研究问题界定与研究价值分析 ………………………………（3）
　二、国内外研究现状回顾与评述 …………………………………（12）

第二章 行政事业单位财务共享中心建设紧迫性、必要性与可行性分析 ……………………………………………………………（20）
　一、行政事业单位财务工作的环境分析 …………………………（20）
　二、行政事业单位财务工作方式变革的紧迫性分析 ……………（21）
　三、行政事业单位财务共享中心建设的必要性分析 ……………（33）
　四、行政事业单位财务共享中心建设的可行性分析 ……………（42）

第三章 行政事业单位财务共享的战略目标定位 ……………（46）
　一、研究问题界定及战略目标定位的思路 ………………………（46）
　二、行政事业单位财务共享中心建设的总体蓝图规划 …………（47）
　三、第一阶段：实现集中核算 ……………………………………（50）
　四、第二阶段：实现业财融合 ……………………………………（53）
　五、第三阶段：实现行业集约化管理 ……………………………（57）
　六、第四阶段：实现全面共享和战略决策支持 …………………（61）

第二部分　财务共享模式构建论

第四章　行政事业单位财务共享的服务模式构建 …………………（67）
- 一、研究问题界定及服务模式构建的思路 ………………（67）
- 二、行政事业单位财务共享服务模式构建时应考虑的因素 …………（68）
- 三、企业财务共享中心的服务模式借鉴 …………………（74）
- 四、行政事业单位财务共享中心服务模式构建的影响因素分析 ……（103）
- 五、行政事业单位财务共享中心的服务模式构建与优化建议 ………（106）
- 六、行政事业单位财务共享中心的战略目标确定与服务模式构建调查问卷 ……………………………………………………（114）

第五章　行政事业单位财务共享中心的业务流程设计 ……………（117）
- 一、研究问题界定及业务流程设计的思路 ………………（117）
- 二、实现核算共享阶段的业务流程分析 …………………（118）
- 三、与财政业务协同阶段的业务流程分析 ………………（158）
- 四、实现行业共享和提供战略决策服务阶段的业务流程分析 ………（167）

第三部分　机构设置及人员配置论

第六章　财务共享中心与行政事业单位的关系界定 ………………（177）
- 一、研究问题界定及解决问题的思路 ……………………（177）
- 二、行政事业单位与财务共享中心之间的关系定性 ……（178）
- 三、行政事业单位委托财务共享中心的工作内容 ………（179）
- 四、行政事业单位与财务共享中心的权力及责任内容 …（181）

第七章　行政事业单位财务共享中心的组织架构设计 ……………（190）
- 一、行政事业单位财务共享中心的组织架构设计方案 …（190）
- 二、财务共享中心内部与外部组织架构间的协同 ………（199）

第八章　行政事业单位财务共享中心的机构设置与岗位设置 ……（216）
- 一、集中核算阶段的机构设置与岗位设置 ………………（216）
- 二、业财融合阶段的机构设置与岗位设置 ………………（226）

三、行业集约化管理阶段的机构设置与岗位设置 …………………（232）
四、全面共享和战略决策支持阶段的机构设置与岗位设置 ………（237）

第九章 行政事业单位财务共享中心的人员安排 ………………………（239）
    一、科学的人员测算方式的选择分析 ……………………………（239）
    二、原单位财务人员的转型方向分析 ……………………………（240）
    三、财务共享中心的人员能力要求分析 …………………………（242）
    四、财务共享中心的人员管理与考核要求 ………………………（248）

第四部分 实现系统与保障体系论

第十章 行政事业单位财务共享中心的实现系统 ………………………（251）
    一、研究问题界定及系统实现的思路 ……………………………（251）
    二、行政事业单位财务共享系统的模块框架 ……………………（252）
    三、行政事业单位财务共享系统的功能分析 ……………………（257）

第十一章 行政事业单位财务共享中心的运营保障措施 ………………（263）
    一、制度建设 ………………………………………………………（263）
    二、知识管理 ………………………………………………………（263）
    三、风险管理 ………………………………………………………（264）
    四、绩效管理 ………………………………………………………（265）
    五、内部稽核管理 …………………………………………………（265）
    六、体系保障 ………………………………………………………（266）

主要参考文献 ……………………………………………………………（268）

后　记 ……………………………………………………………………（279）

第一部分

导　论

第一章

引　言

一、研究问题界定与研究价值分析

（一）研究背景与问题界定

1. 研究背景

在国家治理体系治理能力现代化与"大智移云"技术大发展的新时代，中共中央、国务院和财政部多次提出推进我国信息化发展的战略方向。同时在会计行业，财务共享作为"大智移云"技术发展的产物，陆续在大型企业集团得到运用，整个社会越来越需要智慧会计，帮助企业实现价值增值。在国家推进国家战略体系与治理能力现代化、财政部促进会计信息化、科学技术大发展的背景下，国内外企业财务共享服务中心的蓬勃发展，推进行政事业单位财务共享服务中心建设、促进行政事业单位会计人员素质提升、优化行政事业单位会计组织架构成为必然趋势。在这样的时代背景下，本书致力于研究如何构建行政事业单位财务共享服务中心以及行政事业单位会计机构设置和人员配置问题。

（1）国家推进信息化发展的战略要求。进入21世纪，我国的经济和科技实现了飞速的发展，信息化成为新世纪的代名词。2006年5月，中共中央办公厅、国务院办公厅颁布了《2006—2020年国家信息化发展战略》，在这一发展战略中，国家提出了"信息化是当今世界发展的大趋势，是推动经济社会变革的重要力量。大力推进信息化，是覆盖我国现代化建设全局的战略举措，是贯彻落实科学发展观、全面建设小康社会、构建社会主义和谐社会和建设创新型国家的迫切需要和必然选择。"这一发展论断。

为了响应中共中央推进国家信息化的发展要求，同时推进会计行业信息化进程，2013年12月6日，财政部在《企业会计信息化工作规范》中提出："分、子公司数量多、分布广的大型企业、集团企业应当探索利用信息技术促进会计工作的进步，逐步建立财务共享服务中心"，这是我国财政部门第一次在正式规范文件中提出要建设财务共享服务中心。

随后，为了推动管理会计信息化的发展，2016年6月22日，财政部颁布了《管理会计基本指引》，其中第二章第十二条指出："单位应注重管理会计理念、知识培训，加强管理会计人才培养，应将管理会计信息化需求纳入信息系统规划，通过信息系统整合、改造或新建等途径，及时、高效地提供和管理相关信息，推进管理会计实施。"2017年9月29日，财政部颁布《管理会计应用指引第802号——管理会计信息系统》中，将数据共享原则作为企业建设和应用管理会计信息系统的基本原则，"企业建设管理会计信息系统应实现系统间的无缝对接，通过统一的规则和标准，实现数据的一次采集，全程共享，避免产生信息孤岛"，这为财务共享信息系统的开发和建设工作提供了理论指导。

（2）财政部关于会计信息化工作的政策背景。我国财务共享服务的发展，离不开财政部对我国建设和完善管理会计发展进程以及推进企业会计信息化的政策支持。2013年12月6日，财政部在《企业会计信息化工作规范》中提出："分、子公司数量多、分布广的大型企业、集团企业应当探索利用信息技术促进会计工作的进步，逐步建立财务共享服务中心。"2014年10月27日，财政部在《关于全面推进管理会计体系建设的指导意见》中提出了面向管理会计的信息系统建设的三点要求："一是鼓励单位将管理会计信息化需求纳入信息化规划，从源头上防止出现'信息孤岛'，做好组织和人力保障，通过新建或整合、改造现有系统等方式，推动管理会计在本单位的有效应用。二是鼓励大型企业和企业集团充分利用专业化分工和信息技术优势，建立财务共享服务中心，加快会计职能从重核算到重管理决策的拓展，促进管理会计工作的有效开展。三是鼓励会计软件公司和有关中介服务机构拓展管理会计信息化服务领域。"在政府政策的积极推动下，我国企业纷纷建立财务共享服务中心，管理会计和财务会计的信息化取得了进一步发展。

（3）国内外企业财务共享服务中心的蓬勃发展。20世纪80年代，美国福特公司建立了世界上第一个财务共享服务中心,并开始推行财务共享服务,财务共享的理念开始生根、发芽到逐步成长壮大。20世纪90年代末,财务共享服务理论通过大型跨国公司传播到中国。我国财务共享服务中心的萌芽产生于通信行业,2005年,中兴通讯最早引入这一先进管理模式并建立了自己的财务共享服务中心,开启了我国财务共享服务发展的历程。在随后的十几年发展中,在我国的北京、上海、深圳、青岛、大连等经济发达城市,一大批企业开始走上财务共享服务之路,它们在不断探寻着适合自身发展的财务共享服务模式。2006年,华为集团在全球范围内陆续建立了七大区域财务共享中心,2007年,海尔集团首先在总部所在地青岛建立财务共享服务中心,2008年,长虹集团、平安集团财务共享服务中心开始运行,2009年,宝钢集团共享服务中心首先在宝钢股份公司试点建立,2010年,中国广核集团财务共享服务工作开始启动。全国大型企业也逐渐引入财务共享服务理念,在公司内部推行财务共享服务,建立财务共享服务中心。

目前,在全球500强企业中,已有超过80%的企业拥有自己的财务共享中心。而在中国,2005—2010年是我国财务共享服务的探索阶段,一些知名大型企业开始尝试财务共享服务的模式。2010年以后,我国建设财务共享服务中心的企业的数量大幅提升,财务共享服务中心的发展进入百家争鸣的时代。根据英国民间会计组织ACCA与德勤管理咨询公司在2013年3月15日发布的《中国企业财务共享服务现状与展望》的调研报告显示,中国企业实施财务共享服务的比例已经超过一半,而到2015年,这一比例已经提高至70%,近年来更是增长迅速。

放眼全球各大中型企业、行政事业单位,除传统的财务管理模式外,一种新的财务管理模式——财务共享模式在悄无声息中蓬勃发展,这为行政事业单位财务模式的创新与改革提供了新的思路。财务数据的共享不仅仅适用于大型企业集团内部的财务管理,同样也适用于行政事业单位。科学编制预算、合理运用财政资金、公开透明行使单位权利,是全面履行政府机构社会管理职能的根本保障,也是切实保障行政事业单位公共服务效果发挥的必然要求,财务共享中心的建立能够为财政改革和精细化管理提供坚实支持。

(4)研究财务共享组织机构设计和岗位安排是行政事业单位财务服务的实际需要。对于企业来说,从会计集中化核算组织的出现到财务共享服务中心的成型,经历了漫长的过程,在这一过程中,理论界和实务界都对财务共享服务中心构建的要素进行了不断的探索。通过理论的挖掘和实务的应用,财务共享服务中心在构建时基本上需要考虑到战略目标、服务模式、组织架构、岗位人员、业务流程、实现系统、制度保障等要素，并且国内外的企业在以上各个方面的建设已经十分成熟。

然而对于行政事业单位而言，由于政府会计改革的深入，人们才逐渐发现政府部门财务信息的重要性，并且政府部门内部对会计集中化核算的需求越来越强烈，伴随着这种需求，国内的行政事业单位开始尝试去探索建立符合中国特色的财务共享服务中心。在国内行政事业单位的建设进程中，人们关注的焦点往往是政府部门的业务共享问题，因为这是行政事业单位与企业最大的不同之处，因此研究的重心都在于如何将分散核算的业务进行流程再造和优化，以实现业务的集中核算。在这一过程中，对于行政事业单位建设财务共享服务中心时的组织架构问题考虑得较少，对机构、岗位、人员的设置和配置问题没有引起足够的重视。但是，我们发现只有进行合理的组织架构构建，才能为进行业务流程设计提供服务，只有规划了合理的部门和岗位，配置了具有胜任能力的人员，才能为财务共享服务中心的顺利运营提供保障。因此，对于行政事业单位财务共享服务中心组织架构的研究变得迫在眉睫。

此外，伴随着国家对信息化人才的重视，无论是企业还是行政事业单位在进行人员招聘和岗位培训时，都十分重视人员和岗位的匹配度，这种匹配程度既体现在人员的胜任能力上，又体现在他们的工作绩效上。为了给更多的行政事业单位在人才选用提供借鉴和参考，我们必须合理地规划财务共享服务中心的组织架构和机构岗位，使得我国政府部门在选人、用人和留人时能有所依据，发挥人力资源的最大价值。

（5）适应"大智移云"等现代科学技术的变革创新。从技术条件上考虑，在当今时代，大数据、人工智能、云计算、移动互联网、物联网等现代科技的高速发展为财务共享的运用和延伸提供了技术支持，促进了各种不同类型组织单位、各行各业的财务工作向信息化、集中化和智能化转型，这也为行政事业单位财务模式的改革创新创造了条件。

2013年8月第十二届中国互联网大会在北京召开，这届大会概括总结了"大智移云"时代的到来对社会产生的巨大变革，信息化的不断发展不仅推动了整个社会经济的进步，同样也使会计的信息化实现了飞跃。云计算、大数据、移动互联网、智能化等为代表的信息技术的发展将会对传统财务模式带来颠覆，并带来财务工作的高度自动化、无纸化、流程化、数据化。同时，企业拥有自己的云计算平台，企业的财务中心成为最大的数据中心，每天为各管理部门提供决策信息。企业财务实现转型，在与企业整体业务联系更加紧密的同时，能够通过云计算和大数据等信息技术手段对企业资金管理、费用管理、投融资等实行动态高效的监控。

在信息时代下，如何有效地进行企业财务管理，如何充分利用信息时代的优势提升企业财务工作的核心竞争力成为一个重要议题。人工智能技术根据预定规则对财务信息进行高效、集中处理，为财务共享服务提供信息支持；具有海量化、多样化、时效强、价值高特点的大数据、云计算和移动互联网技术能对大量碎片化数据进行有效管理，实时收集、整理、分析、报告、传递，为财务共享服务提供了管理运营、预算管理、业绩分析、风险管控等方面的决策支持，解决了"信息孤岛"的问题；物联网技术将互联网和实物整合在一起，为财务共享服务下的资产管理提供了技术支持。会计行业应在"大智移云"的新兴科学技术背景下，主动参与到财务共享以及信息化建设工程中，寻求利用高科技来提升会计能力，进而提高效率、改善服务、促进转型，提高企业的核心价值。

2. 研究问题界定

本书根据"大智移云"的时代背景探讨构建行政事业单位财务共享服务中心的宗旨、模式选择、流程设计与系统规划、组织架构与人员设置等问题。行政事业单位财务共享服务中心是一个复杂工程，从财务共享中心与行政事业单位的关系界定出发，需要对二者的关系定性及特定关系框架下的权力与责任细节进行深入研究。通过对行政事业单位财务共享服务中心目标的准确定位，结合其他制约因素，探讨行政事业单位财务共享的最优组合模式选择。为了构建行政事业单位财务共享服务中心，需要把握具体的业务流程设计环节。以经济活动的发生为起点，以核算结果的归档和反馈为重点，以会计循环过程为框架，按照时间顺序明确核算相关经济活动的完整环节。科学合理的行政事业单位财务共享服务中心能否有效发挥作用还有赖于信息系统平台的规划建设，从而形成一个系统、整体、协同的行政事业单位财务共享服务中心。具体而言，本书提出如下12个主要研究问题：

①财务共享中心与行政事业单位之间的关系是怎样的，两者之间的权力及责任如何划分？

②如何合理借鉴企业财务共享服务中心的目标，提出最适合当下现实的行政事业单位财务共享目标？如何以目标为纲领，统筹设计服务模式、业务流程和系统设计等具体内容？是否需要对行政事业单位财务共享建设的内外部环境和未来发展方向进行合理预测，以保证目标的时限性和可衡量性？

③如何根据实务经验将行政事业单位财务共享中心的服务模式分类。针对战略目标、各行政事业单位自身的组织特点、行政事业单位现行财务制度和实际财

务工作的适应情况等关键性影响因素，探讨行政事业单位财务共享中心的服务模式如何实现优化升级？

④行政事业单位财务共享中心将如何通过业务流程的设计具体落实到位。业务流程如何按照集中化、标准化、统一化和智能化的方式运行，实现共享核算、业财融合、集约化管理及管理创新？

⑤实现各单位业务所需的所有系统模块包括哪些，各个系统的子模块应有的功能有哪些，各个模块之间的互动关系是怎样的，如何进行组合优化？

⑥企业建立财务共享服务中心的典型组织架构有哪些，设置的机构和配备的人员又有哪些？

⑦对于行政事业单位建立的财务共享服务中心而言，需要采用怎样的组织架构，组织架构需要满足哪些需求？

⑧对于行政事业单位的政府部门预算业务、政府采购业务和国库集中支付业务，如何通过财务共享服务中心进行内外部的组织架构协同？

⑨在行政事业单位的财务共享服务中心的整体组织架构蓝图下，需要设置哪些部门、科室和人员？

⑩在进行行政事业单位财务共享服务中心的人员配置时，有哪些影响因素，对于这些人员的转型要求、能力要求和管理与考核要求又有哪些？

⑪行政事业单位财务共享服务中心组织架构的运营保障措施有哪些？

⑫对于江苏省而言，如何划分阶段性目标来进行行政事业单位财务共享服务中心的组织架构设计和机构人员安排建设？

（二）研究目标、研究方法、研究重点与难点

1. 研究目标

本书的研究总目标是为行政事业单位财务共享服务中心的建设、组织架构及人员配置提供理论指导和规划建议，在这一总目标的指引下，本书需要实现的具体目标包括以下9点：

①为界定行政事业单位和财务共享服务中心之间的委托—代理关系、明确双方的权责利提供理论支撑。

②帮助确定行政事业单位建立财务共享服务中心的每个阶段的战略目标。

③指导行政事业单位在建立财务共享服务中心时进行服务模式的筛选评价、确立和后续优化工作。

④基于行政事业单位的典型业务,研究设计合理高效的行政事业单位财务共享服务中心的业务流程。

⑤为行政事业单位财务共享服务中心实现系统的合理设计和有效对接运行提供规划建议。

⑥厘清"大智移云"从哪些层面对行政事业单位财务共享机构设置及人员配置产生影响,以及需要怎样的行政事业单位财务机构及财务人员。

⑦构建行政事业单位组织架构设置的总体框架,明确行政事业单位财务机构各部门的具体设置、职责权限、职能定位。

⑧构建行政事业单位财务人员的能力框架,明确不同财务岗位应当具备的能力。

⑨从行业管理部门、人才培养机构、行政事业单位和财务人员等不同层面,构建行政事业单位财务机构设置及人员配置的保障机制。

2. 研究方法

(1) 文献研究法:运用文献研究法,搜集、整理关于"大智移云""财务共享""行政事业单位财务机构""行政事业单位财务人员""行政事业单位与财务共享服务中心之间的委托—代理关系"等方面的研究文献,取得研究的基础资料。

(2) 案例分析法和对比分析法:在梳理行政事业单位建立财务共享服务中心可供选用的战略目标时,采用了案例分析法和对比分析法。通过总结企业建设财务共享中心的案例,通过分析内外部环境,归纳出行政事业单位在不同战略目标阶段应当采取或优化的战略目标。

(3) 归纳推理法:通过归纳推理,剖析"大智移云"对行政事业单位财务共享机构设置及人员配置的影响机理与路径,明确"大智移云"时代行政事业单位财务共享机构的职能定位,构建行政事业单位财务人员的能力框架。

(4) 调查研究法与专家访谈法:选择部分行政事业单位为实地调研与问卷调查对象,通过对各行政事业单位人员发放问卷进行调查、邀请政府及公共部门研究领域的专家学者进行交流以及实地参观走访企业、政府部门等方式,了解各行政事业单位对于建立财务共享服务中心的需求、相关的业务流程和对应的操作系统,从需求中提炼模式,从业务流程和操作系统中抓取对构建行政事业单位财务共享服务中心有价值的部分。从而总结行政事业单位建立财务共享服务中心的服务模式、业务流程和实现系统,掌握"大智移云"时代行政事业单位财务共享机构设置及人员配置的重点、难点问题。

3. 研究重点与难点

本书的研究重点在于梳理和重构行政事业单位财务共享服务中心的业务流程。在分析业务流程时，我们既需要考虑到行政事业单位典型的业务类型，保证业务的开展工作与账务的处理工作的有效对接，同时还要考虑到建立财务共享服务中心之后如何对已有的流程进行再造优化，以便后续实现系统的对接。除此之外，在对经济业务和会计业务进行流程再造时，必须考虑到财务共享中心的机构和岗位设置问题。因此，解决好业务流程的问题成为本书研究的关键所在。

本书的研究难点在于对行政事业单位财务共享信息系统的构建。在财务共享服务建设过程中，信息系统的建设贯穿始终，能否成功上线使用是财务共享服务能否开始运营的标志。本书假设信息系统应融合行政事业单位各个流程，并在此基础上进行流程再造和优化创新，从而实现端到端的实物流、资金流、信息流的统一和财务业务的协同。另外，信息系统还应被看作为行政事业单位主管部门、政府相关部门、银行或其他关联方等不同角色提供统一的信息集成平台，满足不同的财务需要。这两方面因素对信息系统设计的合理性、全面性、可操作性都提出了严格的要求。

（1）研究重点

①梳理和重构行政事业单位财务共享服务中心的业务流程，既需要考虑到行政事业单位典型的业务类型，保证业务的开展工作与账务的处理工作的有效对接，同时还要考虑到建立财务共享服务中心之后如何对已有的流程进行再造优化，以便后续实现系统的对接。除此之外，在对经济业务和会计业务进行流程再造时，必须考虑到财务共享中心的机构和岗位设置问题。弄清"大智移云"从哪些层面对行政事业单位财务共享机构设置及人员配置产生影响，"大智移云"时代需要怎样的行政事业单位财务共享机构及财务人员等一系列问题。

②构建行政事业单位财务机构设置的总体框架，明确行政事业单位财务机构各部门的具体设置、职责权限。

③构建行政事业单位财务人员的能力框架，明确不同财务岗位应当具备的能力，确定不同财务岗位的人员选择标准。

（2）研究难点

①构建行政事业单位财务共享信息系统，本书假设信息系统应融合行政事业单位各个流程，并在此基础上进行流程再造和优化创新，从而实现端到端的物流、资金流、信息流的统一和财务业务的协同。另外，信息系统还应被看作为行政事业单位主管部门、政府相关部门、银行或其他关联方等不同角色提供统一的

信息集成平台，满足不同的财务需要。这两方面因素对信息系统设计的合理性、全面性、可操作性都提出了严格的要求。

②明确"大智移云"时代行政事业单位财务共享机构的职能定位及财务人员的角色定位，是本书需要突破的一个难题。

③从行业管理部门、人才培养机构、行政事业单位和财务人员等不同层面，探讨如何构建行政事业单位财务机构设置及人员配置的保障机制，是本书需要突破的另一个难题。

（三）研究价值与研究意义

1. 理论意义

本书对于行政事业单位财务共享服务的研究具有三点重要的理论价值。首先，近年来学术界对于财务共享服务中心这一新兴的财务组织方式的研究如火如荼，但关于这一领域的理论研究多集中于企业层面，几乎没有涉及行政事业单位，而对于行政事业单位会计核算和财务管理的研究也大多关注其会计集中核算、政府财政预算等问题，因此，本书可以为行政事业单位的财务共享服务中心建设、机构设置及人员配置提供理论贡献。其次，对于构建财务共享服务中心的关键要素，已有的理论研究重点都在共享中心的选址、组织架构和系统上，很少研究到共享中心的战略目标、服务模式、业务流程等问题。本书在深入分析财务共享服务中心的构建要素后，将目标、模式、流程和系统、机构及人员作为切入点进行了理论研究，可以进一步丰富财务共享服务中心的理论框架。最后，本书探讨的行政事业单位会计核算和财务管理问题，对于推进政府会计改革在各省市地区的具体落实也具有一定的理论指导意义。

2. 现实意义

在实践中，财务共享这一会计运作模式多应用于各大中型企业集团，而行政事业单位运用较少，尚未形成较为成熟的适用于行政事业单位的财务共享系统。本书的意义在于为行政事业单位实施财务共享提供了实践指导，具体的实践意义包含以下4个方面。

（1）总结了行政事业单位建设财务共享服务中心的原因。本书通过分析行政事业单位和财务共享服务中心之间的委托—代理关系以及行政事业单位财务共享服务中心的战略目标，指出了行政事业单位的规模、经济业务和会计业务量日益庞大导致了各单位之间的财务信息汇总与传递存在严重的滞后性等问题，降低了政府及公共部门的会计核算和财务管理工作的效率，因此需要考虑借鉴企业会计集中化核算的需要，建立行政事业单位财务共享服务中心。

（2）梳理了行政事业单位建设财务共享服务中心的基本要素。本书有四大分析切入点，分别是行政事业单位财务共享服务中心的战略目标、服务模式、业务流程和实现系统，这四大切入点构成了分析财务共享问题的基本要素。通过本书形成的分析框架，可以为江苏省乃至全国的行政事业单位财务共享服务中心的建设提供框架指导，从这四大基本要素维度帮助进行财务共享中心的构建。

（3）分析了行政事业单位建设财务共享服务中心的目标定位。通过本书的研究，我们发现行政事业单位在实施财务共享以后，首先可以完成对各预算单位经济业务会计集中核算的需要，即实现核算共享的战略目标。其次可以进一步推动政府单位业务和财务的融合，将政府部门的预算管理系统、政府采购系统和国库集中支付系统与财务共享中心系统进行对接，即实现系统对接的战略目标。最后可以帮助省财政厅和国家财政部门进行集中管控、绩效评价、大数据信息分析、监督稽核和财政审计等相关工作，即实现宏观管控的战略目标。

（4）为在全国范围内的行政事业单位建设财务共享服务中心、机构设置及人员配置提供范本。本书的研究是为江苏省行政事业单位建设财务共享服务中心提供参考，但是如果能在江苏省范围内进行实践的检验，并根据实际建设经验继续完善和优化行政事业单位财务共享中心的服务模式、组织架构、业务流程和实现系统等基本要素，则可以在全国范围内推广江苏省的建设经验，并将财务共享中心向全国模式进行升级优化。通过江苏省的建设经验，可以进一步为政府会计改革下全国范围内的行政事业单位会计核算和财务管理工作提供蓝本。同时，本书探讨如何在"大智移云"时代提升行政事业单位财务共享机构设置及人员配置的科学性、合理性，有利于明确"大智移云"时代行政事业单位财务共享机构的职能定位及财务人员的角色定位，找准财务机构及财务队伍建设的着力点，提升我国行政事业单位财务管理水平及财务队伍的整体素质。

二、国内外研究现状回顾与评述

（一）共享服务与财务共享服务概念提出与实践情况

理论界最早关注的是企业的共享服务。共享服务的概念由 Robert Gunn 等

（1993）首次提出，他们认为共享服务打破了传统思想，通过人员和技术等资源的共享减少企业层级，实现分散管理，能够使企业获得竞争优势。Barbara E. Quinn（1998）认为"共享服务是一项商业经营：以顾客为中心+服务收费=商业。只有在拥有明确的客户群体的情况下，公司后台部门的工作才能得到保障。公司后台部门在设计服务产品时，需要根据作为客户的公司其他部门的实际需求和支付意愿来提供有针对性的服务。"Bryan Bergeron（2003）认为共享服务是一个半自主的业务单元，有自己专门的管理机构，并且能够参与市场竞争。通过共享服务，企业内部职能能够很好地结合在一起，实现资源的优化配置，降低成本，同时提升服务能力，让客户更满意。

21世纪初，我国才开始引入共享服务。国内学者对共享服务的研究较晚，而且更多集中于对财务共享服务的研究。陈虎等（2014）在《财务共享服务》一书中指出，财务共享服务中心设有专门的管理机构，通常是一个独立的主体，根据客户需求，明确价格与服务质量，为客户提供具体的服务，甚至可以在公开市场上和其他企业展开公平竞争，是一种新型的经营管理模式。陈虎等（2008）认为共享服务中心是通过对重复业务进行整合，把有限资源放在核心业务上的一种创新管理模式。财务共享中心有助于降低成本、提高效率、保证服务质量、提高客户满意度。财务共享中心以客户需求为导向，为企业内各业务单位和外部企业客户提供专业共享服务。

财务共享服务是从共享服务中剥离出来的专注于财务流程的共享，国外对单独的财务共享服务的研究较少，大多在共享服务的基础上讨论财务共享服务。在共享服务实践中，因为财务与各业务活动都有着密切的联系，且具有规范性、业务量大的特点，所以财务交易流程在共享中心中占据着重要地位。Schulz等（2010）对财务共享服务中心的作用进行了研究，指出财务共享中心的其中一个优势在于可以形成财务流程、财务人员和组织之间的平衡，从而一定程度上帮助实现企业的利益最大化和战略目标的达成。Jassen等（2013）通过案例分析，对财务流程的功能变化进行了研究，指出共享服务能够弥补企业因扩张造成的财务流程支持功能的衰退。Poter（2013）对共享服务的发展现状进行了研究调查，指出当前的世界500强企业中，超过70%的企业已经将共享服务落实到实践中。在实施共享服务的企业中，跨国公司的比例最高，达到了90%，并且得到了较为理想的效果。

而国内学者普遍从案例研究中得出结论。他们认为，财务共享服务具有资源整合、信息共享的功能，并且有利于企业的高效决策。胡勇（2016）以集团医院为例进行研究，阐述了财务共享模式下的财务核算与管理更标准化、更具可复制性的优势，有利于支持集团扩张和风险管控。侯增周（2016）在介绍了什么是会计工厂以及如何构建会计工厂体系的基础上，详细罗列了该体系的优势。金灿灿、王竹泉（2017）对海尔集团财务共享中心的绩效管理和财务共享模式进行了纵向比较研究，他们认为在财务共享运行初期阶段，相应的绩效改善不明显，甚至恶化；在财务共享运行的发展期阶段，绩效改善也不明显，但没有恶化；在财务共享运行成熟期阶段，提升了企业绩效。陈阳（2017）则认为共享服务的核心是合作共赢的理念，通过重整各单位的资源，进行信息共享，实现合作共赢。

（二）财务共享服务的优势研究

大部分学者对财务共享服务的优势多从资源整合和经营目标两方面入手。Bergeron（2003）指出共享服务是一个全新的、独立的业务单元。明确了企业的经营结构，明确了以节约成本、高效率、创造价值为经营目标，在集中处理业务的同时，与其他专业服务者展开竞争。Martin Fahy（2005）认为共享也属于企业战略的范围，它既能使其资源整合、节约成本，还可以消除分散核算带来的信息不对称问题，这使得财务共享服务更加具有竞争力。Daniel C. Melchior Jr.（2009）深入讨论了共享服务经理的职责，并且讨论了服务共享中心的作用、机构选择、流程建设和团队中心成本分担，明确了共享服务模式的应用优势。Denburgh（2010）在文中主要探讨了开展财务共享模式，可以在业务量大的同时，缩减财务人员的数量，减轻财务人员工作量，降低单位成本，真正实现企业的规模经济效益。张瑞君（2008）在《财务共享服务模式研究及实践》一文中曾提到：共享服务是大型企业集团一种新的管理模式，通过建立并实施财务共享服务可以显著降低集团内日常事务性工作的人力成本和时间成本，提高工作效率，并在最大程度上支持企业集团整体战略目标的有效执行。

也有部分学者结合时代背景，从大数据与云计算方面分析了财务共享服务对企业的重要性，他们认为，运用财务共享服务能够使现代企业在面对激烈的市场竞争环境中获得竞争优势。黄庆华等（2014）阐述了共享服务模式的发展基础，在大数据背景下，该模式的发展和应用有其必然性。王钊等（2016）认为进入大数据时代，财务共享模式被越来越多的企业认可，通过对集团的案例进行分析，阐述财务人员的分流和企业防范与应对风险。刘玉爱（2016）主要研究了"共享中心"的管控理念、实施步骤和优化途径，目的是对集团成员进行管理，处理好各公司之间的关系，它体现了企业财务管理在这一模式下的优势，促进了集团管理和控制中的转型。程平等（2016）提出在大数据和云计算等新技术的推动下，越来越多的大型集团企业，重视共享模式的应用，IT 审计有利于规避该模式的 IT 风险。魏新峰（2017）主要论述了企业财务集中管理模式的构建和改进，认为现代企业在面对激烈的市场竞争环境时，需要改变管理模式，加快构建新的财务集中管理模式。曾雨露（2017）探讨了在大数据时代，共享模式产生的必然性和重要性。实施共享模式可以优化企业各部门的工作流程，降低企业整体的运作成本。

（三）行政事业单位的财务共享服务中心建设研究

目前，大部分学者对行政事业单位财务共享的研究多集中在会计集中核算方面（张晓宇，2016；李明峰，2015；于红军，2012），虽然也有部分学者提出构建会计信息化平台（蔡杰，2014；戴洪健，2008；卢燕，2003），但是真正付诸实践的行政事业单位少之又少。

学术界对于行政事业单位搭建财务共享中心有诸多考虑，从财务共享模式来看，黄书娟（2017）主要阐述了财务共享模式的产生、运行体系，并分析行政事业单位的实际情况，找出行政事业单位目前存在的问题，最后为行政事业单位构建该模式提出对策，为行政事业单位财务管理改革提供建议。张顺（2014）认为，实施共享模式后，行政事业单位需要科学合理地划分共享服务机构与各单位的职责关系、实施财务业务流程再造和部门财务管理制度标准化，并建议通过财务共享服务模式集中各单位高素质会计人员，充分发挥专业团队优势，实施基于共享服务模式的财务管理信息系统，以供上级监管部门、财务共享服务机构和各用户单位共同使用。

一方面，从财务共享实现系统来看，张顺（2014）提出系统建设需要关注三个层级：首先，要涵盖行政单位、事业单位、国有建设单位、社团组织等本部门所需的各种不同会计制度下的财务核算功能，保障会计核算和会计信息规范、准确、完整。其次，要尽可能集成预算管理、资产管理、政府采购、合同管理等各项财务业务管理功能，实现财务业务数据集中归集和协同应用。最后，要根据各类业务流程特点设置相应的风险预警和控制规则，通过信息化手段实施内部控制。安徽省合肥市财政局 2016 年基于财务共享服务中心理念，以"互联网+"为手段，通过构建财务共享服务平台——市直预算单位财务集中管理平台，探索建立部门预算、预算执行、会计核算、资产管理、财务决算等业务系统之间的数据共享机制，计永芳（2017）觉得此举进一步强化对各级预算单位的财务监督管理，提升市直单位的财政财务管理水平。该平台实现了与其他系统的对接：通过国库集中支付系统对接，系统可自动生成记账凭证；通过与资产管理系统对接，可以消除固定资产账实不符问题；通过与决算系统对接，可为决算报表编制提供数据基础。此外，主管部门、财政、审计等部门可实时查询单位会计信息，监管效力提升。财政部门可汇总分析各单位财务数据，财政财务管理水平得到提高。刘慧娴（2017）认为，该平台遵循"统一核算流程、单位独立核算、数据集中存储、财政统一管理"的要求，也就意味着，该系统实现了财政部门与市直预算单位的数据共享，而具体的财务核算由各单位独立进行，这和通常意义下的"财务共享"含义不同，该系统只能视为行政事业单位财务共享系统的雏形。

另一方面，从财务共享体系架构来看，光建梅（2018）认为，需要建立财务共享服务综合管理系统、财务共享服务业务管理平台以及财务共享服务绩效管理与人力资源系统；李思思等（2018）从IT平台、标准化的财务管理制度与处理流程三方面提出建立行政事业单位财务共享中心体系；王春科（2016）则较为具体地提出行政事业单位财务共享中心基本架构包括构建基于全面精细化预算管理的财务管理体系、构建基于OA网络系统的财务办公体系、构建单位与银行实时互联的支付体系、构建与单位各业务系统互联互通的信息传递体系和构建为单位各部门实时提供信息服务的财务发布信息体系五大块内容。

（四）"大智移云"特征及对财务机构设置及人员配置影响研究

"大智移云"是大数据、智能化、移动互联网、云计算、物联网、区块链的集合，各个技术并非彼此孤立而是相互关联、相辅相成、相互促进（杜欣，2016）。大数据的精髓在于促使人们在采集、处理和使用数据时思维的转变，这些转变将改变人们理解和研究社会经济现象的技术和方法（秦荣生，2014）。在互联网、云计算等技术支持下产生的大数据，具有规模大、类型多、处理速度快、价值密度低等基本信息特征（袁振兴等，2014）。

"大智移云"技术对全球经济社会产生巨大的影响，从根本上改变了企业经营模式，财会工作也将朝着无纸化、智能化、自动化的方向发展（刘帆，2018）。在"大智移云"时代，除货币数据以外，文本、图片、音频、视频等非结构化、碎片化数据快速增长，并逐渐占据数据的主体地位，丰富了会计数据的内容（夏红雨和刘艳云，2016；廖敏霞，2018）。在"大智移云"时代，财务人员不仅要能认识到大数据、云计算等信息技术对企业应对行业竞争的意义，还要能从企业大量的半结构化、非结构化数据中挖掘出对企业有价值的数据，并运用这些数据为企业的决策提供支持（曹翠珍和王富坤，2017）。

（五）财务共享特征及其对财务机构设置及人员配置影响研究

财务共享服务是一种以信息技术为依托的新型财务管理模式，通过在财务共享服务中心进行流程再造、标准化和集中处理来提升业务处理效率（李桂荣和刘卓然，2017），是基于统一的系统平台、ERP 系统、会计核算方法和操作流程等来实现的会计核算或财务管理平台（黄国成等，2012）。建设财务共享服务中心的目的之一就是为了实现财务转型，发挥财务对于业务的决策支撑和更好的服务（张庆龙，2017）。

财务共享价值主要表现在提高会计信息质量、加速业财融合、促进财务人员转型及财务管理深化、强化集团管控、促进企业信息化转型等方面（张军，2017）；同时，财会队伍专业化分工更加明细，将向基础财务、业务财务和战略财务三个方向分流（郭万莉，2015）。因此，开展多维化培训十分必要，以最终达到建设一支专业能力强、作风过硬、视野广阔的人才队伍的目的（石磊，2016）。

现有的文献从"大智移云"对财务机构设置及人员配置的影响、财务共享对财务机构设置及人员配置的影响等方面进行了有益的探索，奠定了该领域研究的基础，但主要集中于企业领域，缺乏对行政事业单位的探讨。总体来看，在大智移云时代，对于如何提升行政事业单位财务共享机构设置及人员配置的科学性、合理性，尚未形成统一的认识，诸如"大智移云"时代财务共享需要怎样的行政事业单位财务机构及人员，行政事业单位应当如何设置财务机构及配置财务人员，优化行政事业单位财务机构设置及人员配置的策略有哪些？这些问题还有待于展开系统的研究。

（六）企业财务共享中心组织架构建设借鉴研究

组织架构是企业的流程运转、部门设置及职能规划等最基本的结构依据，常见的组织架构形式包括中央集权制、分权制、直线式以及矩阵式等（解金城，2012）。财务共享服务中心（FSSC）的组织架构包含三部分内容：一是财务共享服务中心在企业整体中所处的地位；二是财务共享服务中心内部组织架构设置；三是财务共享服务中心与外部组织架构的协调对接。关于财务共享服务中心在组织中设置，可能存在两种情况：一种是在财务部下面设置财务共享服务中心和预算中心、资金管理中心等多个机构，由财务共享服务中心负责对各项业务进行核算，资金管理中心从共享中心获取资金相关数据进行资金的分析与管理，预算中心从共享中心获取核算的基础数据进行预算的分析与管理；另一种是财务部下面设置预算中心、资金管理中心等机构，而财务共享服务中心和财务部平行。关于财务共享中心内部的架构设置，可以按照业务流程性质分成多个业务组，各个业务组根据各自业务流程提供专业的服务，比如设置费用报销核算组、总账核算组、应收核算组、结算组等，另设一个小组支持业务单元的运行（黄国龙，2012）。

通过对企业组织结构的分析，发现传统的组织结构有两种形式：一种是集中式的，即每一支持职能都服务于所有的业务单元或地区；另一种组织形式称之为事业部或分公司的组织形式，其结构是在分公司或者在一个事业部的层面上拥有自身所需的所有辅助支持部门，这种组织结构也称为分散式。而在共享服务管理模式下，企业将能够共享的各个职能中的服务部分独立出来，作为一个专门的运营机构提供共享服务，这种结构创造了世界级/地区级的服务体系以满足企业特别服务的需求。在共享服务模式下，各个组织的职能在三个层面发生了变化：第一，从公司总部或者战略管理层面来讲，它所注重的是制定公司总体战略和政策，统一规划人力资源和资金资源分配，进行技术资源开发，设定各职能的标准以及公司总体绩效的管理；第二，在事业部或分公司层面，它所专注的是对事业部或分公司的管理和绩效衡量，管理研发、生产、营销、服务，承担各自的损益，关注本事业部的战略以及自己的特殊职能；第三，作为共享服务中心，它所提供的是一个跨地区、跨部门、具有规模经济效应的共享服务（何瑛，2010）。

刘彩银（2017）在论及财务共享服务中心制度及核心系统的构建时，认为财务共享服务中心的构建应采用业务分工和会计主体分工相结合的原则。比如对于费用报销审核这类业务，审核人员可以跨法人账套进行专业操作，通过抢单的方式可以提高操作效率，同时杜绝舞弊行为的发生；对于报表编制工作，对于具体的会计主体应该安排专门的人进行固定服务，减少沟通协调方面的成本。根据这种设计原则，需要清晰界定财务共享中心的工作哪些是属于效率型，哪些是专项型工作。

从已有的文献来看，对于财务共享中心的组织规划建设，通常应遵照核算与管理相分离的原则（施盈盈，2013）。这一原则要求集团所属各法人主体及下属各单位保留财务管理机构和财务管理职能，撤销会计核算及出纳岗位，改核算单位为核算支持单位，保留财务管理核算支持岗位，在业务上由财务共享中心统一管理，完成财务支撑工作。

（七）文献述评

从国外研究现状来看，学者们对财务共享服务的产生背景、内涵、职能、优势、应用情形等进行了界定，并且重视以企业的应用实践来检验财务共享理论的有效性，并且深入追踪研究了企业建设财务共享服务中心之后带来的长期经营绩效和管理水平的改变。从国外多年的实践应用方面来看，学者们发现财务共享服务中心确实真正高效地为企业各部门提供了服务，促进了企业管理模式的转型。从国内研究现状来看，学者们对财务共享服务的产生、发展与应用，无论是理论研究进程还是实际应用经验方面，都进行了比较多的探讨。国内的大部分研究集中于财务共享的构建、实施与应用带来的效益分析，学者们普遍发现财务共享中心的建设有助于提高企业财务管理工作的水平，有利于进一步提升公司的经营业绩。除此之外，建设财务共享服务中心的企业可以将有限的资源进行整合，把更多的精力投入核心业务，获得长期竞争优势，提高效率、降低成本。然而，目前大部分学者对财务共享服务中心对业务流程的优化和再造只集中在费用报销、应收应付款管理、资金管理、非货币性资产管理等基本核算功能上，财务分析、资产管理、税务筹划、职能决策等高级财务职能的实践相对匮乏，且缺少对行政事业单位运用财务共享服务中心的理论研究与实践经验。

综上所述，学术界对建立行政事业单位财务共享中心没有形成统一的观点，也没有对行政事业单位搭建财务共享中心的关键性要素和如何进行机构设置及人员配置作出分析。本书以行政事业单位财务共享服务中心建设的必要性、紧迫性和可行性分析为起点，以行政事业单位与财务共享中心之间的委托—代理关系为切入点，通过对财务共享的战略目标定位进行分析，选择适合行政事业单位财务共享中心发展建设的服务模式，设计行政事业单位财务共享中心的业务流程，运用财务共享系统不同的功能模块来搭建行政事业单位财务共享中心的运行系统，设计行政事业单位组织架构，研究其机构设置与岗位设置，并合理安排人员，最终提出保障其运营的相关措施。

第二章

行政事业单位财务共享中心建设紧迫性、必要性与可行性分析

一、行政事业单位财务工作的环境分析

行政事业单位的财务工作现状决定了财务共享中心建设的必要性、紧迫性和可行性。所以，本章运用SWOT这一战略分析工具分析了行政事业单位当前财务工作的内部和外部环境，为进一步的必要性、紧迫性和可行性分析奠定基础（参见图2-1）。

行政事业单位财务管理面临的外部威胁和内部劣势都昭示着财务工作方式变革已经迫在眉睫，唯有主动求变，才能克服发展瓶颈，保持自身的先进性和纯洁性。所以，本书将在下文中详细分析行政事业单位面临的问题，论述其财务工作方式变革的紧迫性。行政事业单位的财务工作方式应当怎么变、如何变？本书认为建设财务共享是其必然的选择，因此，本书结合行政事业单位的实际需求分析了行政事业单位财务共享建设的必要性。最后，本书结合预算单位财务工作的外部机遇和内部优势，分析其财务共享建设的可行性，如图2-2所示。

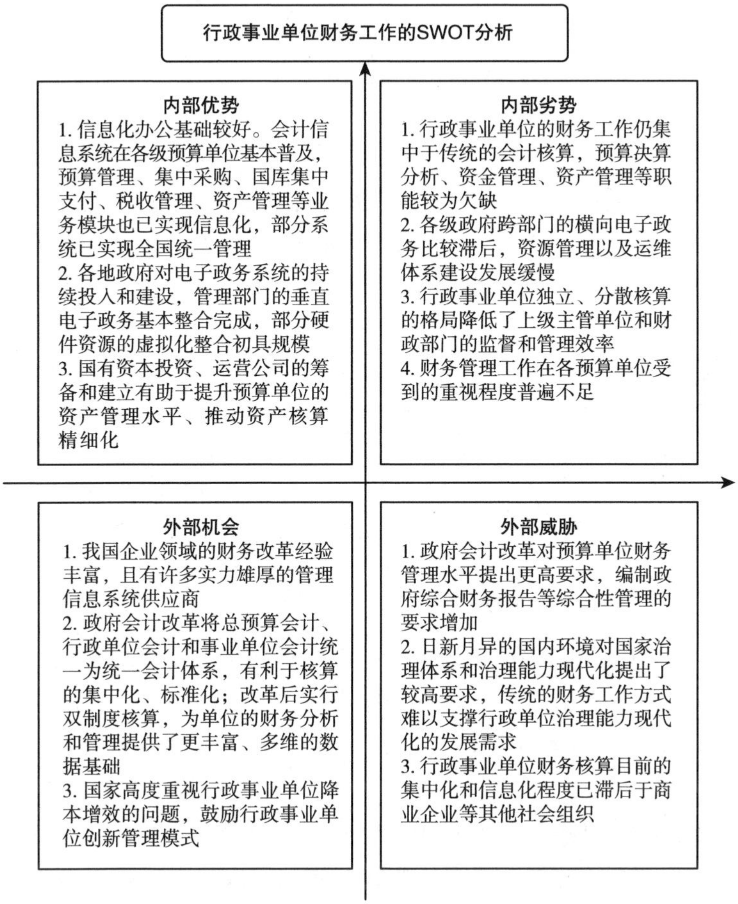

第二章　行政事业单位财务共享中心建设紧迫性、必要性与可行性分析

行政事业单位财务工作的SWOT分析

内部优势
1. 信息化办公基础较好。会计信息系统在各级预算单位基本普及，预算管理、集中采购、国库集中支付、税收管理、资产管理等业务模块也已实现信息化，部分系统已实现全国统一管理
2. 各地政府对电子政务系统的持续投入和建设，管理部门的垂直电子政务基本整合完成，部分硬件资源的虚拟化整合初具规模
3. 国有资本投资、运营公司的筹备和建立有助于提升预算单位的资产管理水平、推动资产核算精细化

内部劣势
1. 行政事业单位的财务工作仍集中于传统的会计核算，预算决算分析、资金管理、资产管理等职能较为欠缺
2. 各级政府跨部门的横向电子政务比较滞后，资源管理以及运维体系建设发展缓慢
3. 行政事业单位独立、分散核算的格局降低了上级主管单位和财政部门的监督和管理效率
4. 财务管理工作在各预算单位受到的重视程度普遍不足

外部机会
1. 我国企业领域的财务改革经验丰富，且有许多实力雄厚的管理信息系统供应商
2. 政府会计改革将总预算会计、行政单位会计和事业单位会计统一为统一会计体系，有利于核算的集中化、标准化；改革后实行双制度核算，为单位的财务分析和管理提供了更丰富、多维的数据基础
3. 国家高度重视行政事业单位降本增效的问题，鼓励行政事业单位创新管理模式

外部威胁
1. 政府会计改革对预算单位财务管理水平提出更高要求，编制政府综合财务报告等综合性管理的要求增加
2. 日新月异的国内环境对国家治理体系和治理能力现代化提出了较高要求，传统的财务工作方式难以支撑行政单位治理能力现代化的发展需求
3. 行政事业单位财务核算目前的集中化和信息化程度已滞后于商业企业等其他社会组织

图 2-1　行政事业单位财务管理工作的 SWOT 分析图

二、行政事业单位财务工作方式变革的紧迫性分析

（一）传统财务工作方式影响了国家治理体系和治理能力现代化的建设

2013 年中共十八届三中全会通过的《中共中央关于全面深化改革若干重大问题的决定》（以下简称《决定》）提出："推进国家治理体系和治理能力现代化"。这里第一次把国家治理体系和治理能力与现代化联系起来，着眼于现代化，并以现代化为落脚点，揭示了现代化与国家治理有着密切的内在关系，国家治理

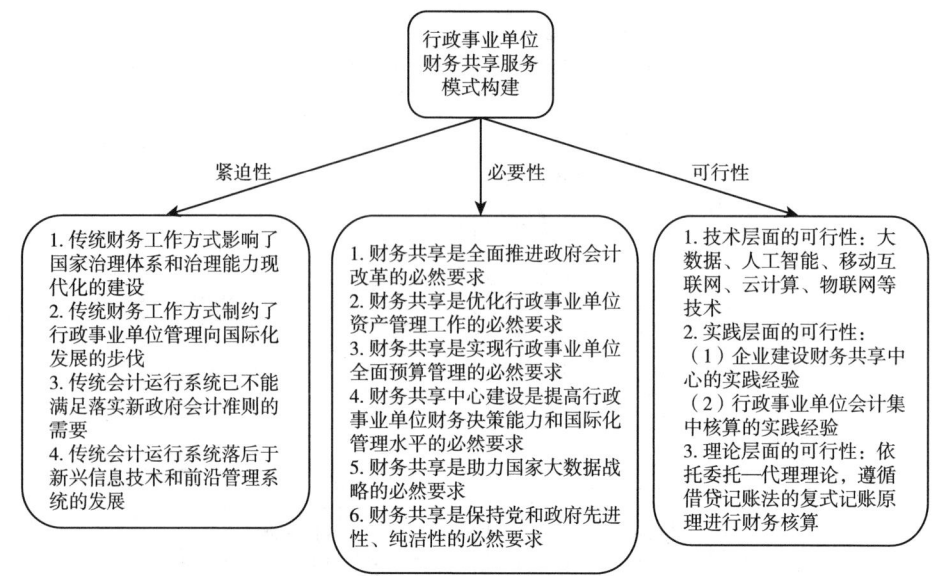

图 2-2 行政事业单位财务共享中心建设的紧迫性、必要性和可行性

离不开现代化,现代化构成国家治理的题中应有之义。我国国家治理理论提出国家治理现代化在一定形式上主要体现为国家法规制度的完善,具体体现为更加尊重各类主体的利益、调动其积极性,共同提高治国理政效能(陈志斌、潘俊,2015)。

同时,《决定》明确提出要"建立权责发生制的政府综合财务报告制度"的战略部署,实际上赋予了政府会计在推进国家治理现代化中的重要角色。推进国家治理体系与治理能力现代化是一项涵盖多领域、多部门的复杂的系统性工程,信息特别是关键信息及其传导机制是决定国家治理能否正常运转效率高低的关键因素。但是在传统财务工作方式下,行政事业单位出现了难以获取完整的决策信息、获取信息不及时、存在财务信息壁垒、不能满足政府绩效评价的需要以及主管单位对下属单位的财务监控难以实施,妨碍了廉政建设等一系列问题,这些问题严重影响到国家治理体系和治理能力现代化的建设。

1. 多元化治理主体难以获取完整的决策信息,存在决策风险

国家治理体系和治理能力现代化建设离不开包括社会、政府、公众等多元化治理主体的有效决策,但是传统财务工作方式下各主体难以获取完整、准确、真实的决策相关信息,存在一定的决策风险,进而不利于国家治理现代化的进程。

一方面，由于政府会计信息化技术水平不高，各决策相关主体难以获取完整、准确的、有效的决策信息。通用软件对特殊性关注的缺乏，降低会计工作效率和成效。会计信息系统维护成本高，政府会计信息化发展更缓慢。另一方面，政府会计信息平台共享程度较低。由于制度等原因约束，我国政府会计信息共享程度相对较低，会计人员交流学习不足，会计经验得不到共享，不能完成按需使用数据信息的目标，使得多元化治理主体难以及时获取完整的决策信息，财务决策风险增大。

此外，由于目前行政事业单位没有将先进信息技术手段广泛运用于财务管理活动，使得同级政府的不同部门间、各级政府的同一职能部门间财务信息分散，资料相对割裂，存在信息孤岛。财务资料在不同部门间传递或由下向上层层上报、汇总，这样的信息传递不完整、迟缓，难以保证信息的真实性、准确性，财务管理水平落后，财务部门难以及时获取完整的决策信息，使得财务决策风险增加。

2. 行政事业单位获取信息不及时，导致财务工作效率低

面对信息化时代，政府信息公开工作应从原来单纯的信息公开向数据开放和数据利用迈进。在数据开放模式下，通过大数据和人工智能等技术进行采集和加工的信息向社会开放，将大大提升信息公开的效率，优化资源配置效率。但是在行政事业单位传统财务工作方式下，各相关信息需要由不同的行政事业单位采集、加工并选择性发布，这一模式不仅效率低，而且由于各主体之间信息不联通，无法有效集成。

随着国家治理现代化建设的不断推进，政府财政、税收与其他各项事务的支出也增长，但是目前行政事业单位在财务、会计、审计等各方面的信息不能及时有效传递，这导致行政事业单位财务工作效率低下。部分行政事业单位采用传统财务管理工作模式，信息处理仍然采用传统人工处理方式，财务信息化程度不高，工作效率低下，难以对财务工作进行实时跟踪。而且行政事业单位各自为政，预算管理体系不统一，财务信息化在各单位间不同程度割裂，这些问题对行政事业单位财务工作产生了制约，阻碍了财务工作的进一步发展。

总体而言，由于未实行行政事业单位财务核算数据集中管理，导致在财政资金拨付过程中，伴随着资金流生成的信息流在会计核算环节出现断档，财政资金流转难以形成预算、执行、核算、决算的信息闭环。这导致行政事业单位不能及时获取相关信息，进而使得财务数据的综合利用效果大打折扣，对财政预算资金的绩效分析和管理产生较大影响。因此，为了适应当前新的经济形势，改进政府

财务管理工作，行政事业单位应该统一构建专用的政府财务管理系统，提高财务管理工作效率。

3. 行政事业单位存在财务信息壁垒，难以满足行政运行管理与控制的需要

高质量的政府综合财务报告是有力支撑国家治理体系与治理能力现代化建设的工具。因为科学有效的政府综合财务报告所传递的信息能反映政府公共受托责任的履行情况并且能够满足利益相关者的不同决策需求，为国家宏观调控、行政运行管理和控制提供支持和服务，进而能够有力支撑国家治理现代化建设。

但是在传统财务工作方式下，行政事业单位间存在信息壁垒。这具体表现为：首先，行政事业单位下级向上级汇报自身的财务报表以形成权责发生制政府综合财务报告的过程中，财务信息披露不完整，尤其是不能完整地反映收支状况，这使上级得到的政府综合财务报告准确度有偏差，导致财务信息失真。上级单位无法获得有价值的、可靠的财务信息，不能有效掌握下级政府具体财务状况，财政资金分配无法科学合理分配。其次，上级单位和下级单位信息沟通和交流不畅，形成信息壁垒，则会制约管理措施的落实，不能及时提供有用的决策信息，势必带来决策的失误，造成财政资金的损失与浪费。此外，政府不同职能部门相互间也存在信息壁垒，如政府的金税、金关、金财、金审、金盾等信息系统主要建立在部门内部和系统内部，形成"信息孤岛"和"数据烟囱"效应，信息不能在各横向部门之间交互共享，客观形成了难以横向跨越的信息壁垒，阻碍了国家治理体系和治理能力现代化的建设。

综上所述，为了推进国家治理体系和国家治理能力现代化的建设，政府部门应及时获取各个下属预算单位具体的财务等相关信息，但是目前实际情况是行政事业单位信息的收集、反馈以及分析存在一定困难，因而难以满足行政运行管理与控制的需要。

4. 传统财务工作方式不能满足政府绩效评价的需要

我国早些年提出的构建公共财政框架，主要内容是创建以编制部门预算为龙头的预算编制体系和以国库集中支付为龙头的预算执行体系。接下来，需要建立以绩效评价和财政监督为龙头的监督体系，这三套体系相辅相成，相互支撑，共同构成公共财政的总体框架。同时，新技术风起云涌，如：云计算、移动互联网和大数据等为财政一体化系统深入整合、升级提供了新的机遇和挑战。财政信息化建设从过去局部推进的状态，进入了整体规划、网络整合、数据集中、应用层交互的时期，由过去技术驱动，变成以业务需求推动，不是在计算机、网络平台

上对原有流程进行简单复制，而是与财政管理改革紧密结合。

从目前情况来看，我国在实施绩效预算评价过程中，虽取得了初步成效，但整体上仍处于起步阶段，存在一些亟待解决的问题，主要表现在传统的财务工作方式不能满足行政绩效评价的需求，全过程的绩效管理体系尚不完善，绩效预算评价的基础工作有待规范。绩效预算评价工作不扎实，除绩效理念、绩效文化、人员素质、绩效法规、绩效评价指标体系等因素外，关键还在于数据库建设不足，共建共享交流平台尚未形成，信息系统建设尚未有成型、完善的模式，为绩效管理提供支撑不强。尤其在现阶段我国政府会计改革的背景下，绩效评价应利用信息系统技术，实现由预算绩效管理向预算绩效管理和财务绩效管理的延伸与转型。夯实绩效评价的工作基础，重点利用信息系统进行绩效评价指标体系的建设。

5. 行政事业单位对下属单位的财务监控难以实施，妨碍了廉政建设

各级政府主管部门与数量众多的下属单位在组织架构上是一种金字塔形复杂的纵向组织架构，下属单位管理系统是相对独立的封闭管理系统，财务管理系统是一种分散管理模式。这种分散管理模式表现在以下方面：系统研发和建设分散不统一。数据的编码、接口及开发技术标准等不一致。在数据信息上，各级财政与具体业务部门经常使用不统一的分类和规范标准，不同系统的存在形成了"信息孤岛"。政府的各种财务管理相关数据资源存储于各个具体业务部门的相对独立系统中，信息存储和应用难以集中，没有统一完善的源数据库和数据集成平台，不能满足财务活动集中有效监控和数据信息共享。

这种自成体系的信息系统与业务系统相对隔绝，不能有效融合，无法有力支持财政活动流程的优化管理。分散的管理系统难以解决政府财务信息"集成优化"，财务数据不集中，无法满足国家治理现代化建设大环境下行政事业单位财务信息管理工作的要求。因为对下级单位的审计受到各种因素的限制，不能实现上级单位对下属单位财务状况的实时监督，上级财务主管部门无法掌握下属单位具体的财务信息，有效监控下属单位的财务状况工作难以落实，不利于廉政建设。行政事业单位只有改变现状，重新建立共享模式的财务流程和业务流程，高度整合财务流、业务流和信息流，才能实现对下属单位的有效监控。

6. 传统财务组织机构建设难以满足政府部门机构精简改革的要求

深化党和国家机构改革，是推进国家治理体系和治理能力现代化的一场深刻变革，党和国家机构职能体系是中国特色社会主义制度的重要组成部分，是国家

治理体系和治理能力现代化的关键一环，是我们党治国理政的重要政治保障。作为上层建筑，党和国家机构职能体系需要适应社会生产力进步、经济基础变化而不断完善。因此，作为具有公共职能的广大行政事业单位而言，精简组织层级和组织架构，优化机构和岗位设置，合理提升工作人员的胜任能力，对于推进党政机关机构精简和效率提升，改变政府及公共部门机构臃肿现象具有重要意义，这成为当前新时代客观形势下的必然要求。

但是，目前我国的行政事业单位在纵向组织层级和横向组织层级上都十分庞大，各预算单位之间的关系复杂、业务往来频繁，因此精简行政事业单位组织层级和机构岗位，对于提高业务效率，保证公共职能的实现具有重要意义。就各行政事业单位的财务工作而言，目前大多数行政事业单位还是采用分散核算的方式，各级单位是独立法人，分别进行会计核算，再经过层层汇总，由主管单位进行信息整理汇总和报表合并工作。在这种分散核算的方式下，各行业、各层级的行政事业单位都必须单独设置财务部门，并且在财务部设置各科室岗位，并相应配置会计从业人员和管理人员。这一方面造成了广大行政事业单位组织层级混乱、机构设置臃肿、业务流程复杂现象，导致了会计核算和财务管理工作的低效率，另一方面容易造成副职超编、人浮于事和人员扎堆现象，滋生腐败问题。

鉴于分散核算出现的一系列问题，部分省市的行政事业单位开始尝试进行会计集中核算，在省级主管单位层面设置财务部门和部门内部各机构科室，对省属各行政事业单位的经济业务进行集中统一核算，而各级预算单位只设置出纳和会计主管，负责财政资金的收付和财务管理工作。进一步地，会计集中核算在省级层面得到有效落实后，向市级和区县级进行推广。这种会计集中核算模式便是财务共享中心的雏形，我们可以在会计集中核算模式下的组织架构和机构岗位的基础之上，搭建财务共享中心，进一步简化账务处理工作，将财务工作的重心由低价值的会计核算向高价值的财务管理转变。

（二）传统财务工作方式制约了行政事业单位管理向国际化发展的步伐

我国行政事业单位会计的国际化改革，一方面要求中国会计走向世界，与国际惯例接轨，融于统一的国际会计体系中去；另一方面会计的中国特色又要求中国会计立足于自身的社会经济环境，服务于中国公共组织社会职能履行的需要。目前，行政事业单位传统的非货币性资产管理、预算管理以及资金管理等多方面的财务管理工作方式均不能适应和满足国际化管理的需要，这些落后的管理方式成为遏制行政事业单位国际化发展步伐的瓶颈，急需进行转型变革。

1. 行政事业单位传统非货币性资产管理方式不适应国际化管理的需要

我国各行政事业单位对非货币性资产管理采取了账实分别管理的策略,即由财务部门负责对单位所拥有的资产进行初始计量和后续计量等会计核算工作,而由专门的资产管理部门负责对其进行合同和实物的相关管理,登记资产卡片和台账,因此造成了账实管理的分离,形成了一系列的管理漏洞。由于行政事业单位的资产基本都是由财政资金支付所获得的,属于国有资产中的重要部分,因此必须对其加强管理,以防止国有资产的流失。但是,目前这种账实分别管理的体制,却会在很大程度上加剧了国有资产流失的风险,例如财务部门和资产管理部门没有就同一资产进行入账、折旧或报废的处理,或是处理的时间、方式及程度不一致,这就会造成所提供的资产信息的不一致性,违反国有资产规范化管理的初衷。此外,各行政事业单位对资产的列报方式没有统一的标准,提供的资产信息不具有可比性,无法反映各单位资产价值真实的增减变动,难以适应我国政府部门财务工作国际化接轨的现实需要。

行政事业单位在进行财务工作方式变革时,必须对这种传统的非货币性资产管理方式进行变革,否则将难以满足行政事业单位在国际化发展过程中对政府资产高效管理的要求。在国际上众多发达国家,一项非货币性资产的管理和核算工作均采用由财务部建立资产管理部门进行集中管理的方式进行,这为我国行政事业单位资产管理工作提供了借鉴和参考。随着政府职能的改革,行政事业单位的分支机构数量越来越多,主管单位对资产的管理难度大大加大,因此应当由主管部门对下属各预算单位的非货币性资产建立专门的资产管理部门统一核算、集中管理,保证资产的账实相符,使资产的账务信息反映国有资产的真实价值,保证各行政事业单位资产的保值、增值,防止国有资产的流失和舞弊腐败行为的产生。在未来,行政事业单位的财务管理工作需要与国际接轨,做好非货币性资产管理工作为政府部门更好地履行社会公共职能,发挥政府资产的使用价值和社会效益,促进政府资产的科学化管理奠定了基础。

综上所述,行政事业单位传统的非货币性资产管理方式不再满足我国财政管理国际化发展的需要,需要尽快进行转变。

2. 行政事业单位传统预算管理方式不适应国际化管理的需要

财政预算是对政府资金如何进行分配的使用计划,是政府年度收支活动的行为标准。良好有效的预算管理能够提高行政事业单位的综合管理水平,使财政资金得到有效、合理地使用。行政事业单位的预算管理虽然取得了很大成效,但仍然存在着很多的问题。各预算单位在分配和使用财政资金过程中，由于资金分配与管理尚未完全做到有机结合，导致预算编制和执行相分离。为此，改变传统预算管理方式，使行政事业单位预算管理工作向全面预算方向转变变得十分紧迫。

首先，对全面预算管理的认知不足。行政事业单位的经费来源主要是财政拨款，行政事业单位以此为基础进行相应的部门预算编制工作，经过"二上二下"的预算审核，财政部门根据批复的预算拨付经费。因为预算资金来源的特殊性，行政事业单位财务管理人员对预算管理没有给予充分重视，将预算视为一种经费的开销计划，为了预算结果而预算，将预算看成一种简单的上级任务或者内部简单的财务计划，甚至简单地理解是财务部门的工作，由此导致预算在执行过程中力度不强，其他业务部门参与性和积极性不强，造成部门间在预算使用计划及预算执行过程上难以同步，导致预算结果与执行结果差距很大，失去了预算的意义。

其次，传统预算编制过程不科学。行政事业单位的预算是全年资金收入与支出的详细规划，涉及各个部门的资金调配。由于预算意识不强，重视不够，将预算编制仅仅理解为财务常规工作，导致部门预算无法及时收到相应的基础信息，无法根据本单位事业发展规划及时编制部门预算，使得行政事业单位预算不能全面系统地反映行政事业单位财务活动整体状况，形式化过重，实效性及针对性不强。

再次，传统预算执行过程不严格。预算管理在行政事业单位的实施过程中存在意识不到位、态度随意等问题，导致预算资金执行与原有编制计划不符。在这种情况下，全面预算执行者依据自己的判断或需要对预算方案进行修改，会导致整个预算方案混乱，全面预算管理的实际效率低下。造成这种问题的主要原因是行政事业单位没有强化对预算执行过程的管理和监督，致使行政事业单位预算执行偏离了批复的预算。另外，在预算执行中，行政事业单位相关的责任不明确，落实不到位，同样制约影响了预算执行的流畅性和规范性。

最后，传统预算考评机制不健全。预算管理考评在整个预算过程中处于重要监督的作用，能够影响预算执行和资金使用的最后落实效果，对行政事业单位的预算管理情况起着至关重要的作用。但目前预算考评很不完善，存在众多的问题，一方面，从预算编制到执行，再到执行结果的分析考核体系不健全，预算考评机制不科学、不严谨。另一方面，预算考评流于形式，使预算考评对整个预算失去考评意义。这两方面影响制约了行政事业单位预算考核的正常运转。

综上所述，行政事业单位传统的预算管理方式在对预算的认知以及预算的编制、执行和考评过程中都存在一系列问题，影响了财政资金的使用效率，急需变革。

3. 行政事业单位传统资金管理方式不适应国际化管理的需要

资金管理是行政事业单位日常管理的重要内容，在确保行政事业单位正常运行以及降低廉政风险中有着重要的地位。行政事业单位的资金是整个单位运转的源源不断的动力，当前随着政府深化体制改革的全面推进，以及适应新时代经济发展的需要，各行政事业单位强化预算资金管理，一方面有助于防范财务风险，及时纠正纠偏资金使用过程中的各种问题，推动党风廉政建设及反腐败工作的开展。另一方面有利于提升资金的使用效益与效率，优化资源配置，使财政资金流向能产生社会效益的环节，为社会提供更好的产品和服务。

目前传统的资金管理和控制工作上存在很多问题，这影响了行政事业单位国际化管理发展的需要，与新时代背景下政府财政资金管理方式不匹配，因而需要进行变革。

（1）传统资金管理方式下的资金管理制度不健全。同时，在单位的财务核算中，涉及的资金项目较多，条目范围较大。此外，在财政资金使用的过程中，对舞弊行为的发现往往存在滞后性，难以及时发现资金安全隐患。

（2）传统资金管理方式下的外部监管部门对资金的监督力度不足。目前，行政事业单位相关的外部监督仍然不够完善，相关政策的落实不到位，使得外部监管部门对于行政事业单位实质性的监督作用有欠缺。这种外部监督不利的情况导致行政事业单位的资金安全缺乏保障，阻碍了各单位经济业务的顺利开展。

（3）传统的资金管理致使资金管理效率低下，容易引发贪污和舞弊行为。第一，各单位存在"公款私存""白条抵库"的现象。传统资金管理方式下许多单位期末库存现金过大，导致对这部分库存现金管理出现问题。第二，各单位经济往来中随意大量使用现金，票据使用和管理不规范，导致违法乱纪行为，出现套取现金，公款被挪用的情况。第三，各单位资金预算不够规范与细化，沉淀资金管理部分存在无序。传统资金管理方式下许多单位在财政资金使用过程中会出现资金积累的现象，资金长时间累计会导致严重的资金沉淀，造成严重的资金浪费。

综上所述，行政事业单位传统的资金管理方式暴露出许多弊端，变革迫在眉睫。

（三）传统会计运行系统已不能满足落实新政府会计制度的需要

我国2019年前的政府会计核算标准和体系基本上形成于1998年前后，主要涵盖财政总预算会计、行政单位会计与事业单位会计。这一政府会计标准体系一般采用收付实现制，主要以提供反映预算收支执行情况的决算报告为目的，无法准确、完整反映政府资产负债"家底"，以及政府的运行成本等情况。同时，政府会计领域多项制度并存，体系繁杂、内容交叉、核算口径不一，造成不同部门、单位的会计信息可比性不高，同样行政单位和事业单位的会计标准不同，会计政策不同，导致政府财务报告信息质量较低。

2013年11月党的十八届三中全会提出了"建立权责发生制政府综合财务报告制度"的重大改革举措，2014年修订的《中华人民共和国预算法》（以下简称《预算法》）对各级政府提出按年度编制以权责发生制为基础的政府综合财务报告的新要求。2015年以来，财政部按照《改革方案》要求，相继出台了《政府会计准则——基本准则》和存货、投资、固定资产、无形资产、公共基础设施、政府储备物资、会计调整、负债等8项政府会计具体准则，政府会计准则体系建设取得积极进展。自2019年1月1日起，政府会计准则和《政府会计制度——行政事业单位会计科目和报表》在全国各级各类行政事业单位全面施行。

目前行政事业单位仍是采取传统的财务工作方式，即各级各行业预算单位各自独立进行会计核算和财务管理工作。但是在新政府会计准则以及新政府制度实施以后，各单位如果按照新要求独立进行账务处理，财务工作量将十分巨大。各预算单位投入过多资源在大量重复性日常性的会计核算工作上，将不能适应政府会计"双轨制"改革落地的需要。由此可见，新实施的政府会计准则对财务信息化的要求更高，目前的会计信息系统无法满足新制度下"平行记账"核算模式以及及时向主管单位和财政部门出具权责发生制政府综合财务报告的需求。

在各级预算单位独立核算的情况下，各单位的财务和业务信息无法沟通、传输和共享，"信息孤岛"现象普遍存在，这大大阻碍了新准则新制度实施后上级主管单位对下属预算单位的监督力度，导致各单位的财务工作缺乏有效管控，不利于政府会计改革过程中的风险把控。此外，为了适应政府会计改革后预算会计和财务会计两套体系并行的会计核算要求，及时向主管单位和财政部门出具权责发生制政府综合财务报告，需要进行会计信息化平台的搭建，而传统的财务工作方式多以人工核算为主，信息化和自动化程度低，如果仍继续采用传统的财务工作方式，将影响政府会计改革中信息化工作的建设进程。

综上，行政事业单位传统的财务工作方式具有分散核算、信息闭塞和信息化、自动化程度低的特点，这些弊端严重制约了政府会计改革的落实，因此对行政事业单位财务工作方式进行变革十分紧迫。

（四）传统会计运行系统落后于新兴信息技术和前沿管理系统的发展

进入 21 世纪，高新技术不断地改变着会计行业的发展，2013 年 4 月在德国举办的汉诺威工业博览会标志着第四次工业革命的到来，"工业 4.0"时代下的技术在不断地改变人们的生产生活。2013 年 8 月，中国互联网大会召开，会议提出的"大智移云"时代这一概念被广大学者所认可。从会计领域来看，行政事业单位传统会计运行体系已经不能再满足大智移云时代对会计信息的高质量、高速度、高体量的需要，大数据、人工智能、移动互联网、云计算的出现以及各式前沿管理信息系统的发展迫切要求传统会计运行系统进行变革升级，这些变革迫在眉睫。

1. 行政事业单位传统会计运行系统已不再满足大智移云时代的发展需要

财务与会计的基本功能是核算、控制与监督（牟善岚，2011）。其中核算是指对单位发生的经济业务进行记录和计量，通过审核原始凭证、编制记账凭证、复核记账凭证、登记账簿、过账与结账、出具报表的会计循环完成业务核算过程。控制是指在各单位的经济业务活动发生和账务活动进行过程中，管理人员和会计人员需要对其中的关键控制点进行控制，以合理地预测风险、防范风险，减少损失，防止舞弊行为发生，提高流程效率。监督，包括事前、事中和事后的监督，贯穿在经济活动和会计活动的全过程，是对权利进行的一种制约。由此可见，会计的基本功能不仅是做账，还包括了参与单位经济业务活动和管理决策，提供信息，协助业务开展、支持战略决策，是一种价值创造行为。

但是，目前很多行政事业单位仅仅将财会部门当成账房先生，甚至当成出纳，财会部门无权参与单位的重要决策乃至业务管理活动，对单位重要决策的过程和结果均不了解。会计人员仅仅根据经济业务发生所取得的原始凭证进行重复性、低效率、高成本的账务记录工作，财务与业务活动存在严重脱节，不仅不能为业务和决策活动提供辅助支持，还消耗了单位大量的人财物资源，制约了财政科学化和精细化管理步伐，财务管理的价值无法得到很好的体现。这种传统的、落后的会计运行体系将会计的功能片面化、单一化，将会计人员的职责和地位进行了削减，削弱了会计活动的价值。此外，在行政事业单位传统会计体系中，大多数的会计核算活动都是以人工、手动的方式完成,并没有采用互联网、自动化的先进核算方式,所搭配的会计信息系统也十分落后,没有采用先进的云技术和管理系统将会计信息系统与行政事业单位其他内外部系统进行连接,会计信息也没有利用大数据、人工神经网络技术进行分析和挖掘,会计信息存在"孤岛现象"。

而在目前的"大智移云"时代,会计活动所面临的数据量和信息量十分庞大,这对业务信息和数据信息的处理速度、准确度、时效性等效率大小提出了更高的要求。在高新科学技术日益发展的今天,会计部门传统的手工做账、人工对账、纸质保存等方式和手段已经滞后于时代的发展需要,单一片面的会计信息也无法满足管理部门的需求,传统会计运行体系暴露出严重的弊端,已不能再适应互联网时代高速发展的需要,迫切需要进行变革。

2. 信息技术和管理系统的日益发展迫切要求传统会计运行系统进行变革升级

21世纪移动互联网的发展,使大数据、云计算等技术和应用从概念变成了现实,云计算为移动互联网和大数据的应用提供了支撑,而大数据的深入分析和挖掘反过来助推移动互联网、云计算的发展,使硬件和软件更加智能化,从而推动实业领域的智能制造。"大智移云"技术彼此之间相互融合,必将推动行政事业单位信息化发展建设工作进入全新阶段,这需要各单位对传统会计运行系统进行变革、升级和转型。

人工智能技术完全替代人工做账,提升了财务管理的效率与准确性。在信息化新时代,用友、金蝶、浪潮、金算盘等软件相继推出,OA、ERP、BPM、SAP等管理系统在大型企业和行政事业单位得到了广泛应用,人工做账工作已逐步淘汰,进入到会计半智能化时代,实现了会计报表自动生成、财务指标自动计算等,有效地提升了会计核算的效率与准确性。随着人工智能技术的发展,财会行业将进入全智能化时代,除实现原有的账表自动生成功能外,还将实现凭证语音录入、自动扫描等,完全替代人工做账,以其高效、快捷的工作效率,实现对财会工作的颠覆性变革。例如,德勤会计师事务所早在2014年就已开始着手引入人工智能,其自主学习、深度学习的功能,有效提升了工作效率。人工智能软件可以智能替代员工阅读合同、文件,通过财会软件将凭证、发票等自动转换为机器阅读模式,其搭载的人工智能软件能够实时追踪销售、成本、费用、资产负债率等主要财务指标。

在互联网、信息化高速发展的今天,大数据技术实现财务数据与业务数据的无缝对接,为会计应用功能的实现助力。第一,电子发票系统实现全国推行,发票的收集、分析、传递和管理效率提升。发票是实施各项会计业务的基础,大数据技术支持电子发票的全面普及实施，实现了财务数据与业务数据的对接，便于资金的有效管理。同时，电子发票系统和数据管理系统的结合可以实现对往来款项结算的实施监督管控，大大提高了各单位财务管理工作的效率。第二，大数据技术使会计报表实现了实时生产和扩展。大数据技术可以实时处理数据、规范会计报表模式，使报表的呈报不再局限于月报、季报、年报，能够随时生成时点报表，为决策提供真实、可靠的数据。同时，大数据技术可以通过模板录入、公式设置、数据自动调取、试算平衡的步骤实现各单位报表的自动生成，提高了会计报表的时效性和准确性。第三，大数据技术促进审计随机抽样的科学性、有效性。在实施审计时，通过大数据技术随机抽取样本，可以及时发现财务漏洞、防范风险。上级主管部门也可以充分利用大数据技术辅助对各预算单位进行财政监督，从而及时掌握各单位的预算执行情况。

随着"大智移云"技术的蓬勃发展，传统会计核算体系需要尽快实现升级、转型和变革，以符合信息化时代的信息需要。传统会计运行系统应当结合大数据、云共享等技术，以自动化处理为基本手段，搭载先进的OCR、OA等系统和软件，实现会计核算技术的提升，实现各行政事业单位的会计工作由核算型向管理型、单一型向多样型、传统型向现代型转变。

三、行政事业单位财务共享中心建设的必要性分析

对于我国的行政事业单位来说，传统的财务工作方式在"大智移云"技术和会计信息化日益发展的今天，暴露出许多的弊端，不利于推动新时代政府财务工作的发展，具体表现在传统的财务工作方式制约了政府会计改革的落实、阻碍了行政事业单位国有资产管理工作的开展、成为财政预算绩效管理体系建设的瓶颈、导致了政府会计监督力度的缺乏和腐败的滋生。

建设财务共享中心是行政事业单位财务管理水平进步中难以绕开的必经阶段，是克服行政事业单位财务管理内部瓶颈、应对行政事业单位财务管理外部威胁的必然选择。

（一）财务共享是全面推进政府会计改革的必然要求

1. 建设财务共享是促进政府会计制度改革顺利完成的重要推力

为全面贯彻落实党的十八届三中全会提出的"建立权责发生制的政府综合财

务报告制度"重大改革举措,从2015—2019年,《政府会计准则——基本准则》以及10项政府会计具体准则已经相继出台,同时财政部于2017年10月印发了《政府会计制度——行政事业单位会计科目和报表》。新政府会计准则和制度自2019年1月1日起施行,2019年也正式成为政府会计新体系落实的元年。新政府会计制度改革颠覆了传统的会计核算模式,构建了新的政府会计核算体系,是我国现代财政制度的重要组成部分,它对于建立全面规范、公开透明的现代预算制度,促进财政可持续发展,具有重要的基础性作用(刘光忠,2018)。

为进一步保证新政府会计制度和政府会计准则的落实,推进行政事业单位会计核算与信息化管理体系的落实,财政部于2018年8月26日发布了《关于贯彻实施政府会计准则制度的通知》(财会〔2018〕21号),强调要扎实做好政府会计准则制度实施的准备工作,具体包括扎实做好新旧制度衔接、加强政府会计信息化建设以及加强政策协调等内容。由此可以看出,随着新政府会计体系的推行,行政事业单位会计信息化的建设和发展成为了必然。

由于单位以提供公共服务为核心,财务管理只是其辅助职能,因此在传统独立核算格局下,各单位更倾向于把有限的精力和资源投注到其政务服务中,无法专注于研究和推进本单位会计制度改革。各基层单位还会面临人员编制有限,学习能力不足等实际困难,在有限的时间内,统筹协调各项政策明显有困难。

建设财务共享中心,可以把会计核算职能从单位中剥离,集中到以核算为核心职责的组织中进行专门管理,优化资源配置。专业的财务共享中心能集中人力、财力、物力保障新政府会计制度的执行质量。由共享中心统一部署、管理和推进各预算单位的新旧衔接工作,就能集中资源科学合理设计实施方案,明确工作任务,落实主体责任,加强部门协同,确保政府会计制度整体、协同推进实施,确保新旧制度有序衔接、平稳过渡,完成改革目标。

2. 建设财务共享是保证新政府会计制度高效执行的必要保障

在行政事业单位传统的财务工作方式下,各级各行业预算单位各自独立进行会计核算和财务管理工作。在新准则新制度实施以后,各单位需要按照新要求独立进行账务处理,财务工作量十分大。各预算单位投入过多资源在大量重复性日常性的会计核算工作上,可能会削弱政府会计"双轨制"改革的效益。建设财务共享中心,相当于建立了专业的核算机构协助预算单位进行会计核算,能显著减轻预算单位的核算负担,提高预算单位的会计核算工作质量。

另外,政府会计制度改革要求财政机关编制新增的政府综合财务报告,还要在政府综合财务报告中结合宏观经济形势,分析政府财务状况、运行情况和中长期可持续性等问题。在现有的独立核算体系下,财政机关的数据收集、分析工作难度极大,而建设财务共享中心能够将各级预算单位的财务信息以电子形式统一储存在平台的数据库中节约了数据收集和查询的时间,减轻了财政机关的管理压力,有利于提高报告信息的质量,保证政府会计制度改革的顺利推行。

3. 建设财务共享是推进政府会计全面变革、协调发展的必经之路

推动政府会计的可持续发展,要从制度角度进行改革,优化核算内容,同时,也不可忽视组织机构、业务流程、信息系统等方面变革的重要性。

2019年开始实施的新《政府会计制度——行政事业单位会计科目和报表》对政府会计的核算工作提出了双功能、双基础、双报告,平行记账等核算管理要求,促进了政府会计工作的发展。而以政府会计准则制度实施为契机,建设行政事业单位财务共享中心,能够推进行政事业单位财务管理工作模式、组织方式、人员管理、业务流程的系统性变革——集中核算的模式可以打破组织的壁垒,打通财务信息孤岛,形成工作合力。其中,共享中心集中化的工作团队有利于对会计人员的统一培训和高效管理,有助于提高行政事业单位的财务人员素质;统一核算的业务流程,能有效提高财务工作效率,减低核算成本,保证会计核算客观性,提高会计信息质量;集成化的信息化共享平台,可以加强信息化建设,推进业务信息系统与会计信息系统的有效对接,推动经济业务与会计管理深度融合,加强会计核算与部门预决算管理、绩效管理、资产管理、政府财务报告编制等工作的协调,为政府会计准则制度实施提供技术支撑,确保单位会计信息系统所生成的信息能够满足政府会计改革的需要。

所以,推进政府会计发展,不仅要注重制度层的改革,还要通过建设行政事业单位财务共享中心等手段推进组织、业务、系统等层面的协同优化,这样才能够为政府会计发展提供长久的动力。因此,建设财务共享中心是统筹推进政府会计工作各层面协调进步、促进政府会计可持续发展的必然选择。

(二) 财务共享是优化行政事业单位资产管理工作的必然要求

财政部发布的《关于进一步加强和改进行政事业单位国有资产管理工作的通知》(财资〔2018〕108号)提出了部门和单位要切实承担起资产管理的主体责任、加紧做好公共基础设施等资产登记入账和管理工作、探索建立共享共用和资产调剂机制、优化新增资产配置管理、规范资产处置管理、加强资产收入管理、认真做好各项基础性工作等具体要求。

财务共享模式能有效促进上述各项管理目标的实现：

①财务共享使监管部门能实时获取各单位的资产管理情况，有助于鞭策各单位增强对资产管理的责任担当意识。

②统一核算能保证资产登记入账和管理工作的客观性，有利于规范和加强各类资产的会计核算，确保资产信息的全面、准确和完整。

③财务共享平台能够提供综合性、跨部门的资产信息，有利于推动主管部门之间的共享共用和资产调剂，探索建立长期低效运转、闲置资产的共享和调节机制，切实盘活资产存量，提高资产使用效率。

④财务共享系统能通过财务分析、管理会计等工具，进一步提高资产配置的科学性与合理性。

⑤财务共享系统可以实时监管各预算单位的资产处置是否合理、使用是否规范、资产收入是否及时上缴国库等，增强资产处置和使用的规范性，防止国有资产流失。

⑥建设财务共享，将财务共享平台与资产管理系统对接，就能建立和完善单位资产管理与财务管理部门之间的协同工作机制，实现及时对账，确保资产报表与会计账目相关数据相一致，保证基础数据的可靠性。

⑦财务共享中心对各行政事业单位所持的国有资产进行了持续、全面的核算，能实时记录和生成相关单位国有资产的占有、使用和变动等情况，大大提高《行政事业单位国有资产报告》的编制效率。

（三）财务共享是实现行政事业单位全面预算管理的必然要求

1. 建设财务共享是构建全方位预算绩效管理格局的必然要求

为解决当前预算绩效管理存在的突出问题，加快建成全方位、全过程、全覆盖的预算绩效管理体系，国务院于2018年9月发布了《中共中央 国务院关于全面实施预算绩效管理的意见》（以下简称《意见》），文件中强调要"力争用3~5年时间基本建成全方位、全过程、全覆盖的预算绩效管理体系，实现预算和绩效管理一体化，着力提高财政资源配置效率和使用效益，改变预算资金分配的固化格局，提高预算管理水平和政策实施效果，为经济社会发展提供有力保障"，这为我国财政预算绩效管理体系的建立提供了方向指引。

《意见》要求将各级政府收支预算全面纳入绩效管理、将部门和单位预算收支全面纳入绩效管理、将政策和项目全面纳入绩效管理。在现有的独立核算格局下，要完成这样全局性、系统性的评价工作，只能通过大规模的上报、核查和分析，需要耗费巨大的工作量。而在财务共享模式下，财务共享系统本身就是一个包含各单位详细经济业务信息的基础数据库，可以清晰地监测各部门、各项目的收支情况。全面绩效评价实施中最核心的数据来源问题也就迎刃而解。

2. 建设财务共享是建立全过程预算绩效管理链条的必然要求

全面预算绩效管理要求各级政府和各部门各单位对绩效目标实现程度和预算执行进度实行"双监控"，发现问题要及时纠正，确保绩效目标如期保质保量实现。这一要求强调了预算单位对预算执行的全周期的管理。在独立核算模式下，各单位也能够各自完成业绩评价，完成对本单位预算的事中管理。然而，各单位的评价标准、周期和精度都不尽相同，其科学性、客观性也难以得到保证。在财务共享模式下，共享中心可以建立统一的重大政策、项目绩效跟踪机制，提升全过程预算绩效管理链条的可靠性。

3. 建设财务共享是健全预算绩效标准体系的必然要求

《意见》中提到，全面地评价预算绩效，要统筹考虑资产和业务活动，建立健全定量和定性相结合的共性绩效指标框架，创新评估评价方法，立足多维视角和多元数据，依托大数据分析技术，提高绩效评估评价结果的客观性和准确性。

在行政事业单位传统财务工作模式下，各单位的业务和财务往往是两条线，业务与财务数据的生成逻辑不通、口径不同，很难放在一起量化分析。所以目前在进行预算绩效评价时，对资产和业务活动的统筹考虑往往只能通过量表打分实现，受主观因素影响较大。而建立财务共享中心，需要对行政事业单位现有的财务与业务工作进行流程再造，加强业财融合，使数据规范化、标准化，有助于加强预算绩效评价的科学合理性，使其更细化量化、可比可测。同时，由于财务共享平台储存了各级行政事业单位的海量财务数据，所以非常适合使用大数据分析工具，系统地分析数据、挖掘数据间的联系。

（四）财务共享中心建设是提高行政事业单位财务决策能力和国际化管理水平的必然要求

1. 财务共享中心建设有助于提高行政事业单位的财务决策能力

建立财务共享服务平台能够进一步密切行政事业单位之间的联系，促使财务管理的专业化、精细化程度提高，打破政府与下属各级预算单位的信息壁垒，提高信息在各部门间的交互共享，确保政府财政资金管理风险得到有效控制，推动政府职能工作的开展，有利于提升行政事业单位的财务工作效率。

实施财务共享服务是未来行政事业单位会计核算和财务管理模式发展的趋势，行政事业单位可根据具体的业务实际尝试这种财务管理模式的创新，探索建立适合自身实际情况、具有自身特色的财务管理新模式，使财务管理再上一个新台阶，有效提高行政事业单位的财务决策水平，防范风险。

2. 财务共享中心建设能够创新财政管理方式，提升国际化管理水平

近年来，随着财政管理制度改革和财政信息化建设的逐步推进，各级财政部门在财政预算管理领域进行了一系列的改革，并借助信息化手段建立了相应的业务系统，对提升预算单位财政财务管理水平起到了巨大的推动作用。但由于各业务系统相对独立，缺乏数据共享机制，系统间封闭运行的"信息孤岛"现状带来的不利影响仍待破解。而财务共享服务中心这种模式，为破解"信息孤岛"问题带来了可能。

为了有效打破信息壁垒，解决"信息孤岛"，消除信息不对称，行政事业单位应建立统一的财务共享服务平台，以财务管理为核心，集成各业务管理系统，创建一体化的财务监督、内审应用和决策分析等管理系统，改变分散管理的财务管理模式，采用以财务信息共享为主要特征的"实时集中管理模式"或"分布集中管理模式"，集中统一对财务管理系统升级，实现财务数据的集中管理，使财务管理监督有效执行。

财务共享中心的建立以行政事业单位为核心，行政事业单位可将财务共享服务平台与国库支付系统对接，制定会计凭证模板，依托系统强大的业务处理能力，实现国库集中支付数据信息自动生成记账凭证。基础性财务工作统一由财务共享服务模式下的专业化财务会计完成，简化各单位会计核算的工作量，减少信息重复输入工作，保障数据的一致性和准确性。按照财务决算报表要求，从财务共享服务平台提取相关数据，生成单位决算报表所需的相关数据，提升单位决算报表编报的及时性和效率，实现以计算机代替人工的财务工作革命，有利于对传统财务工作进行转型，使各预算单位财务人员从重复、琐碎、繁杂的账表处理、编制工作中解脱出来，将主要精力投身于预算绩效管理、数据的分析与利用，真正使各预算单位财务管理工作提质增效。

通过建立财务共享中心，一方面，行政事业单位应建立标准化的业务处理流程系统，降低人员相互沟通、确认信息的成本，避免信息沟通、传递偏差导致的

错误;另一方面,借助财务信息的共享服务平台,通过资金的集中使用管理与调配,能整合资源,发挥资金规模优势,合理有效配置资源,有效地降低业务成本,提高财政资金使用效率,有利于提高财政管理的科学化、精细化。

(五) 财务共享是助力国家大数据战略的必然要求

1. 建设财务共享是运用大数据助力电子政务的必然选择

2015年8月31日,国务院印发《促进大数据发展行动纲要》(国发〔2015〕50号)(以下简称《纲要》),《纲要》指出,"全球范围内,运用大数据推动经济发展、完善社会治理、提升政府服务和监管能力正成为趋势。大数据成为推动经济转型发展的新动力、大数据成为重塑国家竞争优势的新机遇、大数据成为提升政府治理能力的新途径。"各级行政事业单位未来的主要任务是:"加快政府数据开放共享,推动资源整合,提升治理能力;推动产业创新发展,培育新兴业态,助力经济转型;强化安全保障,提高管理水平,促进健康发展。"2018年12月8日,习近平总书记在主持就实施国家大数据战略的集体学习时强调指出,"要运用大数据促进保障和改善民生,以民生需求为导向,以电子政务和智慧城市建设为抓手,以数据集中和共享为途径,推动全国一体化的国家大数据中心建设,推进技术融合、业务融合、数据融合,实现跨层级、跨地域、跨系统、跨部门、跨业务的协同管理和服务。"只有建设行政事业单位财务共享中心,才能充分落实"以数据集中和共享为途径"推进电子政务的要求,实现"跨层级、跨地域、跨系统、跨部门、跨业务"协同管理的目标。

2. 建设财务共享是领导干部利用大数据推进决策的有效手段

习近平总书记在中共中央政治局就实施国家大数据战略进行第二次集体学习的讲话中指出,"善于获取数据、分析数据、运用数据,是领导干部做好工作的基本功。各级领导干部要加强学习,懂得大数据,用好大数据,增强利用大数据推进各项工作的本领,不断提高对大数据发展规律的把握能力,使大数据在各项工作中发挥更大作用。"建设财务共享中心,能够为行政事业单位决策提供更广阔和精准的信息数据,以大数据推进行政事业单位决策优化。

3. 建设财务共享是财政部门利用大数据加强监管力度的重要基础

财政部门作为各级行政事业单位预算管理的职能部门,在做好财政管理"裁判员"的同时，应充分借助审计等外部"监督员"的力量，着力营造主管部门、审计、监察等多部门协同监管的局面。财务共享服务平台对行政事业单位的财务数据进行大集中，通过财务数据信息共享，建立主管部门、财政部门、审计部门、监察部门协同监管机制，可实现多部门对预算单位财务工作的监督管理。具体而言，通过财务共享平台的集中管理，使各行政事业单位的财务数据信息统一存储在财政端，从而消除监管部门和各行政事业单位间的财务管理信息不对称现象。各级主管部门、财政部门、审计部门等监督部门可通过共享平台的网络连接实时在线查询被监督单位的账簿及凭证等会计信息，了解被监督单位的资产、负债、净资产及结余结转等具体财务状况，形成监管合力。

在"大智移云"背景下，信息化程度不断提高，行政事业单位财务共享中心的建立有利于提升财政管理效率和财政透明度，从而为加强对政府公共部门的监督提供保障。我国《预算法》要求政府会计系统必须及时反映各级政府财政预算执行情况，并且对预算活动过程进行监控。国际货币基金组织（IMF）的《财政透明度手册》提出，政府机构必须定期向社会所有公众披露及时准确的政府财政预算信息。我国也要求各级政府必须准确、及时和高效地向社会公众披露政府财务信息，将提升财政管理效率和提升财政透明度作为我国法治化进程的基本要求。科学、合理和完善的财务信息披露体系是各级政府机构进行决策的重要依据，也是公众履行社会监督权利的合理要求。此外，提升财政透明度是各级政府使用财政资源和合理执行预算的内在要求。行政事业单位通过建立财务共享中心可以及时准确地规制财务流程，以促进各级政府行为透明化和法治化。

（六）财务共享是保持党和政府先进性、纯洁性的必然要求

1. 建设财务共享是保持党和政府先进性的必然要求

在我国企业领域，财务共享中心已经被广泛应用，成为企业降本提质增效的有力工具。而我国行政事业单位的财务工作，也面临着迅速发展、日益复杂的经济业务的冲击，原有的财务目标、内容、模式逐渐难以满足行政事业单位的管理需求。建设行政事业单位财务共享中心，能有效提高政府的核算效率、节约公共资源，优化政府财务管理职能。所以，建设财务共享，是党和政府顺应时代潮流，保持自身先进性的必然要求。

2. 建设财务共享是保持党和政府纯洁性的必然要求

转变政府职能，提高政府公信力和执行力，建设廉洁政府是党的十九大提出

的国家治理的重要内容之一。习近平总书记指出,要实现国家治理现代化的目标,就必须转变政府职能,创新监管方式,切实增强政府公信力,提高政府执行力。随着当前我国政府会计的大力发展,专业、高效的政府会计信息对转变政府职能、建立廉洁高效的新型政府具有重要作用。

行政事业单位作为我国经济发展的重要职能部门,其是否公正清廉关系到国家治理能力与国家治理体系现代化的建设进程,而财务治理对权力监督具有明显的效果。从财政角度而言,创新财务治理模式对反腐败能够发挥有效的作用。在财务治理模式创新中,行政事业单位可以借鉴企业的财务共享服务中心模式,建立财务共享服务平台。

相较于现有的独立核算格局下,财务机构是各行政事业单位的下属职能部门,直接导致了会计人员的客观性受损,单位内部监督的质量无法保证。单位内部会计监督的力度不足,为贪污腐败的滋生提供了土壤。在财务共享模式下,所有交易都在共享中心的核算中透明可查,所有单位的经济业务都被暴露在阳光下运行。并且,共享中心流水线化的运作方式尽可能减少了人为干预,进一步降低了徇私舞弊的可能性。

财务共享服务模式通过网络的传递功能,不仅能实现财务信息的共享,达到财务数据资料以及核算的集中控制管理的目标,而且能实现对各行政事业单位财务管理的垂直监控。财务共享服务平台与行政事业单位预决算系统、国库集中支付系统、资产管理系统等对接,打破各业务系统相对独立封闭运行的状况,迅速将信息流及时集中于财务共享服务平台,实时接收各类业务系统传递的数据信息,实现对财政资金预算、执行、核算、决算数据的闭环管理,实现财务监控、分析决策、内部审计一体化的管理目标,解决政府在快速发展过程中由于信息反馈难而遇到决策难以实行、监控落后所导致的财务风险问题。通过建立实时在线监督机制,建立对行政事业单位财务活动由事后监督转变为事中监督的机制,强化对行政事业单位及人员违规行为的威慑力,进一步对各行政事业单位加强内部控制、防止财务舞弊行为、预防腐败犯罪、促进廉政建设等工作将起到积极作用。

总体而言,"阳光是最好的防腐剂",财务共享服务平台通过财务数据共享,实现对预算单位的财务监督由事后监督变为事中监督。通过实时在线监督,提高了对财务违规行为的威慑力,对强化内控、防范财务舞弊、预防腐败、促进廉政建设将起到积极的作用。因此,从推进行政事业单位的廉政建设而言,建设行政事业单位财务共享服务平台势在必行。

四、行政事业单位财务共享中心建设的可行性分析

（一）技术层面的可行性

随着大数据、人工智能、移动互联网、云计算、物联网等科学技术的进步，行政事业单位财务工作的方式发生了巨大的变化。在传统的财务工作方式下，经济业务活动环节产生的大量原始凭证需要经过人工审核，并且由会计人员手动填制和复核记账凭证，账簿的登记以及报表的出具环节也需要耗费大量的人力。这种依靠传统技术的财务工作处理方式一方面导致了财务工作效率的低下，影响了会计信息的真实性、及时性，另一方面也导致了经济业务活动和财务活动环节的脱离，不利于推动业财一体化目标的实现。但在大智移云技术条件下，通过共享平台的影像扫描、OCR技术、移动APP审批、自动过账结账、一键报表生成传输等功能，大大简化了财务工作量，提高了财务处理效率和准确度，保证了账务数据的真实性，使财务活动及时为业务活动提供服务。

在我国企业，一些前沿的互联网技术、人工智能技术、财务机器人技术、采购及商旅共享平台、业财税共享、影像处理等新技术和手段已经取得了成熟应用。这些成熟的技术、流程以及思想方法在未来一段时期也将对行政事业单位财务管理转型及变革起到极大的支撑和推动作用。财务共享中心作为一种新型的财务工作组织，将结合和搭配这些新兴的技术在财务领域发生变革。

此外，由于"金财工程"的建设成果，预算管理、国库集中支付、税收管理、资产管理等模块均已实现信息化，为建立财务共享中心打下了良好的基础，理论上只需在此基础上集成全局数据即可，实现难度不大。并且，"第四次工业革命"的浪潮给我国带来了许多技术上的革新，为行政事业单位建立财务共享中心创造了良好的环境，现阶段相应的人才济济，对于大数据、人工智能等先进科技的知识探索与掌握处于国际前列，必将为建立财务共享中心提供强大的理论支持和前瞻指导。另一方面，许多技术型企业，如浪潮、用友等，在商业财务共享流程再造、共享中心平台建设等方面积累了丰富的项目经验，也将有能力协助政府完成行政事业单位财务共享系统的搭建。因此，"大智移云"时代高新技术的发展成熟为行政事业单位财务共享中心的建设提供了技术上的可行性。引入财务共享平台来提高政府会计核算的工作效率和精确度，降低政府运行成本将成为行

政事业单位的必然选择。

(二) 实践层面的可行性

1. 企业建设财务共享中心的实践经验

从会计核算方式以及会计信息化的变化发展来看，财务共享服务作为一种现代财务工作方式，在国外已有 30 多年的发展历史，并且得到了国外大型企业的广泛应用，为企业集团进行财务管理工作提供了帮助。自 20 世纪 80 年代财务共享理念传入中国，到 21 世纪初经过我国大型企业多年的实践，财务共享服务模式的价值在我国也得到了很好的证明。

据统计，目前世界 500 强企业中有 80% 以上已经建立了财务共享服务的组织机构，90% 的跨国企业正在实施财务共享服务。我国各行业的企业也逐渐引入财务共享服务理念，在公司内部推行财务共享服务，建立财务共享服务中心，如中兴通讯、华为集团、海尔集团、宝钢集团等一大批企业开始走上财务共享服务之路。根据德勤的调研报告显示，截至 2015 年我国已有超过 70% 的企业建立了财务共享中心。财务数据的共享已经成为国内外大型企业集团内部的新型财务管理方式，并且成为当今财务核算工作的新兴组织方式，取得了较好的效益。

基于财务共享服务中心在企业的良好实践，行政事业单位也可借鉴企业运用财务共享中心的先进经验，搭建适用于国家政策和自身组织架构的财务共享中心，从而加强信息共享的效率，提高行政事业单位会计信息的价值。因此，企业建设财务共享中心的实践经验为行政事业单位建设财务共享中心提供了可行性。

2. 行政事业单位会计集中核算的实践经验

会计集中核算是会计委派制的一种实现形式，是指财政部门成立会计核算中心，在单位资金所有权、使用权和财务自主权不变的前提下，取消单位会计和出纳，各单位只设报账员，通过会计委派，对行政事业单位集中办理会计核算业务，融会计核算、监督、管理、服务于一体的会计委派形式。从会计集中核算制度的基本运作模式看，其基本做法就是在机制创新上"三分离一公开"。我国行政事业单位会计集中核算在 2000 年前后陆续在全国实行，旨在集中单位资金，加强资金监督管理，提高资金使用效率。会计的集中核算是会计核算方式的一次改革，是加强财政资金管理的一项新举措。如吴忠市财政局在 2001 年成立会计核算中心，开始对吴忠市的大部分行政事业单位实行会计集中核算，至 2006 年会计集中核算扩大到126家行政事业单位。

实行会计集中核算是公共财政建设的要求，也是国库集中收付制度的基础和重要组成部分，是财政支出管理的一项重大改革。近年来，浙江省温州市在行政单位会计运行模式方面以及财政支出领域改革方面，特别是对国库集中收付制度改革做了许多有益的探索和尝试。浙江省财政厅设立了温州市会计核算中心，统一办理资金结算，统一发放工资，集中进行会计核算，集中会计档案管理，统一财务公开等。温州市本级行政单位的各项财务收支，包括预算内、预算外、上级拨入经费、政府性基金、专项资金等，均纳入统一核算范围，由核算中心集中统一会计核算。再如，杭州师范大学附属中学从2007年开始在杭州市行政事业单位网上会计核算系统中进行账务处理，实行财政收支远程集中监管制度。从2009年1月份开始，杭州附中到杭州市市级机关事业单位会计结算中心进行直接结报，部门预算内经费实行国库集中支付制度，经费先支付结报，再向人民银行进行资金清算。这为教育行业的广大事业单位进行会计集中核算提供了借鉴。

我国目前众多省市的行政事业单位已经实行了会计集中核算并且其运作机制已经相当成熟，这些集中核算的经验为行政事业单位财务共享中心的建设构建了雏形。实行会计集中核算，提高了会计信息质量和会计工作效率，强化了资金管理，强化了财政监督的职能，有利于促进财政预算制度的改革。虽然行政事业单位财务共享还是一个新兴问题，但在政府会计层面，也有基层行政事业单位实行会计集中核算用以提高基层单位会计质量的经验。会计集中核算的规模普遍较小，但基本思想与财务共享一致，其经验教训能够为大范围的财务共享建设提供借鉴。因此，行政事业单位在进行财务共享中心的建设时可以参考这些实践经验。

（三）理论层面的可行性

从理论层面来看，行政事业单位建设财务共享中心后，行政事业单位作为委托方，将会计核算业务委托给财务共享中心完成，双方构成委托和被委托的关系。财务共享中心拥有独立法人地位，只对账务核算工作的真实性负责，行政事业单位对经济业务的真实性负责，双方在各自的权责利范围之内进行工作。

行政事业单位财务共享中心依托委托—代理理论，在会计集中核算的经验基础之上，仍然按照会计循环进行财务流程设计。财务共享中心按照取得原始凭证、审核原始凭证、填制记账凭证、复核记账凭证、登记账簿、结账和对账、出具财务报告的会计工作流程进行工作，不改变原本行政事业单位独立核算时的会计核算方式和核算流程，不改变各行业行政事业单位基本的会计科目、账户和报表结构。财务共享中心虽然对所有预算单位进行集中核算，但在具体进行账务处理工作时仍为各单位独立开设账套，按照借贷记账法的复式记账原理进行财务核算，这在理论层面和独立核算时是一致的。

财务共享服务中心是适应政府会计中改革的探索实践。政府会计制度的统一为财务共享服务中心的建设提供了可标准化、规范化的基础。《预算法》规定"各部门、各单位是本部门、本单位的预算执行主体，负责本部门、本单位的预算执行，并对执行结果负责"。近年来，为贯彻落实《预算法》，各级财政部门在部门预算、预算执行、会计核算、部门决算等财政财务管理领域，不断强化各级预算单位的主体地位，基于财务共享理念探索建立行政事业单位财务共享平台，以强化各级预算单位的财务管理主体责任为基础，维护各单位会计主体的完整性，在不影响单位财务预算管理权限、资金审批权、会计核算权的前提下，通过建立网络版财务核算，以标准化的会计核算流程，将分散在各单位的财务数据集中于财务共享平台，并在此基础上建立财政业务系统间的数据共享机制。

因此，行政事业单位建立财务共享中心在理论上具备可行性。

第三章

行政事业单位财务共享的战略目标定位

一、研究问题界定及战略目标定位的思路

组织的管理运营与活动安排都是为其目标而服务,必须先确定行政事业单位财务共享的目标,才能以此为纲领统筹设计服务模式、业务流程和系统设计等具体内容。本章的核心任务是对行政事业单位的战略目标进行定位。

目标的合理设定是财务共享建设成功的基础,不合理的目标则会使财务共享的建设工作误入歧途,造成资源浪费,甚至扰乱行政事业单位的正常运营。根据被美国质量管理协会采用、由管理学大师 Peter Drucker(1954)提出的 SMART 原则,合理的目标至少应满足 5 个标准:具体性(Specific)、可衡量性(Measurable)、可实现性(Attainable)、相关性(Realistic)以及时限性(Time-based)。

基于 SMART 原则的要求,本章详细分析了行政单位自身特点与实际环境,试图构建符合我国新时代特色的行政事业单位财务共享服务中心战略蓝图,以保证目标的具体性和相关性;借鉴企业财务共享服务中心建立的理论和实务经验,以保证行政事业单位财务共享目标的可实现性;将长期任务与短期目标相结合,根据行政事业单位财务共享建设的内外环境和对未来进展的预测,提出在总蓝图指引下的阶段性目标,以及各阶段的主要建设任务和阶段性应实现的效果,以保证目标的时限性和可衡量性。

二、行政事业单位财务共享中心建设的总体蓝图规划

结合行政事业单位的实际环境、现实需求和时代发展趋势，我们将行政事业单位财务共享的总体战略蓝图确定为：建设贯通全省上下、打破组织壁垒、财务业务一体、依托"大智移云"技术的共享平台。根据我们在环境分析中得出的结论，行政事业单位应当循序渐进，总体蓝图中描绘的最终目标要根据各方面的有序规划来逐步实现。所以，我们从组织范围、业务内容和技术手段等维度对行政事业单位的总体蓝图进行了解析与规划，并综合各维度的规划提出了分步实施建议。

首先，贯通全省上下，打破组织壁垒，反映了行政事业单位财务共享在组织范围方面的总体战略目标，其实现步骤如图3-1所示。

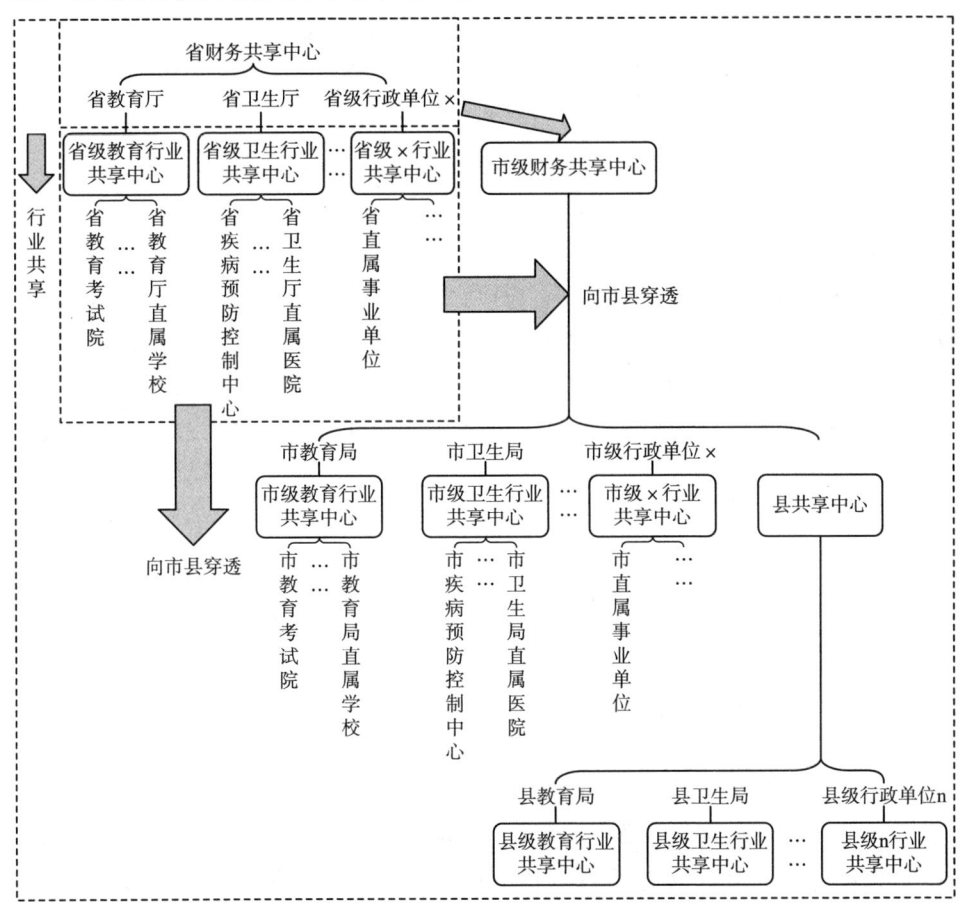

图3-1 行政事业单位财务共享组织建设规划

如图 3-1 所示，行政事业单位财务共享建设的第一步是要打破部门壁垒，实现农业、林业、财政、交通、邮政、教育、医疗、公安等不同行业类型的省级行政单位的共享；在此基础上，进一步打破行政机关与事业机关之间的壁垒，实现省级行政单位与省级直属事业单位之间的共享。最后，同级别行政事业单位之间的共享格局基本建设完成后，在地理区域维度上实现"贯通"，将省级行政事业单位财务共享的模式向市县推广深化，向下属各级单位穿透，细致到省属行政事业单位、各市县局级部门以及市县局级部门下属单位层面，实现地理区域上多层次的共享。

其次，财务业务一体化，从业务内容上反映了行政事业单位财务共享的建设战略，如图 3-2 所示。

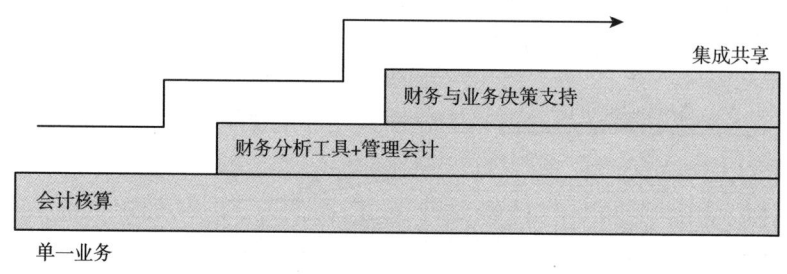

图 3-2 行政事业单位财务共享职能发展规划

省级行政事业单位的财务共享，应以会计核算共享为基础，保证行政事业单位财务核算的科学化和精细化；然后与现有的预算、资产管理、国库等等业务系统对接，为各预算单位的业务发展提供财务保障和管理服务；最终依托业财融合的共享平台，为行政事业单位提供决策支持，进一步促进国家治理体系和治理能力现代化进程，实现全方位的共享。

最后，依托"大智移云"技术，从技术手段上反映了省级行政事业单位财务共享的建设战略，如图 3-3 所示。

在行政事业单位建设财务共享服务中心时，需要配套采用新兴的大数据、人工智能、移动互联网、云计算、物联网等技术来辅助财务共享中心的运行。共享中心运行的需求，即业务和组织运行的需求，是技术升级的直接原因，因此行政事业单位财务共享的技术发展阶段也将以业务与组织发展的发展阶段为依托进行规划。在组织和业务建设早期阶段，共享中心处理的数据量较少、区域范围较小，但至少需要通过部署服务器，保证 PC 端和移动端的登录，并通过扫描仪和 OCR 识别来保障原始单据的跨区域传输；随后，为了实现业财融合的目标，共享中心可以通过 SAP、BPM、OA 系统等手段促进业务的自动化，把更多业务纳

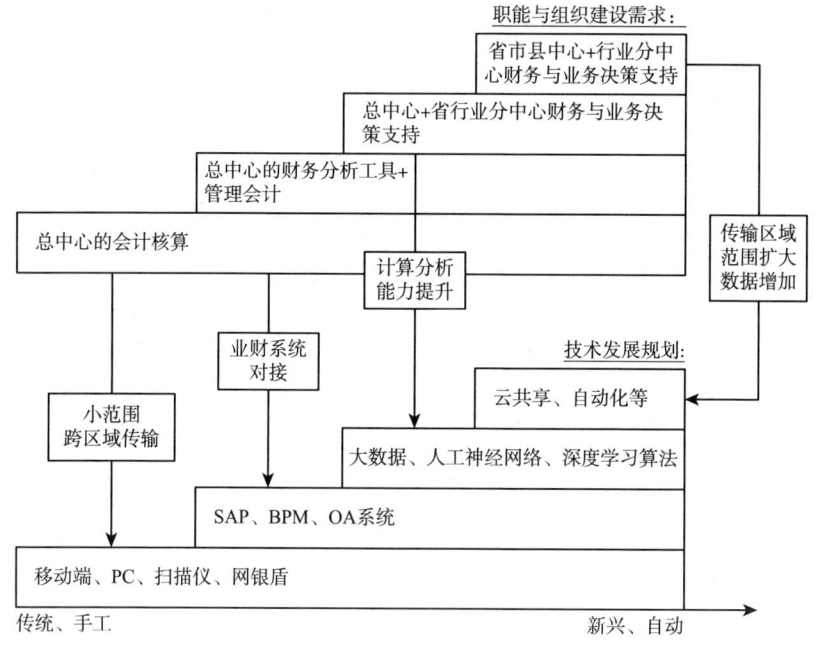

图 3-3 行政事业单位财务共享技术发展规划

入共享平台；实现了业财融合后，组织范围的拓展和决策支持的功能开发都对共享系统的计算分析能力提出了更高的要求，因此需要将大数据分析和人工智能技术引入共享系统，以提高数据分析效率、优化系统分析能力；最后，共享覆盖的组织范围向市县拓展，共享中心处理的数据量将显著增加，需要提高系统的自动化程度，尽量减少中心工作人员的工作量，同时，纳入共享的单位所在地也从省会城市扩散到全省市县，因而需要以云共享服务器替代传统的服务器部署，以满足异地登录的需求。

综合上述分析，我们可以将行政事业单位财务共享战略目标分解为四个阶段性目标，分别是：实现集中核算、实现集中核算基础上的业财融合、实现集中核算与业财融合基础上的行业共享以及实现全面共享和战略决策支持，如图3-4所示。

其中，第二阶段在第一阶段目标的基础之上进行了业务内容和技术手段上的拓展，第三阶段是在第二阶段目标的基础之上进行了组织范围和技术手段上的拓展，第四阶段则是在第三阶段目标的基础之上进行了业务内容、组织范围以及技术手段上的进一步深化拓展，实现了全省范围内多层次、宽领域、全方位的共享。每个阶段的具体目标内容如图3-5所示。

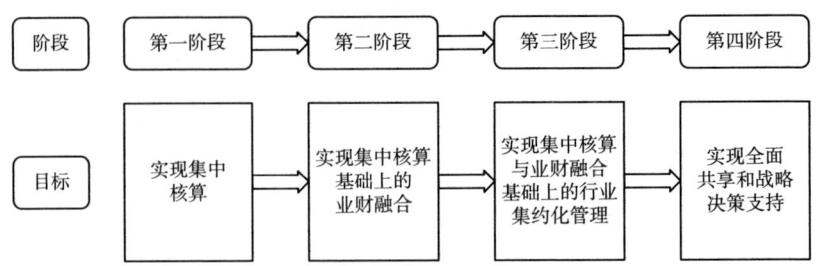

图 3-4　行政事业单位财务共享中心的战略目标发展阶段

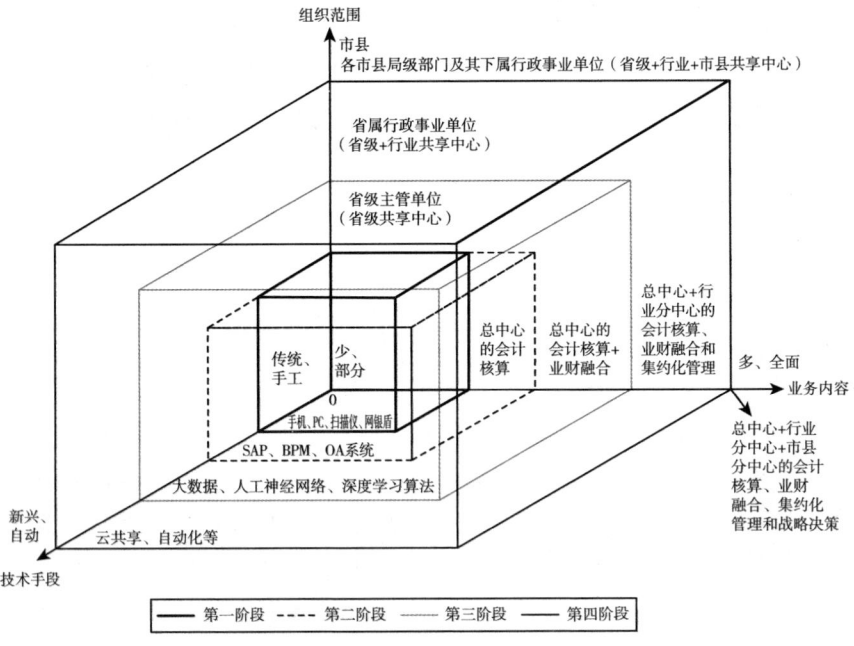

图 3-5　行政事业单位财务共享中心阶段性战略目标的具体内容

三、第一阶段：实现集中核算

（一）第一阶段的战略目标分析

根据对行政事业单位财务共享建设的环境分析，行政事业单位的财务共享建设还处于缺乏经验、缺少参照的探索阶段。在这种情况下，先试点、再推广往往是最合适的建设思路：共享中心在基本功能稳定运行之前，都处于探索的过程之中，具有明显的"试点"性质，还处于起步阶段，应在搭好框架的基础上保持组织和区域的最小化。比起区域与组织建设，职能的建设完善应当成为重点，而且是拓展区域与组织边界的基础。因此，在行政事业单位财务共享建设的第一阶段这个起步阶段，应当集中资源保障核心功能的稳定与完善，保持目标的最简化。这就涉及财务共享中心核心职能的选择问题。

在企业财务共享领域，集中核算目标往往是相对缺乏财务共享经验的公司选择的核心目标和首要目标。例如，广东白云机场以降本增效为目标，通过财务共享缩短了服务时间，减少了人员需求，同时通过会计核算的标准化，提升了会计信息质量，推动财务工作转型；信发集团财务共享服务中心以逐步建立财务信息数据中心为目标，实现了财务人员的精减，降低财务工作成本。

我们认为，把"集中核算"作为核心和基础目标的经验，同样适用于行政事业单位的财务共享。这一判断不仅是来源于对企业经验的复制，而且符合行政事业单位的现实需求：根据财政部的要求，未来政府及公共部门的财务核算与管理工作必须向财政科学化和精细化管理方向进行转变。财政科学化管理要求各行政事业单位从实际出发，实事求是，积极探索和掌握财政管理的客观规律，按照财政法律法规的要求，建立健全管理制度和运行机制，运用现代管理方法和信息技术，发挥管理人员积极作用，把握加强管理的方向和途径；而财政精细化管理要求各行政事业单位树立精益思想和治理理念，运用信息化、专业化和系统化管理技术，建立健全工作规范、责任制度和评价机制，明确职责分工，完善岗责体系，加强协调配合，按照精确、细致、深入的要求实施管理，避免大而化之粗放式的管理，抓住管理的薄弱环节，有针对性地采取措施，增强执行力，不断提高财政管理的效能。在政府职能转换和公共财政改革的背景下，会计核算与财务管理工作在行政事业单位内部管理中的重要作用日益明显，财务工作任务越来越重，难度越来越大，存在问题越来越多。从我国企业的建设中可以看到，核算共享能够有效实现组织会计核算的统一化和标准化管控，在提高核算效率的同时节约运营成本，推动财务管理的精细化管理水平，满足行政事业单位财务管理精细化和科学化的要求。

所以，我们将行政事业单位财务共享第一阶段的目标定位为：

在业务内容维度，实现省级层面的集中核算共享。该阶段只将省厅级主管单位中日常性重复性的会计核算工作进行集中化、标准化、自动化、流程化作业处理，强调对账务处理的速度和效率，重视审核凭证、记账结账、出具报表工作的及时性和准确性，关注财务信息提供能力的大小。在核算功能相对成熟、运行稳定的情况下，才考虑进一步发展其他财务管理服务职能；

在组织范围维度，实现省厅级主管单位间的共享。该阶段只在省财政厅、省教育厅、省公安厅、省卫生厅、省交通厅等省厅级主管单位层面建立财务共享中心，暂不向省属行政事业单位或各市县行政事业单位进行组织层级上的拓展。

在技术手段维度，主要依靠传统的大众化信息技术。该阶段主要应用手机拍照、PC端上传、扫描仪扫描、网银盾USB接口等传统的科技手段，采用人工处理为主，自动处理为辅的方式完成业务的审批、凭证的审核、记账凭证的编制与复核、对账与结账以及报表的出具工作。

（二）第一阶段目标下的建设工作及实现效果分析

行政事业单位刚着手进行财务共享平台建设时，要紧紧围绕集中核算这一首要目标，着力完成以下工作：

①核算组织集中：建立集中的财务共享中心，实现核算组织和办公地点的集中化。

②核算流程再造：规范、统一核算流程，提升财务管理水平，减轻会计人员工作量，提升核算的准确性、合规性。

③核算职能细化：岗位设置更加专业化、精细化。例如，建立专门的财务核算组、资金支付组、凭证管理组、报表分析组等。

④预算单位电子报账：各行政事业单位能够通过信息系统进行报账并传输附件信息，系统采集原始凭证信息后实时传送至中心的核算人员，财务共享中心会计线上完成稽核与记账。

⑤自动记账：通过OCR识别、设定凭证模板等手段，智能会计平台自动生成，满足其自动化会计核算的需求。

⑥自动报税：系统自动完成基础性的报税工作，简化人工参与，降低人力成本，提高工作效率。

⑦报表定制：灵活的报表和经营分析平台提供全方位的企业经营和业务执行画像，让企业管理问题清晰可辨别，大大提高了管理效率和管理能力。

⑧资金集中管理：将行政事业单位的财务收支实行"集中支付、统一开户、分户核算"模式，是深化财政支出改革、强化预算约束、加强预算监督、提高财政资金使用效益。

⑨形成集中财务数据库：将各地区、部门的明细财务信息统一储存在共享平台，提高组织内部交易对账的效率，并能快速、准确地出具合并报告。

⑩跨部门的数据调用与查询：将原本留存在各个部门互不连通的财务数据归集在同一平台，形成统一的数据池，主管部门和财务机关能够根据工作需要调用下级机关的财务数据。

⑪财务实时管理：一方面，领导和上级单位能够随时了解预算单位的财务状况和预算执行情况，及时掌握各部门预算收支执行真实情况和涉税信息，强化对预算单位的财务监督、管理与指导；另一方面，财务共享系统也应当能在处理业务时自动监控单据有无错漏、额度是否合规等。

⑫财务档案管理系统化：实现了会计档案的电子化管理；

⑬非结构化数据查询：利用云计算等技术，实现对半结构化和非结构化数据，如文本，图片，视频等数据查询的存储和查询。

在第一阶段目标实现时，财务共享中心应当发挥出以下三方面的效果：

首先，会计基础核算工作规范化。财务共享服务中心的重要基础是将财务和业务流程进行统一化、标准化和信息化处理，每个流程均按照"简单化、流程化、标准化、信息化"的管理思想，对财务业务进行细化、并进一步标准化、信息化，从而不断降低人为工作的差错。

其次，成本降低，效率提高。财务共享服务中心的重要特点是借助信息技术实现财务信息畅通、及时的传递，通过集中、共享的方式，能够有效提高会计工作效率。建立财务共享服务中心后，各行政事业单位不需要配置太多会计人员，可以通过岗位调整、岗位分流等方式降低会计人员数量，进而降低行政事业单位的作业成本。同时，该模式将行政事业单位会计人员从单一、繁忙的会计基础工作中解放出来，使其能够更有精力专注于会计管理工作，实现会计人员价值最大化。

最后，实现信息共享，打造阳光财务。财务共享服务中心充分利用信息技术的发展，大大提升了会计信息生成的速度和标准性，在很大程度上增强了企业的信息共享、减少了信息孤岛，能够为决策层提供更广阔和精准的信息数据，提高管理效率。同时，由于财务共享服务中心的作业人员相对于行政事业单位比较独立，缺少虚假做账的外部诱因和内在动机，能够打造阳光财务，从根本上降低腐败的滋生。

四、第二阶段：实现业财融合

（一）第二阶段的战略目标分析

财务共享服务模式在我国已经发展成熟，并实现了市场化和行业化，企业以较低的成本就能购买专业化、定制化的财务共享系统。所以，当前我国止步于集中核算目标的企业越来越少，绝大多数企业都期望通过财务共享给企业带来更综合、更丰富的效益。所以，当前业财融合成为我国企业财务共享建设的主流目标。如华为集团的业务中心部长梁家骥所说："财务共享最终是为业务服务的"，共享的运营模式应该配合业务布局来设置。大部分企业建设财务共享中心的目的不仅限于实现核算效率的提高，而会进一步追求内部控制、财务分析、财务管理等等增值目标，为业务活动提供更多支持。

例如，贵州茅台的财税共享平台以税务风险管控为目标，实现了财税工作的实时监控及预警，统一管理开具发票数据做到销售订单与开票信息匹配，实现了财务业务税务一体化；北京汽车以降低成本和规避风险为两大核心目标，提高了业务流程标准化程度和管理工作效率；山东鲁商集团门店众多且业务量大，为了支撑业务的规模扩张与频繁变动，以实现跨地域财务审批和风险管控为目标建设财务共享平台，并实现了相关系统间的无缝对接；五粮液以业财融合为目标，变财务预算为全面预算，推动了预算的标准化、精细化和规范化，优化业务流程，促进了部门间的协同。

参考企业的经验，行政事业单位在通过共享中心实现了账务核算工作的集中化处理、提高了财务工作的效率后，需要进一步拓展财务共享建设的职能，不拘泥于仅满足账务集中处理的需要，而是进一步需要考虑如何将各单位的业务活动和财务活动进行有机结合，实现横向业务范围的扩展和融合，使各预算单位在业务活动发生的同时，能够及时捕捉业务活动关键控制点、获取业务活动凭证、完成账务处理工作、及时记录和有效监督每一笔业务活动发生的全过程。这就需要各预算单位能够在业务活动中嵌入财务流程，实现双流程的运营和对接，使财务为业务提供最大限度的服务，促进业财一体化的步伐，实现政府部门的业财融合。

和上一阶段类似，本阶段依然处于业务职能建设和业务范围扩充的阶段，在财务集中核算的基础上融合业务信息，但拓展组织范围的条件还未成熟。因此，我们将行政事业单位财务共享第二阶段的目标定位为：

在业务内容维度，实现省级层面的业财融合。该阶段将省厅级主管单位的完整业务流程与财务共享平台进行整合，使预算管理、政府采购、国库集中收付、非税收入收缴、薪酬发放、日常公用支出、非货币性资产管理等业务流程和财务处理流程实现集成，保证业务信息的及时获取和账务工作的高效处理。

在组织范围维度，仍然只实现省厅级主管单位间的共享，暂不向省属行政事业单位或各市区县行政事业单位进行拓展。

在技术手段维度，依靠较先进的信息技术。该阶段与第一阶段相比，手机拍照、PC 端上传、扫描仪扫描等传统的技术仍然继续使用，局域网信息传输、APP 移动审批等技术将会被逐渐采用。同时，在进行业务流程再造时，也会加入部分较先进的专业技术手段，如 SAP 系统、BPM 业务流程管理软件、OA 办公系统等，保证业务流程集成后，前端的业务信息能及时被收录进财务共享系统中。这一阶段的人工处理工作将大大减少，自动化信息捕获、筛选、套取、转码、记录和核对的程度将大大提升。

（二）第二阶段目标下的建设工作及实现效果分析

综上所述，在财务共享中心核算功能运行稳定、财务数据较为完善之后，行政事业单位可以将财务共享平台与国库集中支付、政府采购、资产管理、预算编制等等业务系统进行集成，增加数据接口，实现数据在系统间的交换和调用。同时，在功能上更深入地服务于预算单位的业务需要，建设财务监督、分析评价和内部控制功能。在业财融合目标阶段需要完成以下的财务共享中心建设工作：

①跨系统获取数据：打通信息调用路径，能够从一个查询入口，同时调取各业务与财务系统的数据。

②跨系统数据实时推送：财务与业务系统数据共享，业务系统的数据变动可通过系统同步传输至财务模块，财务人员通过系统完成相关发票勾稽，相关凭证可自动生成。

③业务管理优化：通过数据的贯通，实现一体化全过程工程项目管理、全生命周期资产设备管理、精细成本管理等透明化、实时化、智能化的业务管理与控制。最终综合提高行政事业单位运作效率、降低成本、提高工作效果。

④业务流程再造：对于在本阶段完成对接的业务环节，全面进行业务流程的梳理和规划，并实现工作流和审批流的统一。实现精细化的内部控制和业务流程全周期监管。

⑤全面覆盖内部运营环节：在业财融合的基础上，将第一阶段未纳入统一平台的其他业务环节（如人力资源管理、公文管理、会议管理、信息管理、政务督查、协同办公、移动办公、内部邮件、即时通讯等等日常办公环节）进行进一步集成，建设和完善协同办公平台，提升工作效能，构建大 OA 体系。

⑥对接外部系统数据：根据管理需要，将行政事业单位的内部共享平台与外部系统的一部分数据库对接（如与银联对接，获取公务卡消费数据），自动核对内外部数据，保证系统内信息的准确性、及时性。

⑦多角度财务分析：对历史财务数据进行多角度的分析，挖掘其规律，寻找预算单位财务管理中存在的问题。整合原本割裂在不同部门的数据，并加以分析，把数据转化成生产力，用于改善公共服务。

⑧财务与业务考核：将财务及业务信息纳入统一平台，提升考核的综合性与科学性。既能够根据统一的标准对各行政事业单位进行客观的财务考核，也能根据单位的特定需求，为其提供定制化的专业考核服务。

⑨财会角色转型：培养全局视角的财会人员、创造价值型财务管理模式，加快政府职能转变。财务人员工作重心由"记账"向"服务""监管"倾斜。

⑩构建全面预算管理体系：将各项业务预算和财务预算有机结合，进行多层次业务预算的编制、审批，通过预算控制平台，对所有单位、所有业务进行实时的预算控制及事后的预算分析，形成动态预算编制体系。

在第二阶段结束时，财务共享应当实现如下三方面效果：

首先，提高会计信息质量。在业务管理活动中嵌入财务管理活动，可以实现对业务活动中财务信息的及时收集与处理，保障了会计信息的及时性、全面性，从而对会计信息质量有显著促进作用。业财融合模式可以使财务管理更具动态性、深入性，不再是简单地对会计信息的事后处理，更多的是参与到行政事业单位的业务活动中，多角度、多层次的收集财务、业务信息，充分分析单位业务发展状况。业财融合模式将财务管理需求植入业务活动中，通过对业务数据的及时全面传输，极大地提高会计信息质量，保证会计信息的真实可靠，并且改变了以往财务和业务分离的现象，实现了二者信息的全面融合。同时将业务管理活动中的非税收入收缴、日常公用支出、薪酬发放、非货币性资产管理、政府采购、预算管理、国库集中收付等管理系统与财务系统对接，可以满足财务管理多层次、多维度的会计信息收集的需要，并且通过会计信息系统实现自动化的传输数据，简化了数据收集处理的过程，降低了人工成本。

其次，完善财务风险防控体系。在业财融合模式下使财务风险防控更加全面、有效，可以帮助各预算单位及时监督各项经营流程，对潜在的风险能提前预测分析，从而采取有效防控措施及风险补救措施，减少风险发生时的损失。在业务管理活动与财务管理活动分离时，对财务风险防控体系的构建未能渗透到各单位的业务活动流程中，而实施业财融合后，可以实现业务数据的及时归集。通过搭建覆盖业务清单的数据平台，利用计算机操作系统收集分析预算单位业务活动的各项信息，从而为构建财务风险防控系统提供大量数据信息基础。

最后，优化配置资源。财务资源的高效配置是行政事业单位开展社会公共服务活动的必要条件，而在业财融合模式下，可以实现财务资源与业务活动的及时对接，以预算单位业务活动的需求为驱动，使财务资源的配置落实到具体的业务活动中，避免财务资源的浪费。各行政事业单位通过业财融合视角配置财务资源，可以促进财务管理的优化完善，不仅收集处理预算单位的各项资金信息，还包含人、物等相关数据，根据不同的业务需求建立财务资源与业务需求的逻辑和驱动关系，满足业务活动对财务资源的需求。另外，业财融合可以使财政部门在进行财务资源分配时，将业务活动的需求作为重点展开专题分析，从而快速辨别具有紧迫性、重要性的业务活动，进而制订相应的财政资源分配计划，通过这样的方式能够有效避免出现财务资源浪费的现象，实现对财务资源的高效配置。同时将财务资源的使用情况与业务活动实时对比分析，在数据分析的基础上，最大限度地提高财务资源的使用效率，提升政府部门的社会价值。

五、第三阶段：实现行业集约化管理

（一）第三阶段的战略目标分析

对于企业而言，完成业财融合的目标之后，往往会追求集约化管理，这种集成管理要求企业在业务、系统、组织、人员、制度等各方面都形成一套完善的体系，保障财务共享服务中心的成熟平稳运作。例如，湖北中铁十一局以建设管控型财务共享中心为目标，提出"三算"（核算、结算和决算）集中和"五化"（流程化、标准化、一体化、信息化、智能化）管理，实现了资金管理、资产管理、全面预算、合同管理的全方位共享；宝钢集团以提升集团整体管控力度与水平为目标，快速复制标准化的财务管理模式以提升子公司管理水平，支撑了公司快速增长扩张的需要；国家开发银行通过建设财务共享构建统一核算体系，实现了财务管理的精细化和综合性的决策支持目标。

在行政事业单位的财务共享规划中，业财融合阶段的共享还是局限在省厅级主管单位这一层面的共享，而集约化管理必须以组织和区域的层级架构构建为基础。因而组织和区域范围的拓展，是行政事业单位财务共享实现集成管理、管理创新、决策服务、大数据分析等共享目标的内在要求。

所以，我们将行政事业单位财务共享第三阶段的目标定位为：

在业务内容维度，优化各行业财务共享分中心的业务流程，实现各行业预算单位资源的集约化管理。在目标的第三阶段，财务共享中心需要针对不同行业进行资源集约化管理，将能集中的资源都进行共享，如人力、采购、法律、信息技术、研发、市场管理等都将纳入共享中心的管理范畴。该阶段的财务共享中心可以利用行业财务分析、预算考核、绩效评价等管理会计工具，辅助各行业的行政事业单位进行集约化管理和财务信息共享。这一阶段需要在实现省厅级层面业财共享的基础之上，规划设计省属行政事业单位的业务流程，针对不同行政事业单位的行业类型，建设行业财务共享中心，对不同属性省属预算单位的业务活动进行账务处理工作，实现会计集中核算和业财统筹管理。与此同时，还应当保证省厅级主管单位和省属预算单位之间进行业务和账务流程的对接以及信息的传递和共享，方便省厅级主管单位及时获取附属预算单位的业财活动信息，也有助于省属预算单位及时上报预算、资金等财务信息。此外，在业务内容完善的同时，财务共享中心的功能也更加全面，财务共享中心可以服务于政府部门的战略规划、预算管理、财务决策、投资管理、绩效评价、资金预测等管理活动，业务内容更加丰富，功能更加健全。

在组织范围维度，由省厅级主管单位向省属行政事业单位拓展。该阶段的组织层级将由省厅级主管单位及其下属的不同行业类别的行政单位、全额拨款事业单位、差额拨款事业单位、自主事业单位进行扩充，其涵盖的领域包括高校、医院、交通、公安等多领域。由于各行业行政事业单位的会计核算方式和业务流程存在较大的差别，同时各省属单位和省厅级主管单位的业务、财务、信息往来也存在着很大的不同之处，因此如何保证上下级组织架构间的协调、实现对各类型行政事业单位业务和财务的集约化管理成为这一阶段工作的重心。

在技术手段维度，采用先进的信息技术。该阶段与前两个阶段相比，需要采用更加先进的技术手段，尤其是大数据统计、数据定向挖掘、分析技术、人工神经网络技术、深度学习算法在这一阶段显得十分重要。由于该阶段的财务共享中心会出现省级层面共享中心和各行业共享中心，因此应该利用大数据分析技术来挖掘捕获、加工处理和生成推送各行业行政事业单位业财信息数据，利用人工神经网络技术对大数据信息进行过滤筛选，进行数据的检测分析、风险的识别控制、决策方案的筛选评估、模型的模拟运营等功能，并且利用深度学习技术对财务共享中心的流程算法、系统功能进行优化升级，满足该阶段行业行政事业单位的集约化管理需要。

（二）第三阶段目标下的建设工作及实现效果分析

第三阶段目标在组织范围上的拓展，要针对不同性质的行政事业单位在各行业类型的预算单位进行共享覆盖。在业财融合目标阶段，财务共享服务中心已经实现了由会计集中核算的基本功能向财务流程与业务流程融合、财务系统与业务系统对接的转变。通过业务财务一体化建设，对各行政事业单位的经济业务进行合理的流程再造，依据会计循环原理嵌入财务处理流程，实现省厅级主管单位层面的全业务覆盖的标准财务共享，这时财务共享在职能维度已经相对稳定和完善，接下来需要进一步地在纵向组织维度上进行深化拓展，将省直属行政事业单位纳入共享。例如，由省教育厅向省直属高校进行延伸，由省卫生厅向省直属医院进行延伸。

由于行政事业单位类型众多，在行业共享战略目标阶段需要考虑到不同类型和性质的单位业务活动的流程和账务处理方法的差异，因此，财务共享服务中心的建设难度也大幅增加。在进行这一阶段财务共享服务中心建设之前，需要先按照不同行业类型进行业务流程的梳理、设计与再造，了解不同行业的行政事业单位的业务活动特点和账务处理方法，有针对性地根据各类型单位业务活动内容设计合理的共享中心服务模式、组织架构、业务流程和实现系统。

这一阶段共享中心的覆盖面会变得更广，受众单位会呈现扩张趋势，因而对于财务共享中心业务和系统的处理速度和准确性也提出了更高的要求。由于第二阶段只是在省厅级主管单位层面进行搭建，对于财务共享中心业务和系统的处理速度要求并不高。而到了第三阶段，由于省属的行业预算单位众多，并且可能存在着很远的地理范围上的距离，因此对于财务共享中心业务和系统的要求变得更高，如何及时、高效、准确地将分散在全省范围内众多省属行业预算单位的业务活动进行账务处理，并且能够将财务信息汇总和共享至省厅级主管单位层面是这一阶段建设任务的重中之重，这也是财务共享服务中心能否进一步向各市县局级部门以及市县局级部门下属单位层面进行拓展的关键。

为了实现行政事业单位财务共享中心行业共享的目标，需要在省厅级主管部门和省属各行业行政事业单位层面进行财务共享中心的建设。在建设过程中需要考虑到不同类型、社会职能、行业类别的单位各自的业务特点和财务处理方法，同时需要保证上级主管部门和一级预算单位之间的信息传递与共享功能的实现。在行业目标阶段需要完成以下的财务共享中心建设工作：

①各行业单位组织架构设计：根据各行业单位业务活动和财务活动的需要，设计符合行业单位财务共享中心运作的组织架构。

②上下级组织架构对接：各省属行业预算单位行业财务共享分中心组织架构与省厅级主管部门财务共享总中心组织架构的对接。

③上下级流程对接：各省属行业预算单位财务共享分中心流程与省厅级主管

部门财务共享总中心的预算管理、政府采购、国库集中支付等流程上实现对接。

④上下级系统对接：各省属行业预算单位财务共享分中心系统与省厅级主管部门财务共享总中心的系统实现对接。

⑤财务信息汇总、查询：省厅级主管部门可以通过财务共享中心及时查询各省属行业预算单位的财务信息数据，同时能提供预决算报告、政府综合报告、各行业行政事业单位财务报告的自动编制功能。

⑥财务分析：省厅级主管部门能够通过财务共享中心调取财务报告数据，对所管辖的各行业预算单位财务信息进行分析和评价。

⑦预算的填制、上报和汇总：各省属行业预算单位可以与省厅级主管部门通过财务共享中心的预算管理系统进行预算的填制和上报，主管部门可以汇总、调整各预算单位上报的预算数。

⑧预算的批复和考评：省厅级主管部门可以通过财务共享中心将通过审核批复的预算指标数发放给各预算单位，并对各单位预算执行情况进行监督，保证预算单位财政资金运用、资产管理、负债管理、收支结算符合预算要求。

⑨业务工作绩效评价：省厅级主管部门通过财务共享中心的业务和财务数据，可以方便地对各下属行政事业单位的业务活动开展情况进行考核评价，考核结果通过共享系统传送至各单位，各单位根据反馈结果进行业务工作调整。

⑩辅助预测决策活动：省厅级主管部门可以根据各单位的业务、财务活动数据，预测下一年度财政收支情况、资金收付情况、政府资产和政府负债数量等，方便了财政预算的编制、调整、执行和评价，进而为政府部门的决策活动提供信息支持。

在第三阶段目标实现时，财务共享中心应当发挥出如下效果：

首先，对于省级财政厅而言，有利于对全省范围内的行政事业单位会计核算和财务管理情况进行管控，省财政厅可以通过财务共享中心及时获取各省厅级主管单位及其下属预算单位的财务信息。这大大方便了预决算报表和政府综合财务报告的编制，有助于对政府资产、政府负债进行有效监控，对财政资金的运转情况和政府预算的执行情况进行实时监督，对政府收入、政府支出和政府结余情况进行高效管理，确保管辖范围内的各行政事业单位在预算范围之内履行社会公共服务职能。

其次，对于省级其他主管部门而言，如江苏省范围内的交通厅、公安厅、教育厅、卫生厅等省厅级单位而言，财务共享服务中心可以作为主管部门财务核算与管理工作的"抓手"，有助于各主管部门对所管辖的各行业预算单位进行财务监督，从而帮助各主管部门合理编制财政预算，并对预算执行情况进行考核、评价和调整。各主管部门通过财务共享服务中心可以与省财政厅实现有效的财政预算和财政资金对接，保证及时汇总和上报各预算单位的财务信息，推动各行业预算单位业财一体化进程和省级主管部门的财政工作。

最后，建立财务共享服务中心后，可以实现各行业预算单位之间的财务信息共享，打造阳光财务，形成互相监督的氛围，减少腐败现象的发生，提高政府部门财务信息的质量。对于各省属行业预算单位而言，建立财务共享服务中心以后可以实现本单位会计集中化核算，使各预算单位的业务和账务流程进一步"简单化、流程化、标准化、信息化"，借助信息技术实现财务信息畅通、及时地传递，通过集中、共享的方式，降低人为工作的差错，降低财务管理工作的成本，消除重复性作业，有效提高会计工作效率。同时，各省属行业预算单位可以通过财务共享中心及时与省级主管部门、省财政厅以及财政部门的国库资金支付系统进行业务和账务对接，使各预算单位的财务管理工作更加高效便捷。

六、第四阶段：实现全面共享和战略决策支持

（一）第四阶段的战略目标分析

当财务共享服务中心发展到十分成熟时，企业会将大数据、云计算、人工智能、移动互联网等新兴技术应用于财务共享领域。例如，上海振华重工集团借助财务共享，支撑企业业务发展及管理会计落地，达成了智能制造的目标，实现了管理模式的精细化；山东临沂矿业通过建立集成统一的信息化平台，深入应用大数据技术，提供智能化服务，实现了财务共享的规模化效应，完成了管理升级、决策优化；海尔集团的财务共享中心在建设成熟后，进一步提出了从操作中心向知识中心转变的最新目标；浪潮集团整合内部各项资源，建设大共享，基于云计算、大数据、移动互联等技术，实现了集团数字化、集约化管理的目标。

实现全面共享和战略决策支持的目标，财务共享中心不仅仅要将大数据、云计算、人工智能等前沿技术应用于财务共享领域，更要重视财务共享中心的角色转变，使共享中心不仅能作为职能部门满足行政事业单位的正常管理需求，而且能为政府部门财务管理模式的创新升级提供源动力。

因此，本阶段财务共享中心在业务内容、组织范围和技术手段上都会有进一步的拓展和深化，最终保证在全省范围内建成财务全面共享。

在业务职能维度，拓宽业务内容至各市县局级主管部门及其下属行业行政事业单位，实现从省级到市县级、从厅级到局级、从省属各行业行政事业单位到市县各级各行业行政事业的大融合大共享。到了目标的第四阶段，需要在省厅级共享总中心和省属行业共享分中心的基础之上，整合各市县局级部门及下属预算单位的业务活动及其产生的财务信息数据，集成各市县预算单位的业财管理系统，打通省市县级业务和财务信息往来通道。省厅级层面的共享总中心可以对拓展后的各市县预算单位进行资源集约化管理，以实现全省范围内的信息共享和资源配置。同时，这一阶段的财务共享中心的功能也有所提升，需要为省级、市县级主管部门提供战略决策支持信息，推动政府部门财政管理工作的开展，因而这一阶段将实现全省范围内总中心和分中心的财务大共享，共享中心发挥着更大的管控职能。

在组织范围维度，向市县进行深化，构建市县共享分中心，形成全面连通从省级主管部门到各市县基层单位的共享平台。上一阶段从省厅级向省属行政事业单位的组织范围拓展，为本阶段进一步将共享范围拓展至各市县预算单位奠定了基础，为实现从省级贯通到各市县基层单位的大共享提供了可能。在本阶段，应当将集中核算、业财融合、组织连通、集约化管理的共享模式向各市县局级主管部门及其下属预算单位继续推进，建设各市县局级共享分中心和各市县行业共享分中心，形成省级与市县级层面的业务和财务对接、市县级主管单位和下属预算单位的资源和信息共享的大共享局面，推动财务共享中心共享区域范围的深化。未来信息技术的发展，尤其是"大智移云"等技术使财务共享中心逐渐向云共享的方式发展，这大大方便了共享中心组织范围边界不断扩大，有助于实现涵盖共享总中心和各分中心的全省范围的财务云共享。最终，全面共享阶段的共享中心将覆盖江苏省内各层级行政事业单位内部的全部业务和财务信息，使得这些信息数据能够实现及时快速准确的上传、下达和共享，为实现战略决策支持提供组织保障。

在技术手段维度，应当充分利用"大智移云"中的云技术，提高自动化水平，实现政府云共享。在实现全面共享的战略目标阶段，由于横向业务内容和纵向组织范围的边界无限扩大，使得云共享的建设变得十分重要。通过重点利用云共享技术，结合之前三个阶段中的大数据、人工智能、移动互联网等技术，形成全省范围内的政府政务云，保证业务的审批、发生、记录和财务信息的收集、处理、传递能够在云端高效开展。同时，由于该阶段业务和财务信息数据体量的庞大，必须采用数据自动处理技术来替代人工，实现高度自动化云端作业，为全面共享的实现保驾护航。

(二) 第四阶段目标下的建设工作及实现效果分析

在全面共享阶段，财务共享平台的运算能力和存储能力大大提高，共享中心将采集更精细化的数据，强化行政事业单位对资金流、物流、信息流的掌控，让管理模式的升级发展成为可能。与此同时，全面共享可以帮助各级单位实现更多元化的分析与决策支持，为行政事业单位财务管理的发展和社会职能的提升助力。在全面共享目标阶段需要完成以下的财务共享中心建设工作：

①"大智移云"技术与财务共享系统深度结合：共享平台可以引入大数据以提高平台的计算能力，引入人工智能以建设平台的决策支持功能，引入移动平台和云平台以提高平台灵活性与资源利用效率。搭建起全新一代高性能、安全可靠的大数据平台，提供面向海量结构化、半结构化、非结构化数据混合架构的大数据采集、存储、计算、分析挖掘、管理服务，为数据创新提供统一的数据整合及存储能力，涵盖离线计算、实时计算、流式计算、分析挖掘与机器学习方案，有效支撑全局大数据处理流程，从而提升全省大数据集成、存储、计算、共享、综合分析与深度应用能力。

②智能决策分析：决策支持系统智能化、定制化，能够根据行政事业单位的需求提供个性化的决策支持服务。推动管理会计和财务管理落地，运用科学的工具帮助行政事业单位优化管理决策。

③统一决策下达：实现了大集成大共享后，管理部门可以通过共享系统，在权限内对下级部门的财务与业务工作进行控制，如在财务系统下达预算指标、限制单笔报销额度、添加审批控制点等。

④大数据分析：充分利用业务系统积累的数据，发挥规模优势，统筹管控，挖掘各单位的潜在资源，提高效益，降低成本，发挥数据协同的综合效应，实现信息价值由管理层到决策层，提高政府部门的决策效率。

⑤综合智能考核：不仅能对历史数据进行挖掘，并且能对预算单位未来的决策进行预测，提供决策支持。

⑥助力管理转型：为财务转型提供数据基础、管理基础和组织基础，支撑行政事业单位管理模式及商业模式的迭代、演进、完善、创新。

⑦助力公共服务转型：未来，共享平台不仅能改善行政事业单位的内部运营，还能促进各单位的公共服务质量改善，提高行政工作效率，推动政府社会公共服务职能的履行。

在第四阶段目标实现时，财务共享中心应当发挥出如下效果：

在全面共享目标下，财务共享中心可以实现对所有一级预算单位和附属各级预算单位财务信息的共享，各单位的财务工作被集成到云共享中心统一完成，主管部门可以直接通过云系统调取各预算单位的财务信息，直接生成报表数据。通过云共享中心，各单位的预算执行情况和资金使用情况会实现实时传送，主管部门可以根据预算执行情况进行预算调整，编制下一年的预算。同时，在全面共享目标下还可以提供大数据分析、财务信息统计、预算实时预警、账务动态监控等功能，为省厅级主管部门的战略决策活动提供依据。实现全面共享以后，省厅级主管单位可以快速高效地对掌握全省范围内的各级行政事业单位的业务活动开展和财务管理情况，从而有利于加强管理，避免公共资源的浪费，使政府各级单位创造更大的价值。

首先，实现全面共享有利于纵向组织层级间的信息交互。实现全面共享以后，从省级到市县级各级政府部门可以通过财务共享中心实现业务活动信息和财务信息的传输，财务信息的价值变得更大，主管单位可以及时根据各预算单位的业务和财务情况进行预算和资金拨付的调整，避免了"信息孤岛"下管理工作的滞后性问题。因此，通过财务共享中心的建立，有利于上下级组织之间的业务开展和信息交流共享，使社会公共资源在各级政府部门之间合理配置，提高了行政事业单位的工作效率和社会价值。

其次，实现全面共享有利于横向业务单位间的活动开展。在实现全面共享以前，各行政事业单位之间在开展业务活动时存在组织人员不对应、业务流程不匹配、实现系统不对接等情况，导致财政资金收付、公用支出开销、非税收入收缴等业务活动在开展过程中存在耗时长、消耗人力资源多、组织和流程走向复杂等问题，难以保障业务活动及时高效地开展。实现全面共享以后，横向各业务单位之间均通过财务共享系统进行资金往来和收支结算，整个业务活动过程被集成在共享中心系统中，并且受上级主管部门的实时监控，由此简化了业务流程，提高了业务活动的效率，为进一步推进业财一体化提供了保障。

最后，实现全面共享有利于全省、全国范围内的财务一体化建设，推动财政科学化精细化管理。实现全省范围内的大共享可以推动江苏省行政事业单位财务管理科学化、精细化建设步伐，推动业财融合建设进程，提高全省行政事业单位的效率，保证政府部门社会职能的落实，为全国范围内行政事业单位改革提供借鉴和参考，为国家治理体系和治理能力现代化要求下的行政事业单位财务建设奠定基础。

第二部分

财务共享模式构建论

第四章

行政事业单位财务共享的服务模式构建

一、研究问题界定及服务模式构建的思路

本章需要解决的问题是如何构建适合行政事业单位的财务共享服务模式。在前面的章节中，我们已经讨论了行政事业单位财务共享的战略目标定位，从目标出发，我们需要进一步解决的问题是对于具有非营利性的政府部门而言，哪一种财务共享模式更适合行政事业单位对会计集中化核算的分阶段目标需要。

为了解决财务共享中心的服务模式问题，我们首先需要对行政事业单位选择财务共享服务模式时要考虑的因素进行梳理，通过文献阅读和调查问卷的方法，我们归纳总结了四个方面的影响因素，分别是设立财务共享中心的战略目标、各行政事业单位自身的组织特点、与行政事业单位现行财务制度和实际财务工作的适应情况以及其他方面的因素。在对影响因素进行详细分析之后，我们还需要对企业现有的财务共享中心服务模式进行梳理总结，以便为行政事业单位财务共享中心的服务模式选择提供参考借鉴。通过对相关文献的梳理以及参考浪潮集团、中兴通讯、中交二航局等企业的实务经验，我们将服务模式按八个方面进行了分类，在每一种分类下我们详细讨论了各种模式的适用范围和优缺点问题。

在上述分析的前提下，本书给出了江苏省行政事业单位建立财务共享中心目前可供选择以及未来可以进一步发展尝试的服务模式，并且按照不同阶段的战略目标定位给出了分阶段分步骤的模式选择和优化建议，以期能为行政事业单位财务共享中心的建立提供理论上的指导和借鉴。

二、行政事业单位财务共享服务模式构建时应考虑的因素

行政事业单位在进行财务共享服务的模式选择时，会受到众多因素的影响，本书通过对已有文献进行梳理和发放调查问卷的方式，提炼总结了四个方面的影响因素，本部分将重点分析这四大方面的影响因素，并讨论在不同的因素影响下，行政事业单位可供选择或优化改进的服务模式有哪些。

（一）设立财务共享服务中心所要达到的战略目标

1. 实现会计核算的共享

对于省级行政事业单位而言，建立财务共享服务中心的初衷是将日常性和重复性的账务处理工作集中到财务共享中心去进行账务处理，以提高各单位财务核算工作的效率。通过建立财务共享中心，可以通过集中化会计核算降低财务工作的成本，消除重复的机构和岗位，促进财务人员从基础性的账务处理工作向具有更高价值的财务管理工作进行转型。

为了在财务共享中心建立后实现会计集中化核算的目标，可以采用的服务模式包括集中集中汇总模式、全面新建模式、市级模式、初步市场化模式、日常交易模式、全面业务整合模式、服务模式等。这几种模式对共享中心的建设成本要求较低，可以实现基础性的核算共享功能。

2. 实现内外部系统对接和业财融合

在行政事业单位普遍开始进行财务共享服务中心的初步搭建工作以后，会计核算的共享这一目标已经实现，这时的战略目标需要向实现内外部系统对接和业财一体化转变。行政事业单位通过建立财务共享服务中心，实现账务处理工作的标准化和规范化，大大提高了流程的效率，避免了不必要的流程资源消耗。同时，当财务共享中心的系统与外部的预算管理系统、政府采购系统和国库集中支付系统进行对接以后，各预算单位与上级财政厅的业务联系更加紧密，大大提高了政府和公共部门工作的效率，减少了业财分离导致的低效率问题的产生。

为了进一步实现与上级财政部门的业务系统进行对接，推进业务财务一体化的实现，可以在上述实现会计核算共享的模式中进行优化改进，其中全面新建模式由于其重新建设的高成本将不再适用，而市级模式可以向省级模式优化升级，初步市场化模式也可以向更具有独立性的高级市场化模式演变，在日常交易模式的基础上可以增加决策支持模式的相关功能，同时在服务模式的基础上融合管控模式的流程和系统，使得服务模式更具有适应性。

3. 实现集中管控、绩效评价和监督稽核

行政事业单位建立财务共享服务中心的最高级目标是通过大数据分析等手段，为上级财政主管部门提供监管所需要的财务信息数据。通过财务共享中心，各预算单位的财务信息数据的汇总和对比工作将大大简化，上级主管部门可以及时取得某省市范围内各行政事业单位的财务信息数据，并进行预算管理、绩效评价和财政审计等相关工作，为财政部门的决策和稽核活动提供帮助。

为了实现更长期阶段的战略目标，我们在选择服务模式时可以进一步对上一目标阶段对应的服务模式进行调整和优化。在这一目标下，可以考虑在实体模式上增加虚拟共享中心的内容，形成虚拟模式或混合模式的共享中心，同时将市级模式和省级模式向全国模式进行推广，使得共享的范围更大、业务流程更多、核算内容更健全。此外，市场主体模式已经得到了很好的发展，可以在此基础上健全独立经营模式，使共享中心成为完全的市场主体，参与市场化竞争并自负盈亏。日常交易模式和决策支持模式在这一阶段可以进一步向专业服务模式方向优化，推动共享中心从简单的核算向管理服务的职能转型。

（二）各行政事业单位自身的组织特点

对于企业来说，由于各分、子公司是由企业集团来控制和管理的，当企业集团在总部设立财务共享中心以后，共享中心可以集中化处理各分、子公司的财务活动，整个集团的财务工作具有整体性和统一性，但对于行政事业单位而言则是不同的。由于江苏省内行政事业单位的种类较多，并且各市和各单位发展情况不同，因此在选择财务共享模式时需要考虑到各预算单位自身的组织特点，具体包括单位类型、单位职能、组织层级和组织架构等。

1. 行政事业单位的类型和职能

对于行政单位而言，由于其单位类型是属于国家机关，单位职能是进行国家行政管理、组织经济、政治、文化和社会建设，而对于事业单位，其单位类型属于社会服务组织，单位职能是为了社会的公益目的而从事科教文体卫、农林牧副渔等活动，这两种组织的类型和职能不同，在选择共享中心的模式是也需要结合单位的具体职能来考虑，使共享中心能更好地履行其职责定位。同样地，无论是行政单位还是事业单位，它们的组织类型与企业是不同的，对于企业来说，大多数的企业通常会采用职能部门模式来建立共享中心，而且在共享中心与财务部的关系上通常采用从属模式。但是，对于行政事业单位而言，由于每个预算单位都具有独立的法人地位，也不存在"集团"的概念，因此无法将共享中心作为一个职能部门建立在每个预算单位中，因此按与财务部的组织架构关系划分的从属模式和平行模式都不可行，只能采用市场主体模式或独立经营模式，将共享中心作为一个具有独立法人地位的代理记账机构，通过委托—代理关系来连接预算单位和共享中心。

2. 行政事业单位的组织层级和内部组织架构

除此之外，对于不同的单位，其所处的组织层级和单位内部的组织架构也有很大的差异。行政事业单位在组织层级上分为全国范围内垂直管理的（如海关、铁道、能源局、海洋局、民航局、外汇管理局、邮政局等）和省以下垂直管理的（如地税、工商、质监、气象、药监局、煤矿安全监察局等），这两种不同的组织层级关系导致了需要采用与之适应的模式，全国范围内垂直管理的更适合采用全国模式，而省以下垂直管理的更适合采用以省级模式为代表的区域模式。不仅如此，对于同样的行政单位或事业单位来说，还存在着一级、二级以及基层单位的组织层级上的区分，基层的预算单位通常会发生大量的经济业务往来活动，所以更适合采用日常交易模式来处理基层预算单位的账务，而对于上级主管单位来说，更希望共享中心提供管理信息，因此决策支持模式和专业服务模式更能满足这些单位的需要。综上所述，在建立财务共享中心时需要考虑到各行政事业单位的组织特点。

（三）与行政事业单位现行财务制度和实际财务工作的适应情况

行政事业单位在选择财务共享中心模式时，必须遵守与会计工作相关的法律、法规、规章、制度以及财务规则、规范等的要求，并且要能够与各预算单位现行的财务制度相匹配以及与单位财务核算、管理工作的发展现状相适应，在此基础上改进会计业务处理流程、实现账务集中核算处理，以达到提高行政事业单位财务管理水平和推动政府会计改革具体落实的目的。

1. 需要遵守会计法律法规和财务规章制度

共享服务模式的确立,要服务于行政事业单位财务工作的需要,必须符遵照准则制度对于会计要素的和经济业务的确认、计量和报告的会计处理规定。共享中心需要承担的关于行政事业单位财务核算的工作内容概括来看包括了预算管理、收入管理、支出管理、定员定额管理、结余及其分配管理、专用基金管理、资产管理、负债管理、财务分析和财务监督等十个方面,尤其是对行政经费和文教科学卫生事业费的收支管理需要采用合理的业务流程来进行。因此在选择共享中心模式时要结合这些规定的要求,在理论上为各预算单位提供更高效的财务服务。

2. 需要适应当前政府会计改革的需要

在当前"大智移云"的时代发展背景下,政府会计也在不断地进行改革,共享中心的模式也不是一成不变的,而是需要适应政府会计改革的步伐,不断进行修正、补充和完善。从2006年"十一五"规划提出"政府会计",到2011年"十二五"规划提出"推进政府会计改革,建立政府财务报告制度",再到2013年《中共中央关于全面深化改革若干重大问题的决定》中明确"建立权责发生制的政府综合财务报告制度",政府会计的改革在我国逐步展开,并且对于建立和完善现代财政制度、建设法治政府以及提升国家治理体系和治理能力的现代化有着重大的意义。从2015—2018年,《政府会计基本准则》《政府会计具体准则》(1—8号)、《政府会计准则应用指南》《政府会计制度——行政事业单位会计科目和报表》相继出台,政府预算会计和政府财务会计相结合的"双系统"、收付实现制和权责发生制相结合的"双基础"的政府会计体系逐步建立、健全,这对于行政事业单位会计工作的变革也提出了更高的要求。我们在选择财务共享中心的模式时,必须考虑到政府会计准则和制度变革的现实,在共享中心的基本模式、初级模式的基础之上,进行必要的创新和完善,使得服务模式更加成熟,操作流程更加顺畅,业务系统更加健全,能服务于行政事业单位会计体系的需求,注重高效性和灵活性,满足和适应时代发展的需要。

3. 需要与各预算单位实际财务工作现状相匹配

《政府会计准则》和《政府会计制度》已经开始在全国范围内统一实施,但我国多年来实行收付实现制的预算会计体系带来的众多历史遗留问题的解决和协调需要一定的时间,再加上行政单位和事业单位类型多、职能各异、规模不一、组织层级和组织结构复杂,因此,即使从 2019 年开始全面实施政府会计制度以后,也会存在着新旧准则和制度之间的衔接问题,这也提醒我们对于共享中心的建设不是一蹴而就的,而是在不断的发展变化中进行调整完善的。由于各预算单位的经济业务活动不同,财务工作的质量和效率差别也很大,因此共享中心在满足预算管理、国库集中收付管理、政府采购管理、资金管理、固定资产管理、差旅报销管理等基本功能的基础之上,可以考虑根据共享服务范围的大小和服务单位的实际情况,采用更加个性化的服务模式,使共享中心的模式、流程、组织架构、系统不再局限于理论上的设计,而是能根据实际情况进行调整,以最大限度地契合各单位的实际需要,以提高各单位财务管理的效率为最终目标。

对于以上三点的要求,本书下面梳理和总结的服务模式均符合相关法律法规的规定、适应政府会计改革的需要。但是各行政事业单位在具体落实服务模式的选择时,必须结合各单位的财务工作实际情况,提前进行财务共享中心构建方案的可行性分析以及"成本—收益"原则比较,分析对比每一种模式下的业务流程问题、组织架构问题、岗位人员问题、实现系统问题等,进行个性化的服务模式方案制定。各单位在进行模式方案的选择时,不应当拘泥于一种模式,可以对多种模式中的操作性强的部分进行重新整合,进行模式的创新,并且在实际建设工作中不断优化和改进。

(四) 其他需要考虑的因素

1. 财务共享中心的层级隶属、级别划分以及权责利问题

在选择共享中心服务模式时,需要明确共享中心的组织层级问题,是隶属于地方财政部门,作为地方财政部门的一个职能单元,还是成为地方财政部门的一个平级机构,承担代理记账职责,直接向财政厅负责,不同的组织层级下选择的模式是不同的;如果共享中心作为财政部门的一个职能单元,可以考虑采用从属模式,如果作为地方财政部门的一个平级机构,可以采用平行模式。此外,还需要明确财务共享中心的级别划分是怎样的、权利范围有多大以及法律责任如何界定,并且要明确财务共享中心的独立性问题,不同模式下的共享中心独立性也存在差异。职能部门模式下的财务共享中心只是一个职能单元,不具有独立法人地位,由单位法人承担法律责任,而市场主体模式和独立经营模式下的财务共享中心以自己的法人名义对外独立承担责任。

2. 财务共享服务中心的构建方式选择问题

在选择共享中心服务模式时,需要考虑其建立是选择政府自建、服务外包还是 PPP(政府和社会资本合作)模式。在这三种构建方式中,政府自建成本过高,并且由于政府缺乏经验,预计建设周期会很长,且存在项目失败风险,而完全外包有面临丧失响应性、数据安全性缺乏保证等问题。综合来看,政府和社会资本合作是较为合适的方式,这是因为私营部门以所掌握的资源参与建设行政事业单位财务共享中心,与政府人员共同负责前期调研、立项工作,政府重点负责项目中后期的建设管理和运营,如遇问题随时与私营部门沟通、探讨解决方案,政府和私营部门订立合同,私营部门提供公共服务,政府依据服务绩效评价结果向私营部门支付对价。

3. 财务共享中心的人员来源与释放员工安置问题

由于财务共享中心对人员的素质和业务能力要求很高,共享会计人员是外聘还是从各单位财务部门抽调、是否能在短期内招募足够的满足素质要求的人员,在建立共享中心以后,裁撤的财务部会计人员如何安置等,这都是需要考虑的问题。对于日常交易模式来说,对共享中心会计人员的能力要求较低,只要能够处理日常典型的账务处理业务即可,而对于决策支持模式和专业服务模式来说,需要具备更高的专业知识技能、拥有更丰富的工作经验的专业人才,特别是需要具备专业胜任能力资格证书的高级管理人才。所以,在建设共享中心以后进行会计人员岗位的重新配置时,需要考虑到其胜任能力与岗位要求是否匹配,从而进行合理的人事安排规划。

4. 行政事业单位具体业务的流程实施问题

行政事业单位的财务核算工作与企业存在巨大差别,一方面体现在行政事业单位的业务上,另一方面体现在财政资金收付的方式上。因此哪些业务纳入行政事业单位财务共享中心业务范围、纳入的业务如何进行流程再造、未纳入的业务如何进行处理、信息如何录入、传递、存储和调取等一系列问题都需要在服务模式决定前进行充分探讨,这样才能在针对具体业务进行流程再造和系统设计。对于全面业务整合模式而言,需要将原行政事业单位发生的全部经济业务的账务处理权交由财务共享中心来完成,对业务流程的规划和系统的对接要求很高,而对于核心业务整合模式和特殊业务整合模式来说,要求各预算单位在进行共享中心的建设时,就对业务内容的复杂程度和重要性进行评估,明确哪些业务先进行流程再造，哪些业务的账务处理权不移交财务共享中心，由各单位财务部门自己保留。因此，这三种模式下对经济业务的流程以及经济业务与账务处理业务的流程衔接的要求程度不同。

三、企业财务共享中心的服务模式借鉴

为了借鉴企业财务共享服务推动行政事业单位财务管理，对企业财务共享进行模式总结是很好的方式。本书通过系统梳理相关文献、实地调研等手段从 8 个方面对企业财务共享模式进行了总结、划分，这八个方面分别是：共享中心的组织建立形态、共享中心的服务辐射范围、共享中心的法律地位发展阶段、共享中心的职能类型、共享中心与财务部的组织架构关系、共享中心的业务内容重要性、共享中心的经济业务开展方式以及共享中心的建立目的。

（一）按组织建立形态划分下的服务模式

1. 模式介绍

按照企业财务共享服务中心的组织形态，可以分为实体模式和虚拟模式两种类型，在实体模式中，企业可以选择在现有的财务组织层级基础之上集中汇总建立财务共享中心，也可以选择重新建立一个全新的财务共享中心组织，重新规划企业的财务组织层级，但这两种方式所建立的财务共享服务中心都是实体形态的。而虚拟模式是指利用大数据、云计算、移动互联网等技术，将财务共享平台搭建在云端，并通过互联网连接到组织各层级中，构建不具有实体组织形态的共享中心。

（1）实体模式

①集中汇总模式。随着企业粗犷式扩张所带来的边际收益越来越小，甚至小于零，我国企业意识到需要对经营和管理方式进行调整。一方面，不断地建立新的业务单元及其业务支持部门，会造成岗位重复、成本居高不下；另一方面，由于大规模放权，大大削弱了企业总部对业务单元的控制，难以对其进行有效管理和监督。为了对业务单元的经营进行约束，企业总部往往将一些重要财务职能以及关键控制流程从业务单元财务部门中剥离出来并整合在一起，由企业总部设立的财务共享中心统一提供，即实施集中汇总模式。在这种模式下，原各业务单元

的财务部门仍部分保留，只是将各业务部门重要性和重复性高的工作集中汇总到总部设立的财务共享中心去集中处理，这样企业总部不仅可以降低服务成本，还能确保企业战略得到贯彻，业务单元的经营管理得到有效监督。但正是由于这种通过行政命令式的集中服务，企业总部财务部门更容易因其垄断地位而导致效率低下。

集中建立财务共享服务中心是指将原有的不同财务组织中的工作人员集中到一个特定地点建立共享服务中心，这是一种实现共享服务的惯用方法，并已被许多跨国企业所采用。

这种方法要求将企业内分布在不同地点的相关财务人员集中到一个单一地点，也就是将财务人员集中在一个成本较低、具有税收优惠政策的地点。同时，为了适应共享服务中心的运作，提高其运作效率，企业也经常对其流程进行重组与再造。此外，在建立共享服务中心的过程中，也经常要求企业实施新的统一的系统以代替企业内原有的相当数量的分散和传统的系统，这种做法给企业带来了包括人员成本、固定资产成本以及信息系统成本的降低。

在集中建立财务共享服务中心这种模式下，原本在企业中负责会计业务处理的一线业务人员将成为财务共享服务中心的工作人员，共享服务中心仍是企业的一部分，仅具有相当有限的自主权，其成本也一般会被分配回各个使用其服务的企业内部部门中。

②全面新建模式。建立一个全新的共享服务中心将引发组织的重大结构调整，它需要一个全新的办公地点、全新的人员全新的信息系统以及全新的流程，这些全新的因素将为共享服务中心的独立运作创造充分的条件。由于整个共享服务中心都需要全新的因素，因而这种构建模式的缺点也是显而易见的，比如成本高、筹建缓慢、不能响应整个集团巨大而迫切的财务共享需求等。

（2）虚拟模式

虚拟财务共享服务中心组织模式不需要将财务人员集中到同一地点，而是通过信息和通信技术将不同地理位置的服务功能和机构进行连接，实现运行全面电子化和网络化。

企业采用这种模式的优点是不需要建立财务共享中心的实体性组织，不需要办公场所和人员资源，可以节省企业的成本开支，同时不会引发企业组织形态的巨大变革，这样一来，企业面临的风险和阻力是比较小的。

这种模式最大的缺点在于由于缺少经常性的面对面的沟通，将会导致不同地域员工之间合作的困难。而且，一些组织还发现在现有的技术水平条件上，建立虚拟共享服务中心所需要的企业内部网络、视频会议等设施条件往往并不能满足企业的需求。尽管如此，当企业无法实现为了建立共享服务中心而需要的员工和场地配置时，虚拟共享服务中心是最有效的替代方案之一，这也是共享服务中心的未来发展方向。互联网的崛起以及信息和通信技术的快速发展，极大地改变了整个世界的运行方式，它不仅改变了整个生产经营方式价值链，也改变了组织结构和组织行为，如组织结构扁平化、网络化和虚拟化等。

（3）混合模式

在这种组织模式下，财务共享中心平台的主要职能采用实体模式来建立，如会计账务处理、现金管理、预算管理等职能集中到具有实体形态的共享中心来完成，而其他职能则可采取虚拟模式，通过网络将各主体连接，实现业务和财务的汇合处理。

2. 优缺点比较与选择

企业采用实体模式建立共享中心需要耗费的成本要高于虚拟模式，在实体模式中，重新建立财务共享中心的成本是最高的，企业需要重新定义共享中心的职能、安排人员、选择办公地点、协调组织结构和层级关系，这需要企业投入许多资源，并且重新建立后的财务共享服务中心如何与原财务部门衔接也成为一个棘手的问题；而集中汇总建立财务共享中心尽管成本低于重新建立模式，但是所面临的组织层级调整和职能重新规划的工作会更复杂，企业面临的组织内外部的压力也会更大，这需要企业重新合理协调分配各种资源，重新安排总部财务部门、各单位各业务单元财务部门的权责利。同时将哪些共同的业务集中到财务共享中心去完成也会让管理层面临选择问题，集中汇总的方式带有一定的主观性，容易导致管理层的"代理人"问题。相较于实体模式，虚拟模式的成本尽管要低，但是采用虚拟模式需要企业的信息化程度比较高，能够有强大的信息系统来支撑虚拟共享中心系统的建设，因而对于初创期的企业来说不是一个最佳的选择，往往这种模式更适用于组织规模庞大、分支机构众多、组织处在成熟期、有充足的资金作为信息化建设保障且管理上需要进行变革的企业。混合模式是将实体模式和虚拟模式结合在一起来建立组织形态，可以一定程度上较少建立全面的实体形态部门所带来的高成本问题，但是这种模式在运行的监管上是比较困难的，由于一部分业务采用实体形式，而另一部分通过虚拟形式来完成，因此需要企业有一套完善的监督稽核体系，否则极易出现混乱。

因此，本书的建议是企业可以尝试在目前的组织形态的基础之上，先通过集中汇总模式来建立财务共享平台，将现有的资源最大限度地利用起来，并通过将重要职能集中到总部设立的财务共享中心统一处理的方式，逐步在全集团内部普及财务共享服务中心，这样面临的组织变革压力也会更小，也更能看出财务共享中心带来的效率，有利于其职能规划和管理流程的调整。当组织运行更加完善，企业各方面制度也更加健全以后，可以采用混合模式来逐步过渡，撤裁不重要的财务职能岗位，使其通过虚拟网络来完成办公，借助互联网等信息技术手段直接与运行成熟的总部财务共享中心连接，这样可以减少企业组织结构和职能岗位的臃肿重复，降低企业的管理费用开支。最终笔者建议企业应以实体与虚拟紧密结合、相互分工协调的形式来完成财务共享服务中心的组织建设。

（二）按服务辐射范围划分下的服务模式

1. 模式介绍

按照财务共享服务中心面向客户提供服务所涵盖的地理范围大小，共享中心模式主要分为三种类型：全国模式、区域模式和行业模式，它们的业务复杂程度和管理复杂程度也各不相同。

（1）全国模式

全国模式是指服务范围辐射全国各省份，将企业在全国范围内的业务流程集中到一个全国共享中心来处理，通过流程重组和业务标准化，为企业在全国布局的各子公司、分公司、下属服务单位提供低成本的增值服务。由于全国模式面对和处理全国各省份不同类型的业务，因而这种结构要求最大限度地利用规模经济，简化和标准化流程，但这些流程又必须能够适应运营机构不断变化的要求。采用全国模式还要考虑的一个问题是共享服务中心的选址问题，其选址必须与企业的战略结构定位相对应，服务于企业建设共享中心的目标和职能定位，影响到企业在全国范围内建立共享中心时选址地点的因素还有成本收益因素、地区环境因素、税收和法律因素、人力资源因素等。目前，国外很多公司都在全国范围内建立了共享中心，共享服务已经形成了一种产业，代表公司有美国通用数据公司、惠而浦公司等。

（2）区域模式

区域模式是指将企业的全国业务按照一定的标准划分为几个区，如东部地区、中部地区、西部地区；亚太区、欧美区等。通过区域的划分，企业将某些业务流程集中到某一个区的共享服务中心去处理。它是由企业的一个或多个业务单元共同建立的共享中心，提供基于业务交易的支持服务。目前采用这种模式的公司有：美国银行、施贵宝公司、福特公司、英国石油公司、英国帝亚吉欧公司等。考虑到我国的行政区划问题，可以进一步将区域模式细分为省级模式和市级模式。

①省级模式。这种模式是指以一个省为财务共享服务中心的组织单元，在全省建立一个共享中心，将省下属的所有市、区和县乡等层级的业务单位的会计核算等业务集中到省级的共享中心去完成。这种模式以每个省来进行汇总，信息没有细化到省内各市的差异，适用于企业的业务范围布局在几个重点省份中，是比全国模式的信息颗粒度要细，但比市级模式的信息颗粒度要粗的一种中间类型的模式。当企业的业务多在某几个省份开展时，如果采用全国模式建立，其应用的范围也仅仅是有业务活动的几个省，但是建立全国模式所耗费的成本却十分高昂，要考虑到全国各省份的系统布局情况，造成资源的浪费。这时采取省级模式，将这几个省的业务进行集中化处理，既节省企业信息管理成本，又能为企业最大限度提供决策有用的财务信息。

②市级模式。市级模式是对省级模式的进一步细化，在每个市都建设共享中心，来负责核算市所属的区和县乡层级业务单位的业务和财务活动，并且以市为单位进行集中和汇总，编制各市的财务报告。这种模式可以看到一个省内各市各区县之间的差异，适用于企业的业务范围仅仅在某个省内开展，而省外业务比较少的企业。当企业的规模不是很大，其业务范围仅仅在一个省内布局时，企业这一阶段更关注的是每个市的业务情况如何，资金收付和购销活动的地域范围也没有拓展到省份之外，管理者只需要对比省内不同业务单位的差异情况，这时采用市级模式有利于信息的集中和对比，可以明显发现不同区域的差异，同时在一个省内建设共享中心的难度和成本也都远低于省份模式和全国模式。

（3）行业模式

行业模式是指将每种适用于共享服务的业务流程在都建立相应的共享中心，各共享中心处理不同的流程，满足不同行业的业务特点。这种模式旨在消除重复劳动、提供专业服务，如在企业中建立专门处理应收、应付、采购、销售业务的共享中心，基于不同的企业，又按照制造业、商品流通企业、金融企业等不同行业来建立共享中心；在行政事业单位中建立专门处理政府部门预算、政府采购、国库集中支付业务的共享中心，基于不同的行政事业单位，如政府部门、行政机关、公立学校等不同单位类型来建立共享中心。此种模式以特定行业和特定业务为标准，各中心各有"专长"，核算不同类型的业务和财务活动。以这种模式建立的共享中心所辐射的范围不仅仅局限于地理上的区域，而是充分考虑了市场和行业上的类型划分。目前采用这种模式的公司有惠普公司、百事可乐、美国联合信号公司、美国史克必成公司、加德士公司等。

2. 优缺点比较与选择

本书归纳总结这三种财务共享模式的特点如下表 4-1 所示。

表 4-1　　　按服务辐射范围划分的财务共享服务中心模式比较

对比项目/模式	全国模式	区域模式	行业模式
标准化和适应当地要求程度	在最大范围内对流程实现标准化、规范化和简化；但是很难适应全国各地不同的要求	可以设计与当地要求相符的流程	单个/类流程在全国范围内得到标准化，但难以适用全国各地不同的要求
规模经济性的实现程度	最充分、最完全的实现规模经济性	较为充分地实现规模经济性	较为充分地实现规模经济性
对系统的要求	需要一个完全整合的系统	不一定需要完全整合的系统	不一定需要完全整合的系统
对人员的要求	很难对共享服务中心的人定义技能要求	地区性的文化和语言差异较易适应和调整	鼓励发展各类职能的专家
受地区税务和法规的影响	将面对全国各地税务和法规的影响	地区性的税务和法规问题可以在各个地域的共享服务中心得到解决	将面对全国各地税务和法规的影响
管理难度	相对较难	相对容易	相对容易

全国模式的经济优势非常明显，它可以最大范围实现标准化、规范化、流程化和集中化，并实现高程度的规模经济性。但这种模式的运行难度是最大的，它对系统、人员、管理的要求都非常高，并且受到全国各地税务和法规差异的影响，各地区的文化、语言甚至时差都构成需要协调的难题，因而建设的成本最高、难度最大。

区域模式较全国模式的优点在于，它淡化了人员、管理的适应性要求。由于划分的区域各方面差异并不十分显著，地区性文化、语言差异、税务法规问题比较容易适应和调整。虽然标准化程度低了，但以此为牺牲换来了对个性化要求和响应及时性的提升。同时，在区域模式下企业又可以根据自身业务活动辐射范围的大小来选择省级模式或市级模式，灵活度较高，企业可以在成本收益中进行选择，但是区域模式的辐射范围不如全国模式广泛，采用区域模式可能需要企业考虑地域限制等问题。

行业模式虽然涵盖地域广泛，但每个专长共享中心只负责一类特定业务，管理难度小。行业模式优势在于就某一特定业务在整个区域甚至全国范围统一标准，能够为企业培养这类职能的专家，提高服务水平，但同样面临全国各地法规和税务的挑战。行业模式很对不同种行业进行定制服务，服务差异化大的同时成本也十分高，建设难度大，需要考虑到各行业各业务类型的独特需求。

在实际操作中不存在"最佳模式"，各公司必须根据具体情况权衡利弊，做出选择。笔者认为，企业选择模式时最主要的考虑应该是其业务范围大小，针对业务布局的地理范围、市场和行业边界，结合企业自身组织规模的大小和发展阶段前景来选择全国、区域（省份或市区）和行业模式，同时还应考虑到建设财务共享中心的成本和带来的收益是否匹配，企业能否对共享中心辐射的范围进行管理监控的问题，进而选择适合本企业的模式。

（三）按法律地位发展阶段划分下的服务模式

1. 模式介绍

财务共享服务中心战略职能定位发展在不断地发生着变化，随着财务工作从分散走向集中，再从集中走向共享，进而市场化为财务外包公司，共享中心的战略职能定位和法律地位也在不断地变化。按法律地位发展阶段可以将财务共享服务中心划分为三种模式：职能部门模式、市场主体模式、独立经营模式。本书将这三种职能模式的特点进行了归纳总结，见图4-1，可以看出，企业对共享中心模式的选择，主要取决于对其法律地位的定位。

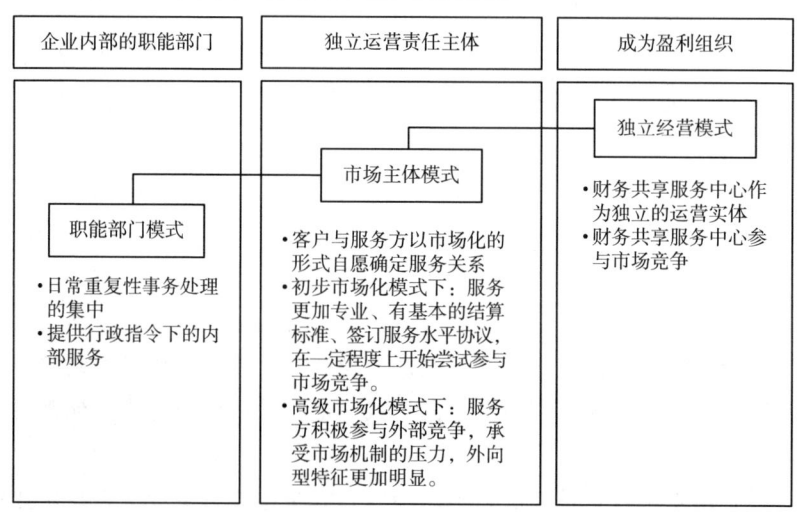

图4-1 财务共享服务中心按法律地位发展阶段划分的三种模式

（1）职能部门模式。该模式是最基本的一种共享服务模式，它通过合并和整合日常的事务处理工作、交易活动和行政管理工作，实现规模经济并消除冗余。最终以降低成本和流程规范化、标准化为目标。这种模式与集团企业中后线职能的集中处理工作模式比较相似，往往不将其职能内部的基础运营与决策权相割裂。如基于集中管理、成本以及内部控制等方面的考虑，都会强制性地要求各地经营部门将工资支付、员工报销、应付账款等典型内部托管服务交由集中机构或者是总部进行集中处理，虽然这样的管理模式在名义上不将其称为共享服务，但是，实际上已经与共享服务初级阶段相类似。国外成功共享服务机构的事实证明，以应付账款及差旅费等日常事务处理活动为切入点，会迅速使得共享服务机构提供高附加值的服务，如提供报表以供决策等。为此，这一阶段共享服务中心的建立比较重视选址、人员测算、最优工作量标准核定等。它强调的特点是标准化流程、灵活化的组织、专门化分工和核心化的能力。

该模式下，财务共享中心作为企业内部一个职能部门，为企业内部其他业务部门提供跨组织、跨区域的专业支持服务。这种模式下的共享中心通过合并、整合易于标准化的日常事务（如员工报销、应付账款），将不同地区的此类工作归集到一个共享中心集中处理，以实现规模效应，达到降低成本、规范程序的目标。

（2）市场主体模式。该模式是在职能部门模式上，进一步分离企业内部职能的运作权与决策权，将控制职能与服务职能相互分离，通过服务收费抵偿成本，最终目的是为了降低成本，提高服务质量。在这种模式下，共享服务的顾客（集团内部的其他组织）不再是被动的服务接受者，它可以根据自己的意愿做出是否接受共享中心的服务以及接受哪个服务提供商的服务的决定，即服务不再是托管式的，而是一种自愿式的，决策权由接受服务的客户全面掌握。这时的共享服务组织为了证明自身服务的专业化，需要不断提升自身服务质量，通过优化业务流程和加强与顾客的沟通的方式，以确定的服务流程与标准提供优质化服务。除此之外，共享中心还需要承担基于基础信息所提供的专业顾问职能，帮助企业决策服务，并且在提供增值服务时强调不断提高服务质量和降低成本以达成客户的关键绩效指标。同时，成本补偿机制开始引入服务中心，接受服务的客户根据共享服务中心的收费标准来支付费用。总之，市场主体模式与职能部门模式的关键区别有两个：一是咨询服务内容更加专业，二是控制权与服务权出现分离。

该模式下，财务共享中心作为一个虚拟经营单位，依据市场机制独立运营，向企业内部各业务单元提供跨组织跨地区的专业服务，业务进一步成熟后参与外部市场服务提供商的竞争。市场机制下的财务共享服务模式也有一个阶段的发展,在初期是初步市场化模式,进而发展成为高级市场化模式,其本质特征就是外向型特征变得更加明显。在初步市场化模式下,共享中心是有基本的结算标准的,按照所提供的服务的数量和类型等收取服务费,并通过与顾客签订的服务水平协议来规范各自的权责利,这时的共享中心尽管以市场化的方式与顾客确立服务关系,但是市场化程度较低,与外部供应商的竞争还是较少的。当共享中心进一步发展成为高级市场化模式之后,服务方开始更多地参与外部竞争的市场压力,并按照市场价格来确定和调整服务收费标准,这时会出现卖方市场的服务竞争,客户的选择与决策权也更大了。

（3）独立经营模式。独立经营模式特征主要体现在"独立"二字上,这时的共享服务中心已经开始作为一个独立的经营实体来进行运作,它不仅向企业内部客户提供产品服务和专业支持,而且同时还承接外部企业客户的服务业务。该模式下的共享服务中心凭借其本行业的专业技能、技术及知识开始与第三方外部服务机构、主要的外部咨询机构等展开完全竞争,同时服务收费也完全呈现市场化态势,因此共享中心已经完全没有来自于投资企业的先天庇护,自己开始创造稳定的利润和收入,并且不断提供服务与产品的升级或更新,以便吸引新客户,维持老客户,不断发展壮大。目前来看,我国已经实施共享服务的集团公司使用这种模式的还很少,一般集中在国外的跨国公司、大型咨询企业。

该模式下,财务共享中心作为独立经营的外包服务主体,以服务提供商的定位向企业内部客户提供专业服务支持,为企业创造价值,同时作为一个盈利组织,共享中心还承接外部企业的服务业务,独立经营、自负盈亏。此种模式对于共享中心的专业技能和市场竞争能力都有着很高的要求,是共享中心职能发展的最高级阶段。

2. 优缺点比较与选择

职能部门模式的优点在于方便整合资源,财务共享中心作为内部职能部门能够最大程度地为其他部门提供服务支持,然而初期整合工作量大,需要跨区域、跨部门的人力物力协作配合,对企业自身要求高。采用这种模式时,由于共享中心就作为企业的一个职能部门在运作,因而信息在组织中的沟通、传递与反馈也比较方便,同时企业也可以根据组织结构的规划方便地调整共享中心的组织安排。这种模式适用的企业范围很广,基本上所有企业在最初设立共享服务中心时都可以考虑采用这一模式。

市场主体模式相较于职能部门模式,咨询服务显得更加专业,并且决策权由接受服务的客户掌握。原因在于为了保持竞争力,共享中心必须不断地优化流程、提高服务质量，以及提供更高级的顾问服务，这种模式能够提供更优质的服务，促进财务管理水平的提升。然而，市场主体模式发展成熟需要相当长的时间，单独开辟虚拟经营单位对企业的产品定位有一定的影响，选择市场化模式需要深思熟虑。市场主体模式的成本比职能部门模式要高，尤其是当从初级市场模式向高级市场模式过渡之后，共享中心成为独立的法律主体，与企业的核算、管理和服务的成本都会增加。

独立经营模式更适用于有强大技术背景支持与创新动力的高新企业，基于此，才能将财务共享中心转化为企业的利润来源。独立经营模式的优点是共享中心的独立性强，不会受到企业的控制，可以更客观地完成职责工作，提供的财务信息的客观性和可靠性也更强。这种模式的缺点是由于共享中心发展成为类似专业的财务公司，因而企业在将业务交由共享中心完成时会面临很大的风险问题。如果独立经营的共享服务中心的业绩较好，可以给企业增加额外价值，提供更多的超额收益，如果其业绩不好，面临激烈的市场竞争而失去外部客户，则这一模式实质上沦为市场主体模式，但其高昂的运作费用将会拖累企业的正常经营，与最初设立共享服务中心的目标背道而驰。因此这种模式适合具有先进科学技术的高科技产业、尖端制造行业等市场竞争力强的产业。

虽然有三种可选的模式，但是对于不同的职能，可以采用的共享服务模式是不尽相同的。比如财务会计、人力资源、信息技术和供应后援等服务三种模式都可以选择，而对于财务会计等涉及公司核心秘密的服务不太适合采用第三种模式，究其原因，鲜有大公司敢于将自己的核心财务职能交由其他公司的共享服务中心完成。

对于这三种以法律地位划分的共享中心服务模式，其模式本身的发展就是呈现逐步推进的趋势的。通常，共享中心都是从公司内部的一个职能部门做起，逐渐地形成一个独立运营的责任主体，再向外发展成为一个独立的盈利组织或财务外包公司，这种发展阶段也是一个企业逐渐成熟的过程。笔者认为，企业选择战略职能模式时必须考虑到自己所处生命周期、企业能力、共享中心将扮演的角色等特性，才能选择合适的路径来发展自己的财务共享中心。前文已经提到，调研显示国外企业更看重共享模式带来的成本降低、效益提高的好处，而中国企业则聚焦于通过财务共享实现非核心业务标准化、规范化，带来流程效率，推进企业财务转型。如果只以提供财务服务为建设目标，财务共享中心就是一个作业机构，根据政策审批结果，进行标准化操作，不承担任何管控职能，只进行账务处理。如果承担管控职能，财务共享中心作为信息处理者最直接接触财务信息，具有实施财务管控、落实财务政策的巨大潜能。如果兼顾管控，那么财务共享中心就不仅仅是一个作业机构，它将参与政策制定，对业务进行政策的合规审查，并通过信息在组织间的传递和共享，实现监控功能。需要注意的是我国企业集团已实现的管控程度各不相同。对于管控已经较为完善的集团企业，可以直接采用市场主体模式；而对于管控仍较为松散的企业，可以先采用职能部门模式建立财务共享中心，再逐步向市场主体模式转变（参见表4-2）。

表4-2 按法律地位发展阶段划分的财务共享服务中心模式比较

对比项目/模式	职能部门模式	市场主体模式	独立经营模式
性质	日常事务的合并	包括专业咨询建议服务	独立的经营实体
关注点	着眼于经济规模	将控制职能与服务分离	利润稳定
成本弥补方式	通过服务收费弥补成本	通过服务收费弥补成本	为许多组织服务来弥补成本
目标	目标是降低成本、规范程序	目的是减少开支、提高服务质量	目标是通过服务赚取利润
服务类型	托管式服务	自愿服务	自愿服务

（四）按职能类型划分下的服务模式

1. 模式介绍

根据财务共享中心的具体工作内容，可以将财务共享的财务集中核算处理、会计信息服务、分析考核预测、资源配置和风险管理五类职能按照服务目的划分成为三种模式，分别是日常交易模式、决策支持模式和专业服务模式。

（1）日常交易模式。财务共享服务中心提供这类服务的目的是保证业务单元正常开展业务活动，共享中心通过信息技术手段可以集中处理日常交易中的会计核算事项，并按照从原始凭证到财务报告的会计流程完成交易处理工作。在这种模式下，财务共享中心与业务单元的实际情况基本联系不大，而且其他业务单元存在着完全相同的服务。同时，由于企业每天都会发生很多交易事项，因而这类服务发生数量巨大，但是由于可以通过信息技术手段集中处理，因此对专业能力的要求不高。企业同样可以考虑将这类财务部门工作人员整合到一起，建立普通财务共享服务中心，为所有业务单元提供日常交易的核算处理服务。这种模式下财务共享中心处理的典型业务有现金收付结算业务、报销审核业务等。

（2）决策支持模式。财务共享服务中心提供这类服务的目的是为业务单元管理层的决策提供支持，在这种模式下，共享中心已经不再仅仅满足交易事项的自动化处理工作了，而是通过人工智能技术，可以提供一部分决策辅助支持，帮助管理层更好地决策。一个完整的决策过程包括了内部外环境分析、确定决策目标、拟定决策方案、评价决策方案、筛选决策方案和决策方案的反馈，共享中心可以在这些流程环节提供信息和服务。因此，决策支持模式下的财务共享中心与业务单元实际情况密切相关，具有重大的决策相关性，需要共享中心具备很强的灵活性，一般在各业务单元之间不存在相同点。这种服务最好的方式是将共享中心保留在各业务单元内，以便根据实际需要快速做出反应和进行相应的调整。这种模式下财务共享中心处理的典型业务有预算编制业务、特定的财务报告业务等。

（3）专业服务模式。财务共享服务中心提供这类服务的目的有很多，包括风险控制和评价、提高服务质量等。在这种模式下，共享中心根据不同业务单元的业务特点，提供个性化、专业化的特长服务，比如在以现金管理为重点的业务单元中，共享中心提供关于最佳现金余额管理的服务，在以销售和收款循环管理为重点的业务单元中，共享中心提供关于赊销收款的管理服务，在以采购和付款循环管理为重点的业务单元中，共享中心则提供关于赊购付款的管理服务，这些管理服务会随业务单元的变化而不同。因此，这种模式下的共享中心与业务单元的实际情况关系密切，具有一定的决策相关性，但与其他业务单元的类似服务的工作原理基本相同，由其他财务部门来提供对其效用影响不大。同时，这类服务的专业性较强，对共享中心工作人员的技能、经验的要求较高。企业可以考虑将各业务单元财务部门的这类工作人员整合到一起，建立财务共享服务中心，利用其专业能力，为各业务单元提供这类服务。这种模式下财务共享中心处理的典型业务有内部审计业务、业绩评价业务、价值评估业务等。

2. 优缺点比较与选择

根据财务共享服务中心职能划分的日常交易模式、决策支持模式和专业服务模式，每种模式所实现的共享服务中心的职能侧重点是不同的，表4-3列示了这三种模式与其职能侧重点的对应情况。

表4-3   按服务职能划分的财务共享中心模式与其职能侧重点的比较

职能侧重点/模式	日常交易模式	决策支持模式	专业服务模式
财务集中核算处理	现金收付结算业务、报销审核业务等	预算编制业务、特定的财务报告业务	内部审计业务、业绩评价业务、价值评估业务
会计信息服务职能	会计核算、编制财务报表	提供特殊需求的成本报告	会计政策的选择
分析考核预测职能	收集业绩考核需要的数据	编制日常预算	通用的财务分析

续表

职能侧重点/模式	日常交易模式	决策支持模式	专业服务模式
资源配置职能	日常现金管理	预算执行	拟投资项目价值评估
风险管理职能	费用报销原始凭证审核	提供特殊需求的风险报告	赊销的信用审核
提供服务部门	普通财务共享服务中心	业务单元/总部财务部门	专业财务共享服务中心

通过表4-3我们可以看到，日常交易模式是最简单最传统的共享中心模式，也是最能体现财务共享服务中心在初期发展阶段职能的一种模式。共享中心最初设立的目标就是将分散在各业务单元的财务核算工作集中到共享中心来完成，这种集中的过程便是将企业日常交易及其会计处理流程标准化、自动化和集约化的过程，因此日常交易模式是最先满足这一职能而设立的。日常交易模式的实现成本比较低，共享中心的职责也比较简单，同时需要的人员比较少，对人员的专业胜任能力要求也比较低，企业在初期建立财务共享服务中心时，可以先考虑采用日常交易模式。决策支持模式则是共享中心发展到一定阶段以后的结果，在这一模式下，企业的日常交易事项及其会计核算处理流程已经达到了成熟的阶段，成为共享中心基础会计资料提供的依据，共享中心则可以将更多的资源用在为管理层提供短期经营决策和长期投融资决策上。决策支持模式的实现成本会比日常交易模式要高，因为共享中心需要结合人工智能等技术来进行升级，对共享中心人员的专业能力要求也会比较高，同时共享中心在企业中的职责地位和组织重要性也会比日常交易模式下的共享中心要更重要，它将会成为企业决策的关键信息提供系统。而专业服务模式的实现成本比前两种都要高出许多，这种专业模式更像一种个性化的专业定制，对于不同的业务单元，共享中心的职能目标、组织架构、操作流程和实现系统都完全不一样，需要结合各业务单元的业务特色、交易事项处理特点、组织层级关系特点等情况来量身定制。不同的业务单元需要共享中心处理的日常交易和提供的决策服务都不一样，所以这种模式是对前两种模式的集成，在集成这两种模式的基础上又要结合业务单元的特点来进行建设工作，因此建设周期长、成本高、规模较大，需要专业的财务人员、技术人员和管理人员来提供支撑。这种模式适合于企业发展的成熟阶段，有充分的资源来进行共享中心的个性化开发，同时各业务单元的重要性程度又十分高、值得开发共享中心系统的情况。

财务共享服务中心在整合了财务部门的部分职能后，企业的组织层面及其财务职能也将发生变化。在企业管理层，它所专注的是企业总体战略，负责财务政策和标准的制定，为各业务单元设定目标，评价它们的经营成果，进行监督控制以及资源的分配。在业务单元层面，它所专注的是本业务单元的战略，内设财务部门负责预算编制、财务分析等决策支持服务。在共享服务中心层面，它所专注的是为跨地区、跨部门的各业务单元提供专业的财务服务。当企业建立财务共享服务中心后，财务部门可以从业务支持、会计核算、财务报告等职能中脱离出来，专注于预算、资金管理、业绩评价以及决策支持工作。建立财务共享服务中心后，企业财务部门日常交易型工作量占比减少，而专业服务型和决策支持型工作量占比增加，因此财务共享服务中心极大地推动了企业的财务转型。

（五）按与财务部的组织架构关系划分下的服务模式

1. 模式介绍

在大型集团企业的财务管理模型中，财务组织通常划分为三个层级：集团总部财务、分子公司财务以及财务共享中心。在建立财务共享中心时，有一个问题企业必须明确，那就是财务共享中心在财务组织架构中应该处于什么位置，是作为集团总部财务部的下属部门，向财务部长汇报负责，还是成为平行于集团总部财务部的独立部门，直接向财务总监汇报负责。本书将这两种组织定位概括为从属模式和平行模式，我国实施财务共享服务的企业都会对本集团的共享服务中心进行组织定位，尽管从属模式是财务共享服务中心隶属于集团总部公司财务，而平行模式是财务共享服务中心与集团公司财务平级并行运转，但在这两种方式中，财务共享服务中心均承担会计核算职能，集团总部和总分子公司财务部承担了财务管理职能。财务管理与会计核算职能的分离，顺应了当前大型集团年企业财务组织发展的趋势。核算业务集中在财务共享服务中心处理，可以及时准确地提供多个维度的数据信息，有利于集团准确了解各成员公司的财务状况。两种模式下财务共享服务中心与集团公司财务部和分子公司财务部的组织关系架构如图4-2所示。

（1）从属模式。从属模式是指财务共享服务中心在行政关系上隶属于集团公司总财务部，属于其下级职能部门，财务共享中心根据集团公司总财务部下达的指令进行日常工作运转，共享中心需要直接对总财务部长进行工作汇报，总财务部部长再向财务总监汇报，同时分子公司财务部也归属于集团公司总财务部来管理。

集团公司的财务总监（CFO）管理着整个集团公司的财务部门，集团公司总财务部门按照财务工作的职能分工，分别设立有投融资管理部门、风险控制管理

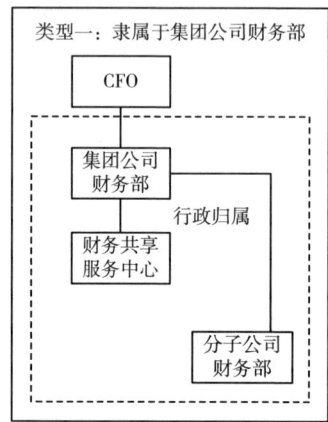 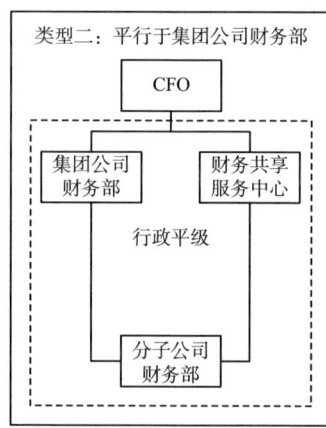

图4-2 财务共享服务中心与集团公司财务部和分子公司财务部的行政关系

部门、税收服务管理部门、全面预算管理部门、资金管理部门、财务分析部门、战略规划部门和合同管理部门等,而其中关于会计核算、资金管理和档案管理的这一部分职能交由财务共享服务中心来完成。财务共享服务中心也作为集体公司总财务部门的一个职能部门之一,由共享服务中心经理来统一管理,中心经理直接向集团公司总财务部长负责,在共享服务中心经理分管着共享中心的四大部门,分别为运营维护部门、档案管理部门、资金管理部门和会计核算部门,每一个部门都是一个共享服务中心。运营维护中心主要提供系统运营支持和咨询服务工作,档案管理中心主要负责单据、凭证的扫描和财务档案管理工作,资金管理中心主要包括了资金的支付和银企对账工作。会计核算中心是整个共享中心最核心的部门,它集成和整合了原集团公司财务部门的绝大多数会计核算工作,包括了应收、应付、收入核算、费用报销核算、成本核算、资产核算、税务核算、薪酬核算和总账报表核算等业务组,使得整个从属模式的财务共享服务中心架构和公司财务部门的组织架构有机地融合在一起(见图4-3)。

(2)平行模式。平行模式是指财务共享服务中心平行且独立于集团公司总财务部以及企业的其他部门,不是任何一个部门(特别是集团公司总财务部)的职能部门,财务共享中心直接根据集团财务总监下达的指令进行日常工作运转,并直接向财务总监汇报,与集团公司总财务部长在行政级别上是平级关系,因而共享中心有较大的自主权(见图4-4)。

集团公司总财务部和财务共享服务中心平级,并同时下属各分子公司财务部。集团公司的财务总监(CFO)同样管理着整个集团公司的财务部门和财务共享服务中心,集团公司总财务部门仍然按照其职能分工设立上述的部门,但是将

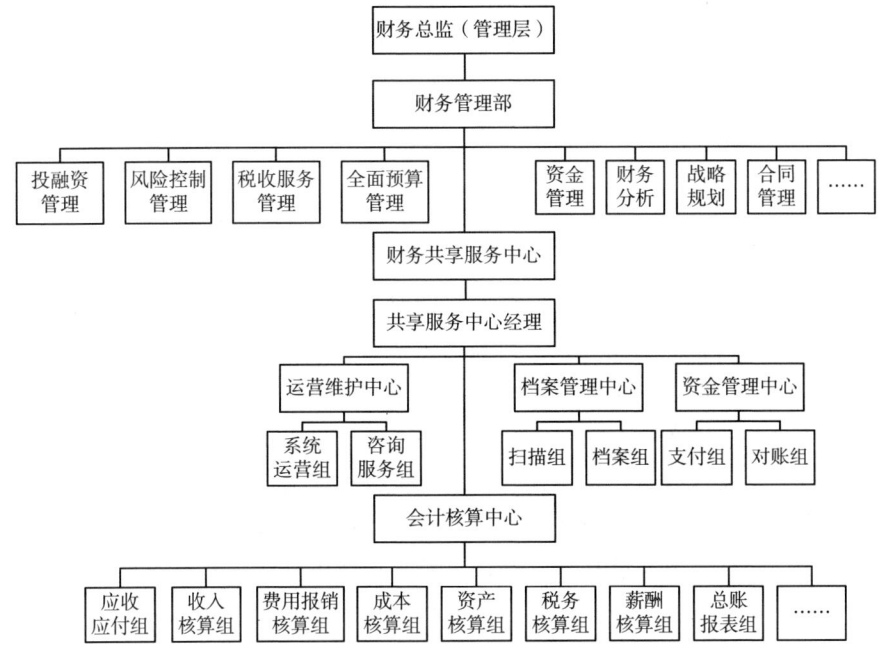

图4-3 从属模式下的财务共享服务中心组织架构

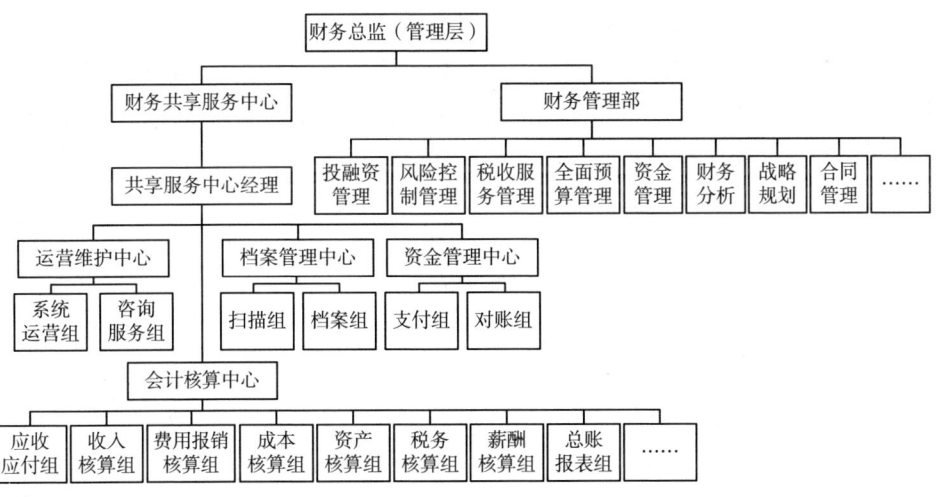

图4-4 平行模式下的财务共享服务中心组织架构

会计核算、资金管理和档案管理部门不再下设到集团公司总财务部中,而是直接集中到共享中心。财务共享服务中心承担了集团公司和下属分子公司的会计核算和凭证管理职能,按照其工作需要设立运营维护部门、档案管理部门、资金管理部门和会计核算部门，同样每一个部门都是一个共享服务中心。在这种组织架构下，各分子公司财务部门负责人向集团公司总财务部长负责，集团公司总财务部长和财务共享服务中心经理（即中心总负责人）共同配合协调，完成全集团的财务工作，一并向集团公司的财务总监负责。财务共享服务中心的四大部门及其下属业务组的工作职能和上述从属模式下的职能分工基本一致，不再赘述。

2. 优缺点比较与选择

以上两种模式各有利弊，从属模式下的财务共享服务中心与资金管理、预算管理等部门的直属领导为同一人，都为集团公司财务管理部长，这将有利于费用管控工作的进行，但在此模式下，财务共享服务中心属于公司的三级部门（财务总监—集团公司总财务部—财务共享服务中心），如需获取公司高层领导的支持，中间环节较多，流程较长。从属模式的政策推行力度会高于平行模式。因为在平行模式下会计政策的落实需要跨部门协调沟通，而从属模式下共享中心和成员单位财务部受同一总财务部管理，有利于将政策、要求向下推行，且工作较平行模式更简单，直接根据指令行事即可。然而从属模式使得财务共享中心工作自主性与独立性不强。

平行模式下的财务共享服务中心的直接汇报领导层级较高，有利于直接获取公司高层领导支持和指导，尤其在共享服务中心建立初期，对财务共享服务中心工作的展开和推进有很大的帮助，但同时在对待细节问题时不如从属模式那样能够给予及时的决策意见。平行模式汇报层级较少，沟通成本低且有利于财务总监及时了解财务共享中心的真实情况。然而这一模式的协调复杂程度高，对部门之间的协作要求也一应增高。

笔者认为，从属模式有利于财务政策的落实，适合将实现财务处理规范化作为财务管理主要目标的企业，而平行模式有利于企业管控动机的实现，适合将费用管控作为财务管理主要目标的企业。对于初步建立财务共享服务中心的企业来说，本书建议先采用从属模式，因为在从属模式下，财务共享服务中心的职责仍旧在整个财务部中，受财务部部长的管理，在会计核算和凭证管理过程中，与其他财务职责岗位（如预算、资金、税务、投融资、风控）的衔接、协调与合作是在同一部门内部进行的，信息沟通较快、成本较低、反馈处理的时效性较快、灵活性较高，有利于财务部整体工作效率的提高，也符合财务共享服务中心设立最初服务于财务工作集中核算的需要。但是，在这种模式下，由于财务共享服务中心的组织层级较低，因而有可能不受到其他部门的重视，因此财务总监可以派专门负责人来加强共享服务中心的建设，同时也应为财务共享服务中心的建立和发展分配更多的资源，并且需要让公司财务部长及时汇报关于共享中心的工作情况，这样才能体现企业建立共享中心的意义和重要性。而对于已经建立了财务共享服务中心，并经过很多年的发展之后的企业，其共享服务中心已经进入了成熟期，在工作上已经能够很好地与公司其他财务职责岗位进行协调合作，同时随着财务共享服务中心规模的扩大、分支机构部门的增加和人员的复杂性（因为共享中心财务人员、技术人员、管理人员的增多）提高，共享服务中心需要从原财务部门中分拆出来，形成与财务部门平行的一个部门，这样才能更好地获得企业的各种资源支持，也方便了财务共享服务中心与企业其他部门（如销售部门、生产部门、采购部门、人力资源管理部门）等在工作上的配合，但这需要牵涉企业整个业务流程的修改或重新构建，可能增加企业的管理成本，但是其流程再造后为企业带来的效益却是十分明显的。在财务共享服务中心分离出来并进行流程重塑后，一方面减少了业务流转程序，压缩了汇报层级，降低了信息流转的时间和成本，提高了整个企业财务工作的效率，有利于决策工作的及时性和灵活性；另一方面集团财务总监可以对财务共享服务中心进行直接管理，有利于共享中心的进一步发展完善，提高了财务共享服务中心的价值，也进一步提高了企业集团的财务管理的价值。

（六）按业务内容的重要性划分下的服务模式

1. 模式介绍

随着我国经济的快速发展和"大智移云"时代的到来，企业的业务范围、规模、数量和种类不断增多和扩大，要求企业尽可能地集中资源，才能满足技术发展高度和加工深度的要求。在经历了20世纪80年代以来的大并购和结盟的热潮以后，企业逐渐开始放弃短期的、易变的利润最大化的目标，选择企业和顾客价值创造目标，从盲目地追求规模的扩大及量的增长方面，转变到企业质的提高上。企业更加注重资源外取，把过去由纵向结合而成的大企业纵向生产环节分开，采取各种灵活合作方式，消除纵向联合中常见的组织问题，而把发展的重点放在主体业务（核心业务）上，以增强其竞争优势。

由于企业业务内容的发展变化，企业集团遇到了不少新的挑战，首先，由于业务的扩大带来了企业规模的扩张和竞争的加剧，造成了管理成本不断增加，各分子公司却各有一套管理体系，导致资源的浪费和占用；其次，由于企业的业务范围拓展到全球和全国的各个区域，企业集团对于跨国、跨地区的分子公司不能做到及时有效的管理控制，加大了企业集团的管控难度；最后，负责企业集团各项业务的分子公司由于规模的扩张和权限的扩大，存在各自为政的现象，导致信息传递并不及时准确，影响企业集团做出正确的经营决策。基于企业集团财务变革的需求，可以按照企业的业务内容范围来建立财务共享服务中心，在财务运营、信息技术、人力资源、金融管理等方面为企业集团发挥出重要作用。按照财务共享服务中心的业务内容范围，可以将财务共享的模式划分为全面业务整合模式、核心业务整合模式和特殊业务整合模式3种类型。

（1）全面业务整合模式。全面业务整合模式的初衷就是在企业初期建立财务共享服务中心时，就对企业的所有业务流程进行优化构建，将企业全部业务的会计核算都统一划归共享中心来负责，因而所有业务的流程环节、内部控制的流程和环节、企业的规章制度等都牵涉其中，而且需要与会计核算的流程进行集成。财务共享服务中心建设完成后，不仅能满足企业当前所有业务的集中核算与统一管理需要，还能对企业未来将要拓展的业务进行提前的流程规划，以适应未来企业业务发展的需要。全面业务整合模式适用于大型跨国、跨地区企业，这种企业规模较大，对财务共享服务中心能够全面处理企业的全球业务的需求较强。

（2）核心业务整合模式。企业出于自身发展阶段、经营规模、业务范围和成本收益的考虑，可以采用核心业务整合模式。所谓企业的核心业务，本书将其定义为能为企业带来丰厚利润的主营业务。在该模式下，企业只将重要性程度高、在企业利润组成部分中占比大、业务发生频率高（这三者综合起来即核心业务）、会计核算具有统一流程标准和处理方式（即普遍业务）的业务进行整合，通过建立共享服务中心的形式进行集中处理，从而大大降低重复性财务核算工作的数量和强度，节约业务与财务处理的时间，节省财务人力资源开支，降低管理活动成本，提高会计工作的效率，提升财务管理价值。而对于那些重要性程度低、在企业利润组成部分中占比小、业务发生频率低（此处我们将这三者综合起来定义为非核心业务）、会计核算具有特殊性和复杂性的业务（即特殊业务），则继续交由原财务部门来核算，单独处理。据此，企业的财务核算工作将业务分类为核心业务和非核心业务，有利于企业财务工作的转型变革，简化了部分低价值的财务工作，突出了具有高价值的财务管理工作的重要性，同时有助于企业识别那些具有重要性的核心业务，将更多的资源放在处理核心业务，提高核心业务竞争力和企业价值上。

（3）特殊业务整合模式。与核心业务整合模式相对应，还有一种建立模式就是特殊业务整合模式，这种模式下企业建立的财务共享服务中心主要处理的是那些会计核算十分复杂且具有特殊性、发生频率不高的特殊业务，如并购业务、非货币性资产交换业务、债务重组业务等。由于这些业务在核算上的特殊性,在业务发生过程中涉及的流程长、部门多、客户种类(供应商或顾客)多,同时在会计核算上会计科目多、原始凭证的录入、记账凭证的录入审核记账结账工作多、报表出具工作繁琐,因而将这些工作交由具有高度信息集成并拥有先进智能科技的财务共享服务中心完成,其他日常工作仍按原流程由财务部门进行核算,共享中心只进行辅助工作。由于特殊业务往往与企业管理活动的开展密不可分,因此,在这种模式下的财务共享服务中心可以为管理者提供特殊业务的支持和服务,从而有助于企业拓展业务领域、进行扩张并购。

2. 优缺点比较与选择

以上3种模式各有优缺点,全面业务整合模式有利于企业的一体化发展,方便资源的收集与整合,可以一次性减少业务人员,降低人力成本。在全面业务整合模式下,企业的所有业务流程都会进行统一规范,有助于企业业务的开展和管理活动的进行,将所有业务通过共享中心的信息技术手段进行处理之后,企业的信息化水平也会大大提高。建成共享服务中心以后,企业的财务核算工作将大大简化,有利于将更多的工作放在对业务活动的管理上,从而促进业财一体化的步伐。这种模式的缺点是整合企业所有的业务耗费的时间长、成本高,人力成本的节约是在财务共享服务中心建成以后才能带来的好处,而在此之前需要投入的信息化建设和业务流程改造的成本却很高。同时对所有业务的流程都要进行重构,导致企业内部组织架构变化和人员变动较多,会面临较大的阻力。

核心业务整合模式有利于快速统一服务标准、行为方式、业务规则等,大大提高效率和标准化程度,形成规模经济,间接降低企业成本。核心业务整合模式适合于初步建立财务共享服务中心的企业,或者是仍处在信息化建设初期的企业。这样的企业信息化程度还较低,不适合将所有业务都实现信息化,但是由于其财务工作需要共享服务中心的信息化支持,所以可以先将企业那些核心的重要业务进行流程整合后,交由共享服务中心来进行核算,这样可以降低企业处理那些核心业务的成本,节省企业的资源,使企业管理层将工作的重点放在对核心业务的管理上,从而有助于提高企业核心业务的竞争力,避免盲目扩张带来的弊端。核心业务整合模式可以帮助财务部将企业的业务进行分类,使财务管理工作的重心转移到对核心业务的管理上,让核心业务为企业带来更多的利润和现金流,同时在共享中心针对核心业务有专业人员进行负责管理,为核心业务配置了更多的资源,促进了核心业务的发展。这种模式的建设成本比全面业务整合模式要低,对于业务流程的改造成本也比较低,初期投入较少却可以获得比较好的收益。因此，我们建议企业在进行模式选择时，可以先考虑整合核心业务，采取核心业务整合模式，当企业的业务规模进一步扩大、信息化水平进一步提高、企业竞争力增强产生更大的需求时，再逐步将特殊业务和非核心业务进行整合，从而逐步向全面业务模式过渡，最后实现企业所有业务的集中化处理和管理。这种模式的缺陷是较全面业务整合模式，缺少完全统一的整合标准，同时对于核心业务的判断带有管理层的主观战略意图，面临一定的决策风险，不过这种风险可以控制在可接受的低水平。

特殊业务整合模式尽管在理论上可行，但是在实务中却并不被采用，这主要是由于这种模式可能会使企业核心业务趋于日常化，盈利能力锐减，同时毕竟特殊业务发生的频率较低，为这些业务专门进行财务共享服务中心的建设在一定程度上违背共享中心建设的目标及其职能，这种模式只能在企业建立全面业务整合模式以后，可以考虑将特殊业务和非核心业务也整合进来作为补充，而并不建议作为一种主要的模式进行建设。

（七）按经济业务的开展方式划分下的服务模式

1. 模式介绍

按照企业集团开展业务的方式，财务共享服务中心的服务模式可以划分为垂直产业模式、市场区域模式和项目模式，这3种模式所呈现的业务内容和服务特点是不同的。

（1）垂直产业模式。随着企业业务活动内容的扩大和业务开展方式的变革，一个企业集团可能不仅仅满足于其主营产品的供产销，而是沿着该产品的上下游供应链进行产业发展，这种随着主营产品进行供应链扩张的产业方式便是垂直业链。垂直产业链可能是在同一个行业内的，如产品的上游原材料供应、中游在产品生产、下游完工产品销售，也有可能是跨行业的，如制造业企业随着产品生产行业拓展到物流运输行业、基础建设行业、金融投资行业、地产销售行业等。按照企业集团产业业态的不同，建设为每个业务服务的多个财务共享服务中心，每个共享中心服务每一种垂直产业，这种模式便是垂直产业模式。

垂直产业模式的典型代表企业是鲁商集团，在该集团下设立了一局、二局、三局和房地产公司，其中一局下又设立了房地产公司、制造一公司，二局下设立了物流公司、房地产公司，三局下设立了制造一公司、制造二公司和物流公司，则可以通过整合企业集团的产业类别，设立基建财务共享服务中心、地产财务共享服务中心、制造财务共享服务中心和物流财务共享服务中心，将相同产业类别的业务划归至对应的共享中心进行业务处理。

（2）市场区域模式。市场区域模式是指按照企业集团的业务开展单元或市场销售单元进行区域的划分，按照业务所在区域建设为区域运营单元提供服务的财务共享服务中心。在这里需要与按服务辐射范围划分的区域模式中的省级模式和市级模式进行区别的是，按服务辐射范围划分的区域模式是按照企业子公司所在的地理区域进行划分，以一个地域建设一个财务共享中心的方式进行会计集中核算。而按业务开展方式划分的市场区域模式可能涵盖多个省市，如华东地区、华南地区、华北地区等多省市的集合，再如 A 产品、B 产品、C 产品销售区等特定产品的跨省市销售区域集合，在每个市场地区建设一个共享中心，负责处理该市场业务相同或产品类型相似的销售单元内的财务活动，这比传统的省市模式要更加灵活。

（3）项目模式。项目模式的财务共享服务中心是指为完成企业集团项目的财务核算工作，将参与特大型项目建设的多个法人单位进行集中，统一建设财务共享服务中心，以实现资金封闭运作、项目税务统筹规划。采用这种模式的企业集团一般规模较大，有众多的项目承建工作，并且这些项目横跨多个子公司或省市区域，如果分开在各子公司财务部门进行核算，难以对项目整体的财务状况进行把控。同时，由于许多项目周期长、涉及资金体量大，多个子公司之间财务工作的交接也十分复杂，因此将参与项目的多个独立法人的财务核算工作集中统一到财务共享中心去，原法人单位的审批权和资金管理权仍不改变，只是将会计核算和资金出纳的职能交由共享中心完成，并且对各项目单独建立账套，与各项目的预算资金安排进行衔接，在整个项目账套中完成对该项目的全部账务核算和资金收付。

采用项目模式建立财务共享中心的典型企业是中国交通建设股份有限公司，中交集团为避免内部竞争，增强拿标能力，会经常采用联合拿标的方式，中标数百亿大项目，然后再由各局进行承建，由中交总部统管，但各局管理标准、流程不统一，很难实现对大项目的有效监控。因此，中交集团为实现对大项目统管，需要在中交总部下建立财务共享中心，把大项目统一记账、统一出报表，实现对项目的监控。中交建利用柔性共享，将中交直管大项目财务共享中心和各局财务共享中心进行服务范围的区分，各项目部账套不变，只是提供服务的财务共享中心变化，这样不打破原有管控组织体系，保证原有单位的资金审批权及所有权不变，灵活实现跨法人公司间的财务协同，并且支撑面向多级管理的内部管理会计报告。

2. 优缺点比较与选择

对比按业务开展方式划分的3种类型的财务共享中心，我们发现垂直产业模式适合发展成熟、产品线丰富、产业特色鲜明的企业集团。按照企业的产业业态进行会计集中核算，可以帮助企业识别不同产业的盈利点，区分主营业务和次营业务，并且有利于针对不同的产业特点设计不同的业务流程、管理方式、组织架构和实现系统等共享中心建设方案。但这种模式的缺点是建立多个产业共享中心对企业管理能力要求高，并且成本高、建设周期长，企业集团总部进行管控时难度较大。

市场区域模式适合成长期的企业，此时的企业集团出于全国、跨国范围内扩张的需要，会将其业务单元布局到各地，不论是产品的扩张还是市场的开拓，都已经超出了传统的地域界限，这使得建立集中单一的财务共享中心难以同时满足各地的业务支撑需要，而是需要将按市场划分的一定业务单元的会计核算工作进行集中处理，以提高效率。这种模式的优点是财务处理的响应速度快，共享中心与业务前端（销售端）紧密联系，可以及时进行业务的核算处理工作，并且业务财务的交融力度大，有利于推进业财一体化建设。但这种模式的缺点是如何对市场销售单元进行合理划分，其划分标准带有一定的主观判断，是按照地理范围划分，还是按照产品销售额划分，或是按照其他市场细分方式进行建设，存在战略选择风险。

项目模式适合大型的企业集团，特别是国有性质的企业、建筑业、房地产业、交通行业的企业，由于这些企业一般承办大型的工程建设项目，并且项目众多、周期长、协办子公司众多，因此在对这些企业的项目进行核算时会面临着项目费用核算不及时、资金拨付不到位、项目建设成本数据难以汇总等财务问题，因此按照项目部的方式进行会计集中核算是一种较好的选择，可以大大提高项目核算的效率，统一各法人单位的财务核算流程和标准，实现项目资金的及时收付、项目进度的及时稽核、项目成本数据的及时汇总，有利于集团层面进行项目管理的需要。这种模式的缺点是适用范围较窄、无法实现企业全部业务的集中化处理，只能对项目进行会计核算（见表4-4）。

表4-4　　按业务开展方式划分的财务共享服务中心模式比较

服务模式/比较项目	建设方案	特点
垂直产业模式	按照企业集团产业业态不同，建设为每个业务服务的多个财务共享服务中心	①体现垂直产业特色 ②根据产业特色进行精细化管理

续表

服务模式/比较项目	建设方案	特点
市场区域模式	按照所在市场区域建设为区域运营单元提供服务的财务共享服务中心	距离服务对象较近，业务响应快，便于沟通交流
项目模式	参与特大型项目建设的多个法人单位为实现资金封闭运作、项目统筹规划而成立财务共享服务中心	①项目内多家法人单位实现财务数据的标准统一 ②项目内资金运作和税务统一统筹

资料来源：浪潮集团财务共享云解决方案。

（八）按建立目的划分下的服务模式

1. 模式介绍

按照企业建立财务共享服务中心的目的，可以将财务共享模式划分服务模式和管控模式，无论哪种模式，其形式都是标准化和集中，但由于共享模式目标本身的差异性，财务共享服务在企业集团的最终定位和功能有所不同。

（1）服务模式。财务共享服务中心的服务模式具有以下的特点：

①标准化和集中条件下的服务目标和利益点定位。所有财务共享服务模式的起点都是以标准化为手段、按照不同业务类别统一处理日益集中的财务功能，整合、精简原来分散的财务资源和处理能力，对内部业务"客户"（被服务方）提供标准化的内部服务。服务模式的主要特点是财务共享服务实施方（服务方）无须考虑企业集团及其财务职能的经营管理目标、风险管理等目标，而仅在提供优质服务的前提下追求效率提升和规模经济优势。

如果经营管理、风险控制等目标已经作为服务水平协议内容的一部分约定下来的，说明企业集团及被服务方已经清晰明白这些目标作为服务模式所包含的服务内容对自身经营管理的必要性，且不会因此对财务共享服务有任何服务满意度方面的质疑。这时作为服务方，其目的就是提供标准化服务，其利益点就是最大限度精简、集中和优化服务流程，从效率和规模上寻求自己的价值定位。

②追求流程化处理的精简、创新和优化，强调服务客户。服务模式特点决定其对内部交易处理流程化模式进行不断整合、优化和提升效率的需求，势必让财务共享服务具有流程创新和再造的内在动力，在持续追求流程精简、创新、优化甚至重组过程中取得成本节约。

需要阐明的是，流程化处理强调的是对客户提供服务的流程，而不仅仅是服务方完成工作的流程。很多财务共享服务方是由传统财务机构转化而来，早期的服务模式也确实是在追求规模经济前提下对不同业务类别逐项提供服务，更多站在财务职能和内部工作流程角度考虑，要求被服务方按照各种财务共享服务内部工作流"享受"服务还是主流。但是，部分服务方已经注意到客户感知问题，正在将以往以业务类别为导向的业务处理流程转向以经济事项为导向的客户服务流程。

③服务提供方的去职能化。定位于基础性服务平台，服务模式无须过度考虑财务共享服务实施对企业内控和安全、参与财务共享服务范围的各级企业的人员或组织机构定位与压力、各级企业个性化的内控要求或主次要角色设定等标准化、效率化以外的职能管理、架构设定、风险管理等问题，无须过于考虑被服务方在服务水平协议以外的其他感受和需求。

上述具体问题（包括内控的设置问题）更多应该交给企业集团相关职能部门和参加财务共享服务的各级企业考虑，服务方只是在服务水平协议框架内考虑其追求的主要目标——服务、效率和规模。

④相对中性的组织结构定位。标准化、集中、服务和去职能化，以及与之联系的相对独立的标准化流程，服务模式下的服务方会更少介入企业集团的财务管理事务，并更多体现出很浓的企业集团内部"交易处理"平台特征。由于与企业集团核心经营相对分离并较少介入企业集团核心决策事务，其在企业集团组织结构内部具有相对中立的倾向。

⑤开放性与跨部门。标准化、服务和效率的服务模式最终吸引企业集团内部所有具备集中处理可能并追求规模化处理效率提升的其他内部职能，如标准化采购、储运调度、人力资源基础职能、基础性内控等进一步参与流程再造，通过业务内部承接等方式进入服务模式下具有开放特征的标准化集中处理"大流程"，共享服务成为企业集团内部基础性服务、交易和数据处理综合性平台。

服务模式的基础性和开放性特征最终导致其练就"跨部门集中服务能力"，便于其在流程效率提升之外继续取得规模经济优势这一成本节约之路，为企业集团进一步提升内部效率打下基础。

⑥流程整合。跨部门集中服务能力可能导致服务模式在企业集团内部同时提供多种不同性质的服务内容，其业务处理流程在服务模式下存在并行、交汇甚至部分重合，服务方作为企业集团内部的总"外包商"，具有进一步超越财务领域的局限，在共享服务范围内对企业集团内部原来跨部门、跨职能的多种流程进行整合、精简、优化，提高企业集团业务流程的内部效率。

服务模式在追求其规模经济过程中，最终使企业集团组织结构因其内部若干流程和价值链不断标准、精简、优化、整合，突出企业集团核心能力并推动其实质性战略性重组。

综上所述，服务模式以承接、运营企业集团内部共性、重复、可简化优化的基础会计业务起步，并以此为核心对企业集团内部其他各种复杂的、相互矛盾、交叉的不同业务处理的关联流程进行梳理和"相关性"整合，最终达到企业集团内部以单一平台处理企业集团内部多种基础业务、减少内部消耗并优化流程的效果，提升企业整体效率并突出企业核心竞争力。

（2）管控模式。财务共享服务中心的管控模式具有以下特点：

①以标准化和集中为手段，实现企业集团管控目标。尽管同样使用标准化手段并按照不同业务类别统一处理日益集中的财务功能，管控模式强调的是在整合、精简原来分散的财务资源和处理能力过程中对管控能力的完善和细化，在此过程提升数据整理、分析、经营管理和决策支撑等能力，并对企业战略经营管理方面的需求给予更多协助支持。

就其目标体系而言，管控模式的服务对象首先是企业集团及被服务方的战略实现、经营管理、决策支撑、风险控制、结构调整和成本节约等目标，效率和服务仅仅排在目标体系的第二位。很多情况下，为支撑被服务方经营管理、结构调整甚至成本节约，管控模式下的服务方还要为响应更多额外经营管理和支撑服务要求而变更自身工作流程，增加本身所承担的成本。从某种意义上说，这也是管控模式追求的一种服务。

②注重内控细化和完善，强调对经营管理和决策的支撑。如前所言，国内企业集团推行财务共享本来就带有避免"财务空心化"，在发展过程中"管理发展"的背景，管控模式以标准化和集中手段实现管控目标的特点对其内部交易处理流程机制和模式有很大影响。尽管也需要追求交易处理效率和服务质量，但以管控目标为主的需求势必要求管控模式首先追求对内部业务和被服务方进行完善管理和控制，对其业务经营、结构调整、决策能力进行支持，甚至于其对被服务方感知更加敏感，并为此增加各种服务和成本，使管控模式下所追求的处理流程模式和优化方向与服务模式有很大区别——即更加注重完善、强化流程的管控能力、支撑能力。这在一定程度上会增加管控模式的执行成本并减少流程优化和效率提升带来的成本节约。

③不断强化的财务职能。与服务模式下的"去职能化"不同，管控模式仍然立足于财务领域和职能，并在提供标准化财务共享服务时考虑企业集团内部其他专业性财务管理要求。比如会计基础业务在进入共享服务机构之前的内部控制

体系、风险管理、资金调度等的设置情况,后续共享流程取代原有分散流程后如何保持对原有财务管理和内控职能的承接、融合及标准化,以及与此关联的种种问题。

在这一过程中,管控模式考虑问题的基点是财务共享服务是在财务领域内履行企业集团赋予的各种财务职能,其内部交易处理职能的意义远不如财务管理职能的强化明显和重要。

由于很多企业集团实施财务共享服务过程中都采用保留原财务职能部门从事职能管理、共享服务机构相对与之分离的模式,考虑到管控模式下专业化财务共享服务流程已内含多种财务管理、风险控制以及支撑功能,企业集团内部的财务职能实际上已经被二元化了,必须通过共享服务模式设计、部门结构设置、流程开发与协调等方式予以磨合。

④与企业集团的联系更加紧密。与服务模式在企业集团组织结构内部的相对中性比较,管控模式下的财务共享服务继续保持部分财务管理职能,并以其在财务集中后所整合的资源和能力对企业集团经营管理和决策进行支持,帮助企业集团实现其基本战略。在这一过程中,管控模式下的财务共享服务必然与企业集团的核心经营能力和决策过程紧密联系,有别于服务模式在企业集团组织结构中相对中性的定位。

⑤专业性和职能部门化。优先服务于企业集团管控目标、在标准化及不断集中处理过程中不断完善细化流程并发展各种对经营管理和决策的财务支撑职能,这一切沿共享服务流程发展起来的以纵向为特征的专业化是一种基于职能的新的部门化,并因此减少与企业集团其他内部职能进一步融合的可能。管控模式的专业性最终导致其在财务职能领域内进行新一轮部门化,管控模式下的共享服务成为企业集团内部专业性财务处理和管控平台。

⑥相关职能流程的整合。尽管专注于财务领域,管控模式一样存在追求规模经济的要求,并可以就与财务职能相关的审计、风险管理、收入管理等流程在企业集团内部考虑整合。由于管控模式下的财务共享服务具有职能部门化特征,与开发性、跨部门的服务模式区别明显,这种整合只能在企业集团基于价值链流程的研究和协调基础上进行,且增加规模的实际效果并不容易确定。

由于会计基础工作的特殊行业要求,管控模式实现其追求规模的梦想可能得以在企业外部实现。对会计基础工作进行标准化的数据处理要求以及数据处理业务在规模门槛方面的限制可能使部分中小企业愿意使用企业集团已经成熟的专业化处理平台。当然,这种外包在管控模式下的财务共享服务工作品质已经得到社会和政府监管部门的实际认可情况下会更容易发生。

综上所述，管控模式下的财务共享服务也是以承接、运营企业集团内部共性、重复、可简化优化的基础会计业务起步，并不断在会计基础工作、内控和风险防范、资金管理、收入管理等方面进行流程和功能的完善、细化，同时整合、强化财务及相关业务的流程化管理。

管控模式下被整合强化的财务管理职能、内控职能等一方面会进一步推动企业集团财务脱离"会计核算型"轨道转向战略财务管理，协助企业集团实现其战略和经营管理目标；另一方面，由于财务行业的整体性外包趋势不断增强，会计基础工作及财务业务、数据处理需求增加，其会计基础工作部分可能成为企业集团内部率先市场化独立运营的专业外包平台，外接其他企业会计基础工作，以求得规模化处理所带来的成本收益，降低管控型财务共享服务整体处理成本。

2．优缺点比较与选择

企业在选择建立服务模式或是管控模式的财务共享中心时，除了要考虑到建立共享中心的目的，还需要考虑到企业集团的组织结构、财务管理现状和所处的环境。

首先，企业集团战略直接影响组织结构，进而影响财务共享服务模式的选择。企业集团根据不同战略考虑，其组织结构可以分为战略规划型（针对相关多元化战略）、战略控制型（针对单一业务战略）和财务控制型（针对无关多元化战略）3种模式，不同组织结构模式下的企业集团财务组织职能和定位不同。战略规划型企业集团具有总部高度介入业务经营单位计划和决策的特点，业务权利高度集中于企业集团总部并广泛运用整合机制，所以选择管控模式运营较为适合；战略控制型企业集团总部较少应用整合机制，集权化倾向不明显，财务控制型企业集团一般采取分权模式，基本不采用整合机制，这两种组织结构选择服务模式可能更加适合。

其次，企业集团财务管理现状与环境是财务共享服务模式的选择因素。由于目前存在诸如法律环境、现代企业制度、企业内部流程等不完善、不到位等因素，中国集团企业的现状更需要实行集权管理为主的财务共享管控服务模式，实现财务控制型管理，以保证整体发展战略在分、子公司得到贯彻和实施，有效降低分、子公司的财务和运营风险。

最后，企业集团所处的环境变化及其自身调整压力能力和方向是财务共享模式选择的重要因素。基于环境、技术和规模属于被共同认可的影响组织结构的因素的基本认识，企业组织结构正在出现部门无边界、网络化、类市场组织结构等趋势。当前，国内企业集团大多为科层制或矩阵式结构，采用管控模式进行内部职能和资源的整合集中效果良好,且执行和转换成本相对较低,容易见效。但是,在目前国内激烈的市场竞争环境下,面对市场发展机遇和巨大经营压力并存的情况,企业集团也可以重新考虑共享模式的目标和定位,采取具有部门无边界、网络化特征的服务模式,并使之向类市场组织结构方向发展,在收缩企业集团规模同时降低成本并提高流程效率,最终达到重组企业集团内部组织结构和业务流程、突出企业集团核心竞争能力的目标(见表4-5)。

表4-5　　按建立目的划分的财务共享服务中心模式比较

运营模式	服务模式	管控模式
发展背景与动机	经济发展缓慢和全球化扩张的产物,成本因素是首要因素,泰勒主义和福特主义是其理据和根源	经济迅猛发展、企业集团规模迅速扩大、财务监管理念和手段落后,财务核算"被空心化"
价值创造	效率提升、运营成本降低、服务满意	财务信息质量提升、财务风险可控、战略支撑
组织定位	趋向成为独立运营的利润中心,盈利性作为重要的业务发展依据	主要面向集团内部进行业务扩展,强调业务的可靠性和稳定性,对于规模扩张和盈利性要求并不突出
组织发展	独立的服务机构,企业服务资源共享	集团财务部下属职能部门之一
组织考核	利润中心,依据服务水平协议(SLA)进行收费,可以向外部提供服务	成本中心,财务部依据主要面向内部提供财务服务
人员来源	社会外聘,注重低成本,一般采用计件工资	部分来自内部,一般不采用计件工资
职能角色	去智能化,定位于基础性服务平台,只是在服务水平协议框架内考虑其追求的主要目标——服务、效率和规模	管控模式仍立足于财务领域和职能,并在提供财务共享服务时考虑企业集团内部其他专业性财务管理要求
选址	考虑成本、地方政策支持、人力资源、人员成本、综合办公成本、城市基础IT设施等因素,综合考虑后选址	一般前期选址在总部所在地
信息系统	财务共享系统趋于独立 系统设计重视业务人员的操作便捷性	系统设计重视业务流程的协同性 财务共享系统是企业ERP系统的组成部分
后期需集成的外部系统	差旅系统、行政办公系统	战略财务、业务财务一体化、业务系统、差旅管理、税务管理

续表

运营模式	服务模式	管控模式
业务流程	追求流程精简、优化、强调服务客户	注重内控细化和完善,强调对经营管理和决策的支撑
业务流程优化重点	优化、创新服务流程,降低服务成本	根据内控制度进一步强化管控力度,强调对经营管理和决策的支撑

资料来源:浪潮集团财务共享云解决方案。

四、行政事业单位财务共享中心服务模式构建的影响因素分析

财务共享中心服务模式的构建过程会受到诸多因素的影响,对这些影响因素进行梳理是模式构建过程中的关键步骤。本书将影响服务模式构建的因素归纳为5点,分别是战略目标、法律关系、职能权限、组织范围和技术手段,同时这5个影响因素也是行政事业单位财务共享服务模式的构建难点,下文将在模式构建的各阶段分别解决这5个方面的难点问题。

(一)战略目标因素分析

战略目标对服务模式的构建起决定性作用,如何合理确定行政事业单位建设共享中心的战略目标成为服务模式构建过程中的首要难点。根据张育强(2011)和王宇(2016)等学者的观点,企业在进行财务共享中心服务模式构建时,必须以集团的战略目标为导向。由于企业实现会计集中核算、资源集中管控的需要,因而相应构建了核算服务模式、核算管控并重模式和集中管控模式。同理,日常交易模式、全面业务模式、决策支持模式和专业服务模式也是根据企业不同阶段的战略目标所构建的服务模式。由此我们发现,由于各组织战略目标的不同,在构建的服务模式上也会存在差别。

企业按照战略目标的变化来调整服务模式的构建思路对行政事业单位同样适用,但与企业不同的是,行政事业单位共享中心的建设不存在销售收入、成本管控、投资者回报等目标。行政事业单位的主要目标可以归纳为实现账务集中处理、实现单位内部的业财融合、实现各级单位间的信息共享、实现单位资源集中管控、提供战略决策支持等,其中有些目标是阶段性目标,而有些目标是长期性

目标。因此,我们在为行政事业单位构建服务模式时,必须首先分析和确定好战略目标,明确总目标和各阶段目标,并且各阶段的战略目标需要有连贯性和递进性,能够服务于总目标的实现。在完成对目标的分解后,再根据各阶段战略目标构建不同的服务模式,以保证最终建设的共享中心能服务于总目标的实现。

(二)法律关系因素分析

法律关系会在行政事业单位服务模式的构建过程中起到重要的影响作用,如何解决好各级行政事业单位和财务共享服务中心之间的法律关系成为服务模式构建的一大难点。企业和行政事业单位与财务共享服务中心之间法律关系不同,共享中心的法人地位也不同,导致了企业和行政事业单位在各阶段模式构建上的差异。对于企业而言,通常在共享中心建设初期,将共享中心作为企业的一个职能部门,与财务部并列或者下属于财务部,不具有独立法人地位。由于企业集团的母公司对各子公司存在控股关系,母公司拥有对各子公司进行账务集中核算和信息共享的法律权利,因而可以采用职能部门模式构建共享中心。

但对于行政事业单位而言,各省厅级、市县局级预算单位之间不存在控股关系,各自归各级政府统一管理,在同一组织层级上都是相互独立的法人单位。因此,省厅级主管单位无法直接对下属市县局级单位进行财务共享,各省厅级单位、市县局级单位之间也无法直接进行财务共享。因此,行政事业单位的共享中心不拥有对各单位进行账务处理和信息共享的法律权利,更不能作为某一预算单位的内部职能部门来对其他独立法人进行账务核算。行政事业单位只能采用市场主体模式或独立经营模式,将共享中心作为一个独立法人单位,各预算单位通过签订合同协约,以服务外包的方式将会计核算权委托给共享中心,共享中心受托进行账务处理。由此可见,法律关系在企业和行政事业单位的不同导致了各自服务模式构建上的差别。

(三)职能权限因素分析

职能权限是行政事业单位财务共享服务模式构建时需要考虑的重要因素之一,职能权限将影响服务模式建设的横向广度,因此如何明确共享中心在各阶段具有的职责和权利是服务模式构建的难点之一。行政事业单位在构建服务模式前,需要按照战略目标规划好各阶段共享中心的职能,从而明确共享中心的权责利。

在共享中心建设初期，共享中心只将日常性、重复性的会计核算活动进行集中化账务处理，承担账务核算职能，不参与具体业务活动过程，与各预算单位内外部业务活动的对接较少，这时核算服务模式即可实现该职能。当共享中心逐渐成熟后，需要履行业财融合的职能，对业务活动进行实时账务处理和财政资金管理。共享中心需要将各预算单位的内外部业务活动与财务共享平台实现流程和系统上的对接，保证业务流、资金流和信息流在共享中心的集成，这时需要构建全面业务模式。当共享中心发展到高度成熟阶段时，可以承担资源集约化管控、业财信息分析、战略决策支持等高级职能，各组织单位授予共享中心的权利更大，这时需要构建集中管控模式、决策支持模式、专业服务模式等更加高级的模式类型。因此，共享中心在不同战略目标阶段的职能权限大小决定了服务模式的不同。

（四）组织范围因素分析

组织范围也是行政事业单位财务共享服务模式构建时需要考虑的重要因素之一，组织范围将影响服务模式建设的纵向深度，因此如何明确共享中心在各阶段的组织范围大小是服务模式构建的难点之一。对企业而言，可以先在总部设立共享总中心，以后再逐步向各省、各市县的子公司和分公司推进，建设共享分中心。对于行政事业单位而言，由于存在国家部级、省厅级、市县局级的组织层级划分，在服务模式选择时更需要考虑到各阶段共享的范围大小。

在共享中心建设初期，通常先在省厅级主管部门进行模式构建，形成省级财务共享总中心，此时省级模式可优先考虑。随着共享中心的发展，在总中心的建设目标实现后，需要将各省属行业行政事业单位纳入共享范围，向各行业进行组织范围拓展，这时需要用行业模式建设省级行业共享分中心。而到了成熟期，共享的组织范围将向市县主管单位和市县附属行业行政事业单位拓展，这时需要采用市级模式和行业模式，形成各市县共享总中心和市县行业共享分中心。最终，如果要在全国范围内形成各省之间的共享，还需要采用全国模式。因此，由于共享服务覆盖的组织范围在各阶段的不断扩大，服务模式也会相应发生变化。

（五）技术条件因素分析

技术条件是制约行政事业单位服务模式构建的重要因素，行政事业单位财务共享中心需要依托哪些信息技术是其服务模式构建的一大难点问题。财务共享服务中心的建设离不开新兴科学技术的应用，技术条件的进步又会推动共享中心的发展。因此，在进行服务模式构建时，必须考虑到各种模式对技术条件的要求以及目前的技术条件能否达到这一要求。

在共享中心建设初期，通常选择的服务模式以实现账务核算为主要目标，采用的技术大多是传统的手机拍照、PC端上传、OCR扫描等。但随着共享中心在横向职能权限和纵向组织范围的不断拓展，先进的管理信息系统、大数据技术和人工智能技术将会逐步应用，以支持共享中心的业财融合、资源管控和决策支持目标，保证各阶段服务模式的正常运转。在共享中心高度成熟的阶段，要实现各省市县乃至全国范围内的大共享，需要依托云共享技术，构建政府政务云，打破各预算单位间的地域限制，通过虚拟网的方式在云端进行账务核算和信息共享。因此，技术条件作为重要的限制性条件，会在一定程度上促进或阻碍服务模式的构建。

五、行政事业单位财务共享中心的服务模式构建与优化建议

根据上面的理论分析，结合全国行政事业单位财务改革的进程以及江苏省广大行政事业单位财务管理及其信息化的发展现状，我们拟定了分阶段的江苏省行政事业单位财务共享中心服务模式的实施方案。本书构建的分阶段模式选择方案旨在为江苏省的建设工作提供参考，为以后推行全国范围内的行政事业单位财务共享提供蓝本。按照行政事业单位财务共享服务中心建设的四大战略目标发展阶段，我们在进行模式建设时从建立方式、业务范围、组织范围和职能类型4个维度进行考虑，服务模式从单一的集中汇总模式、核算业务模式、省级模式、账务服务模式逐步向集中汇总模式与虚拟云端模式融合、核算业务模式、全面业务整合模式、行业中心业务整合模式、区域中心业务整合模式融合、省级模式、行业模式、市县区域模式融合转变，财务的功能由单纯的核算财务向核算财务、业务财务、行业业务财务、战略财务和分部财务的共同协作、相互配合转变，财务共享中心的职能也由单独提供账务服务逐步向提供业财服务、集约化管控和决策支持转变。

(一) 第一阶段：基本核算模式

江苏省行政事业单位财务共享中心服务模式建设的第一个阶段是实现集中核算的战略目标阶段，这时采用的模式应当实现共享中心的核算财务功能。

由于实现集中核算目标阶段是整个分步骤建设方案的起点，为完整推行服务模式的建设提供基础保障。同时在实现集中核算共享的阶段，财务共享中心的各项建设工作刚刚起步，省财政厅在进行可行性分析以后开始建立逐步共享中心，因此在财务共享中心服务模式构建的建立方式层面上适合采用集中汇总模式，在业务范围层面上适合采用核算业务模式，在组织范围层面上适合采用省级模式，在职能类型层面上适合采用账务服务模式。

这一战略目标阶段选择的 4 种模式，主要通过在省级层面建立省财务共享中心的方式，将原来分散在各单位的人员、流程和系统等资源进行整合。通过资源整合可以把原先省级部门的日常性、重复性的账务处理工作全部集中到省财务共享中心来完成，资金往来、收支结算、凭证传送、账务记录、预算执行、报表编制等活动都通过集成的财务共享平台完成。通过省财务共享中心，在经济业务发生的同时，共享平台就可以获取各项业务的审批信息和原始单据信息，通过系统传输至账务处理平台，由共享会计统一进行账务处理，最后可以直接为各单位提供财务报表，为部门主管提供决策数据。

这一阶段的服务模式可以在现有政府部门财务核算体系和组织架构的基础之上，实现集中核算，消除重复作业，降低财务工作量，提高账务处理速度和准确性，进而实现财务资源的合理分配。通过将低价值、高消耗和高成本的核算工作交由共享中心进行标准化处理，解放更多的资源进行高价值的财务管理工作，在实现核算财务的基础之上逐步打造全方位的行政事业单位财务管理新模式。同时，对于初步建立财务共享中心的行政事业单位而言，以核算财务为基础而设立的模式对原有组织架构、岗位人员的调整幅度较小，对业务流程和运营系统的优化和改良也可以逐步进行，成本低而效果好，比较容易被各政府单位所采纳。

综上，在集中核算目标阶段应当在建立方式层面发展集中汇总模式，在业务范围层面发展核算业务模式，在组织范围层面发展省级模式，在职能类型层面发展账务服务模式（见图 4-5）。

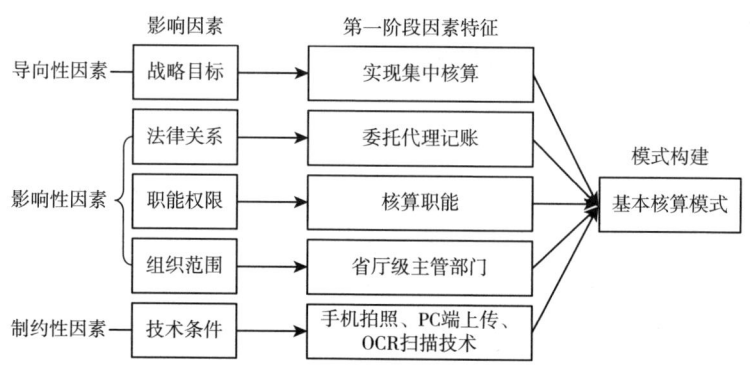

图 4-5　财务共享中心第一阶段的服务模式构建图

（二）第二阶段：业财对接模式

江苏省行政事业单位财务共享中心服务模式建设的第二个阶段是实现集中核算基础上的业财融合目标阶段，这时采用的模式应当在集中核算的基础上实现共享中心的核算财务和业务财务双重功能，推动业财一体化目标的实现。

实现集中核算基础上的业财融合目标阶段的共享中心服务模式建设需要在省财务共享中心实现账务集中核算功能的基础上，继续进行服务模式深化、业务流程再造、岗位人员培训、系统对接等建设工作，以保证共享中心能够实现省级行政事业单位业务财务和核算财务的融合，将财务活动嵌入业务活动中，为各单位业务开展提供增值服务。

这一战略目标阶段下在进行财务共享中心服务模式构建时，在建立方式层面上可以继续沿用集中汇总模式，在业务范围层面上应当以核算业务模式为基础，发展全面业务整合模式，在组织范围层面上继续保留省级模式，在职能类型层面上应当采用业财服务模式。通过业务范围层面扩充的全面业务整合模式和职能类型层面账务服务模式向业财服务模式的转变，扩大了财务共享中心业务财务协同的范围，可以将更多的对内、对外业务纳入共享中心平台，实现各单位业务的全覆盖，以适应更大范围的业务集中化核算和上下级业务活动往来的需要。

这一阶段关键性的建设任务是完善业务流程和系统对接工作，具体工作是将各行政事业单位内部的原业务管理系统、账务处理系统与共享中心的信息系统进行对接，同时将共享中心的信息系统与外部的国库支付系统、政府采购系统、政府预算管理系统等省级财政厅、国家财务部门的系统进行连接。业财融合和系统对接在这一战略阶段十分重要，这是因为通过共享中心，不仅需要保证各预算单位的业务及账务处理工作顺利开展,还需要保证业务往来和账务处理过程在主管部门的监督之下进行,财政资金的结算、单据凭证的传递、预算的执行调整、财务报表的编制能够得到监控,业务和财务信息能及时有效和外部的上级主管部门进行合理传输和共享,以便主管部门进行战略决策。因此,内外部业务的对接、内外部系统的集成、业务与财务的融合是共享中心能够稳定运行的保证,也是实现全省范围内的财政资源共享的前提。

综上,在业财融合目标阶段应当在建立方式层面发展集中汇总模式,在业务范围层面发展核算业务模式和全面业务整合模式,在组织范围层面发展省级模式,在职能类型层面发展业财服务模式(见图4-6)。

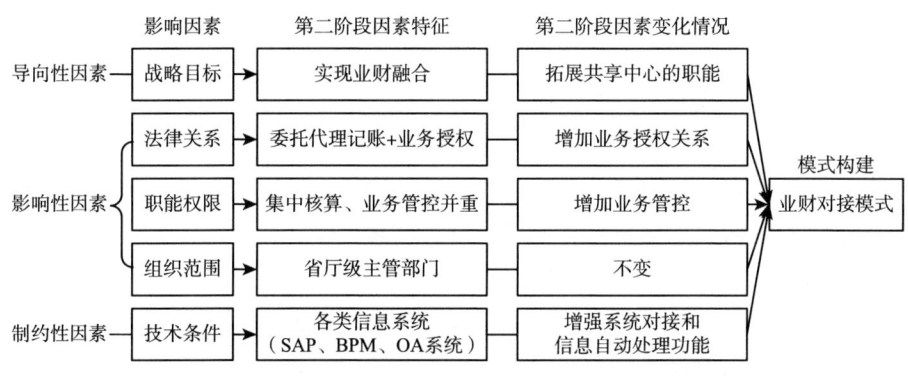

图4-6 财务共享中心第二阶段的服务模式构建图

(三)第三阶段:行业共享模式

江苏省行政事业单位财务共享中心服务模式建设的第三个阶段是实现集中核算与业财融合基础上的行业集约化管理目标阶段,这时采用的模式应当实现共享中心的核算财务、行业业务财务和战略财务功能的融合。

通过前两个阶段服务模式的建设,已经在省级层面进行了会计集中核算和业务财务的集成,此时的财务共享中心已经相对成熟,应当在组织范围上继续进行拓展。因而在行业集约化管理目标阶段建设财务共享中心时,应当在组织层级上由省厅级主管部门向各行业类型的省属行政单位、省属事业单位进行拓展,建立省级行业共享中心。如建立省级交通行业共享中心,负责对省交通厅及省属公交铁路等预算单位进行会计核算与业务集约化管理,建立省级医疗行业共享中心,负责对省卫生厅及省属医院等预算单位进行核算管理,建立省级教育行业共享共享中心,负责对省教育厅及省属高校等预算单位进行核算管理。这些省级行业共

109

享中心在组织层级上归属省财务共享总中心统一领导,向省财务共享总中心负责。

该阶段的财务共享中心在服务模式建设时应当在各省属一级预算单位进行广泛试点,实现省厅级主管单位和省属行业预算单位业务和财务的共享,推动各行业单位财务共享中心的建设进程,拓宽财务共享的组织适用范围,有利于省财政厅对省级各预算单位财务活动的监督和控制,为下一步实现全面大共享奠定基础。

这一目标阶段下的财务共享中心应当在第二阶段所建设的服务模式的基础之上,根据各省厅级主管部门所管辖的省属预算单位的行业类型采用行业模式进行优化建设。行业模式体现在业务范围和组织范围两个层面的建设,在业务范围层面上,财务共享中心应当在核算业务模式和全面业务整合模式的基础之上建设行业中心业务整合模式;在组织范围层面上,财务共享中心应当在省级模式的基础之上发展行业模式。采用行业模式时,应当在保证省财务共享总中心地位和职能不变的前提下,根据各省属一级预算单位所处的行业类型,遵循该行业行政事业单位的业务活动内容和账务处理方式建设财务共享中心,实现在省厅级主管单位管辖的同行业一级预算单位之间的业务活动对接和财务信息共享。

财务共享中心在建设行业模式后,可以形成从省级主管部门到省属预算单位的较为健全的省级层面的财务共享中心体系,省财务共享总中心和省行业共享中心共同组成了省级层面财务共享体系的内核,涵盖了省级各预算单位的财务工作和业务活动。该体系能够满足各省厅级单位如省教育厅、省卫生厅、省交通厅、省公安厅等对所属的一级预算单位的会计核算管理工作需要,并且能在财务共享中心建设和共享平台运作过程中体现行业财务的特点,针对不同行业在业务流程处理、财务处理内容和业务财务系统融合上进行差异化设计,体现财务为各行业单位提供服务的价值所在。

除了业务范围和组织范围两个层面外,财务共享中心在建立方式层面上仍旧采用集中汇总模式,但在职能类型层面上需要由业财服务模式向集约化管控模式进行转换。集约化管控模式使财务共享中心的核心职能由实现业务和财务的融合向提供资源管控、集约化管理和风险控制转变,保证各省厅级主管单位和省属行业预算单位人、财、物等资源的高效率利用,推动行政事业单位的业务财务活动向精细化、科学化方向发展,实现各行业预算单位的社会职能和社会价值。

在该阶段的服务模式建设任务完成后,能够在省级层面形成完整的账务核算、业财融合、信息共享和行业集约化管理服务体系,推动省级各行业各行政事业单位的财务管理发展,方便了江苏省财政厅和国家财政部门对省级政府预算单位进行全面绩效考评,有利于国家财政资源在全省进行合理配置,推动国家财政的发展和政府会计改革的落实完成。

综上,在行业集约化管理目标阶段应当在建立方式层面发展集中汇总模式,在业务范围层面发展核算业务模式、全面业务整合模式和行业中心业务整合模式,在组织范围层面发展省级模式和行业模式,在职能类型层面发展集约化管控模式(见图4-7)。

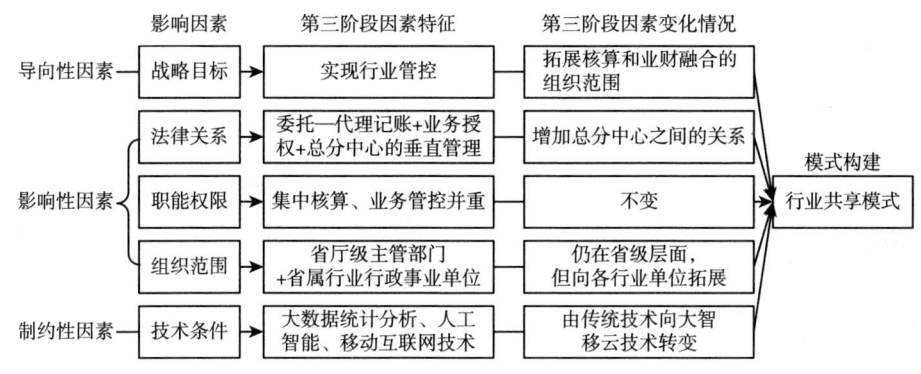

图4-7 财务共享中心第三阶段的服务模式构建图

(四)第四阶段:全面共享模式

江苏省行政事业单位财务共享中心服务模式建设的最后一个阶段是实现全面共享和战略决策支持的目标阶段,这时采用的模式应当实现共享中心的核算财务、行业业务财务、战略财务功能在各区域共享分中心和各行业共享中心的实现,同时形成全省范围内横向业务层面和纵向组织层面的全面共享,为政府部门的战略决策活动提供支持。

在最后一个目标阶段中,财务共享中心在横向的业务范围上将集成各市县区域财务共享分中心和各行业财务共享中心所核算单位的所有业务,在纵向的组织范围上将由省级层面向市县级层面进行扩展,在各市县局级部门建立市级或县级财务共享分中心,按照市县局级部门下属单位的行业类型建立市级或县级行业共享中心。经过横纵两个维度的拓展,在全面共享目标下要实现省共享总中心对市县共享分中心垂直管理,省共享总中心对省行业共享中心垂直管理、市县共享分中心对市县行业共享中心垂直管理的纵向体系,同时要实现涵盖省厅级主管部门、省属预算单位、市县局级主管部门、市县局级部门下属单位全部业务活动和财务活动的江苏省全省范围内的全面共享,保证江苏省市县三级的全面业财信息往来。

这种全面共享目标的实现为江苏省各级行政事业单位进行业务活动往来、财务信息传递、业财信息共享提供了极大的便利。江苏省全省范围内的大共享促进了省厅级各主管部门进行财务信息统计分析、全面绩效评价、内外部业务管控、风险评估管理、战略决策服务等管理活动，有利于财政资源的合理配置，提高政府部门财务活动的价值，推动政府部门社会职能的完善和工作效率的提升，从而有利于"服务型"政府的建设。

在全面共享和战略决策支持的目标阶段，财务共享中心应当在第三阶段所建设的服务模式的基础之上发展市县区域模式。市县区域模式的建设仍然体现在业务范围和组织范围两个层面，在业务范围层面上，财务共享中心应当按照省级层面核算业务模式、全面业务整合模式和行业中心业务整合模式的建设方式建设区域中心业务整合模式；在组织范围层面上，财务共享中心应当按照省级模式和省级层面的行业模式的建设方式发展市县区域模式。

市县区域模式保证财务共享中心在这一战略目标阶段能够在组织层级上进行拓展，由省级层面向市县所在的区域层面进行财务共享中心的建设、会计工作的集中核算、业务财务流程和系统的对接、组织架构和机构岗位的设置工作，在省级财务共享总中心的统一领导下进行各市县财务共享分中心、各市县行业共享中心的建设工作，并实现各市县行业共享中心与共享分中心的业财对接、省级行业共享中心和各市县财务共享分中心与省级财务共享总中心的业财对接，形成以省共享中心为领导、各区域共享分中心和行业共享中心分工合作、信息共享的全省大共享。市县区域模式在这一阶段的有效应用可以扩大行政事业单位财务共享的范围，促进各市县级预算单位的财务核算工作效率的提高，有利于省级主管部门对市县级主管部门、省市县级主管部门对下属一级预算单位、一级预算单位对二级预算单位的会计核算和财务管理工作的管理监督，从而实现政府部门预算管控、绩效评价、战略决策、公共服务等功能。

除此之外，在这一阶段财务共享中心服务模式在建立方式层面和职能类型层面也有所转变深化。在建立方式层面上财务共享中心在集中汇总模式的基础之上发展虚拟云端模式，在实体型财务共享组织的基础之上借助共享云技术发展虚拟型财务共享组织，帮助共享中心由省级层面向各市县层面进行拓展时的组织、业务、系统等建设工作的有效落实，扩大横向业务范围和纵向组织范围的边界，以低成本的方式实现共享中心在全省范围内的建成，并且保证了高效率的信息传输共享。

同时这一阶段财务共享中心的职能类型也会继续深化，由第三阶段的集约化管控模式向决策支持模式优化转型,促进财务由核算服务、业务服务、集中管控向决策支持角色的转换。由于在这一阶段财务共享中心的业务和组织范围已经能够涵盖江苏省范围内各层级各行业的行政事业单位,因此应当充分利用大数据、人工智能、移动互联网、云计算等新兴技术,特别是云共享技术和政府政务云技术的结合,实现各主管部门所管辖的行政事业单位财务信息进行统计分析,并就各行业、各层级单位的财务信息进行横向和纵向的对比,对各级单位的资金使用情况、收支结算状况、预算执行情况、资产负债情况进行考核、管理、监督和控制。在该目标阶段建设决策支持模式的财务共享中心后,财务工作能够创造更大的价值,各级单位能够通过财务信息实现对战略决策行为的支持,使财务从低价值的资源消耗者角色向高价值的资源创造者角色转换,以财务管控带动组织、业务、系统、制度的完善,保证财务全面共享时代信息的高价值特征。

市县区域模式、虚拟云端模式和决策支持模式的有效落实为国家财政部门针对江苏省行政事业单位进行财务管控指导提供信息支持,提高了江苏省内各行政事业单位的财务工作效率,有助于政府部门财务职能的转型,促进财务活动对于价值创造的贡献能力,推动国家财政体系的健康发展,有利于实现财政精细化科学化管理,进而推动了国家治理体系和治理能力现代化的建设工作。

综上,在全面共享和战略决策支持目标阶段应当在建立方式层面发展集中汇总模式和虚拟云端模式,在业务范围层面发展核算业务模式、全面业务整合模式、行业中心业务整合模式和区域中心业务整合模式,在组织范围层面发展省级模式、行业模式和市县区域模式,在职能类型层面发展决策支持模式(见图4-8)。

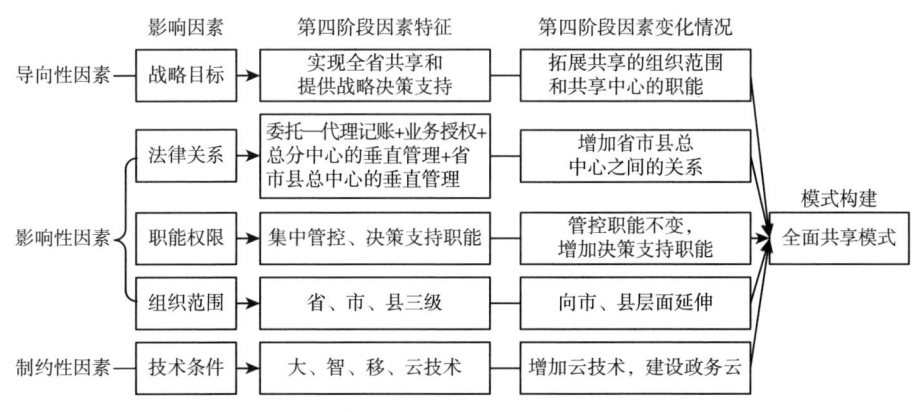

图4-8 财务共享中心第四阶段的服务模式构建图

六、行政事业单位财务共享中心的战略目标确定与服务模式构建调查问卷

为了更好地了解江苏省各行政事业单位对于会计集中化核算的需要，进一步为财务共享服务中心的建设提供实践指导，本书设计了关于行政事业单位财务共享中心的战略目标确定与服务模式选择的问卷，并且以发放问卷进行调查的方式，从实际中提炼需求，从需求中分析目标，从而为财务共享中心的合理构建奠定现实基础。问卷如表4-6所示。

表4-6　　　　　　　　　　　　调查问卷

1. 您所在的省：		
2. 您所在的单位行政属于：	A. 行政单位	B. 参公管理事业单位
	C. 全额拨款事业单位	D. 自收自支事业单位
3. 您所在的单位属于：	A. 一级预算单位	B. 二级预算单位
	C. 三级预算单位	
4. 您所在的单位收入来源主要有：	A. 财政一般公共预算拨款	B. 纳入财政专户管理的资金收入
	C. 政府性基金收入	D. 未纳入财政专户管理的资金收入
	E. 国有资本经营预算收入	F. 其他收入
5. 您所在单位的财务机构编制人数是多少：	A. 1—3人	B. 4—8人
	C. 8—12人	D. 13人及以上
6. 您所在单位的财务机构是否实施会计信息化管理：	A. 是	B. 否
	C. 绝大部分系统实施信息化管理，仅有个别系统实行手工记账	D. 仅有部分系统实施信息化管理，绝大部分系统实行手工记账
7. 您在本单位财务机构中担任的职务是：	A. 财务负责人	B. 资产/投融资/税务/总账等主管会计
	C. 记账会计	D. 出纳
	E. 内审	F. 其他
8. 您在本单位财务机构中所分管的业务工作是：（多选题）	A. 主管全面工作	B. 预算管理
	C. 决算管理	D. 稽核业务
	E. 日常会计业务	F. 出纳业务
	G. 总账与报表业务	H. 政府采购业务
	I. 固定资产管理业务	J. 社保业务
	K. 住房公积金业务	L. 内控制度建设
	M. 统计分析业务	N. 其他，请简单填写

续表

9. 您认为现有财务编制内人员的业务素质是否能够胜任工作需要：	A. 完全胜任	B. 基本胜任
	C. 基本不胜任	D. 不胜任
10. 您是否了解或者听说过财务共享服务平台的管理模式：（如果您选择A或者B，请继续顺序填列；如您选择C或者D，请跳过11—15题，从第16题继续填列）	A. 非常了解	B. 一般了解
	C. 听说过，但不了解	D. 不了解
11. 您认为在下列财务共享服务框架变革和再造中，哪一个过程最难实现：	A. 人员再造	B. 组织再造
	C. 流程再造	D. 观念再造
	E. 系统再造	
12. 您认为在下列财务共享平台需具备的几个实施关键因素中，哪个要素是最关键的：	A. 流程管理	B. 业务标准化
	C. 信息系统	D. 人员管理
13. 您认为财务共享平台管理模式能够给单位带来的好处有哪些（多选题）	A. 有利于与上级主管财政部门的相关系统对接，实现业财融合	B. 通过会计集中化核算和流程标准化再造，降低财务成本，提高财务工作效率
	C. 可以消除重复职能人员设置，精简组织结构，提升财务部门形象	D. 可以让部分财务人员从分散、重复、单一的业务处理中释放出来，为单位创造更多的决策支持、分析管控价值
	E. 可以增强内部控制和风险管理能力	F. 有利于财务数据及时汇总和传递，保证政府会计信息的真实透明
	G. 有利于财政监督稽核和集中管控的需要	H. 其他，请简单填写
14. 如果您单位已实施财务共享服务平台，您认为该平台的实践是否可行	A. 完全可行，符合预期设想	B. 基本可行，基本符合预算设想
	C. 不可行	D. 未实施
15. 如果您认为财务共享管理模式可行，您希望把下列哪些财务工作纳入共享服务平台（多选题）	A. 原始凭证审核、报销结算工作	B. 银行账户管理、国库集中支付业务
	C. 预算编制、监督、管理业务	D. 内部审计业务
	E. 会计账务、报表处理业务	F. 政府采购管理业务
	G. 固定资产管理业务	H. 其他财务业务

续表

16. 如果您认为财务共享管理模式不可行，主要原因是什么（多选题）	A. 行政事业单位的人事管理机制严格，不适合跨层级的人力资源分工	B. 行政事业单位的财政管理机制严格，不适合"一级财政，一级事权"的现行制度
	C. 行政事业单位职责分工的管理机制严格，各单位都是独立法人，不适合集中监管	D. 行政事业单位的财务人员素质相对较弱，无法满足需要
	E. 其他原因，请简单填写	
17. 您认为行政事业单位实行财务共享的最大困难是什么（多选题）	A. 国家的还没有统一的制度流程	B. 技术还不成熟
	C. 单位体制问题	D. 部门间关系协调较难
	E. 其他原因，请简单填写	
18. 行政事业单位如实行财务共享，应建立哪些制度流程（多选题）	A. 财务数据标准	B. 财务资源共享管理办法
	C. 财务资源共享业务流程	D. 财政资金绩效评价标准
	E. 其他原因，请简单填写	

第五章

行政事业单位财务共享中心的业务流程设计

一、研究问题界定及业务流程设计的思路

本章研究的主要问题是如何设计行政事业单位财务共享中心的业务流程。前文分析的行政事业单位财务共享中心的权利与义务、战略目标和服务模式等问题为财务共享平台的设计奠定了良好的宏观理论基础。而从本章起,我们将着眼于财务共享的具体落实。实施方案越具体,与现实切合越紧密,对及时性要求越高,针对现状规划的方案未必适用于未来。所以,本章及以后的章节将不对系统对接、财务分析、决策支持等远期的战略目标提出建议,而会集中篇幅详细讨论实现短期战略目标(即核算共享)的具体方案。

本章将从三大部分来探讨:一是实现核算共享的业务流程,二是与财政业务协同的业务流程,三是提供战略决策支持的业务流程。

为了保证设计的可操作性,在设计具体的运行流程时,我们将参考企业领域中运行效果良好、管理模式成熟的财务共享中心的成功建设经验,结合行政事业单位的自身需求,提出详细方案。

二、实现核算共享阶段的业务流程分析

(一) 总体核算业务流程框架分析

1. 业务的发起与审批

业务的发起和审批是指以各单位发起业务申请为起点,到原始凭证采集之前,业务申请单和原始凭证需要经历的层层审批的过程。为明晰共享中心和各行政事业单位各自的权限,在这一部分我们将阐明经济业务的审批原则,并以行政事业单位典型经济业务为例进行说明。

业务审批环节依照审批权限不变原则。行政事业单位业务审批一般分为3种类型:业务开展前决定是否开展的审批、经济业务完成后原始单据的审批和支付环节的审批。依据共享中心和各行政事业单位是委托—代理关系,经济业务的审批环节都将遵循权限不变原则,即各行政事业单位具有审核权限的各工作人员仍然依照原有模式下的审批流程和审批方式完成审批环节。

参考的典型经济业务有非税收入收缴、薪酬发放、日常公用支出、非货币资产管理和政府采购。

(1) 非税收入收缴。由于非税收入的收缴分为两种方式:一种方式是执收单位通知代理银行扣款或收缴;另一种方式是由缴款人自行在线缴款。

两种不同的收缴方式下,非税收入收缴业务的发起与申请略有不同:

①通知收缴方式。业务的发起与申请环节包括申请收缴、接受业务申请和入账反馈三部分。

第一,执收单位填写电子"非税收入一般缴款书":执收单位在非税收入收缴的业务系统中开具已有电子签名的电子"非税收入一般缴款书",业务系统对每一笔业务下的"非税收入一般缴款书"生成相应的缴款码并将缴款码和缴款书通过网络传递至代理银行。

第二,代理银行接受业务申请:代理银行收到缴款人提供的缴款码,从网上根据缴款码下载电子"非税收入一般缴款书"后进行业务处理。

第三,代理银行反馈处理结果:代理银行业务处理完成后形成"入账通知单",将电子"入账通知单"传递至执收单位的业务系统中。

②自行缴纳方式。包括在线缴纳和入账反馈两个部分：

第一，缴款人在线缴纳款项：缴款人采取扫码、POS 刷卡、门户网站以及网银在线等支付方式缴纳款项，款项直接进入代理银行。

第二，代理银行反馈处理结果：代理银行业务处理完成后将电子"入账通知单"传递至执收单位的业务系统中，便于下一步的账务处理。

（2）薪酬发放。薪酬发放业务发起与审批包括预算部门发起业务申请，编制部门、人事部门、财政部门国库中心分别审核，国库支付中心向代理银行发起支付申请和代理银行反馈处理结果这几个环节。

①预算单位发起工资发放申请：各预算单位负责薪酬发放的人员在工资统一发放系统中向人事部门报送人数、工资项目、代扣款等信息，向编制部门报送编制数。对信息化程度较低、未采用工资统一发放系统的单位由业务员将数据存入 U 盘，送至人事部门和编制部门。

②编制部门审批并向人事部门和财政部门报送数据：编制部门对预算单位在工资统一发放系统中或对 U 盘中的数据进行审核，包括各单位的性质、行政编制、离退休干部工作人员编制及机关工勤人员编制数等，审核无误后向人事部门和财政部门报送数据。

③人事部门审批相关信息并报送财政部门国库支付中心：人事部门对统发工资范围的人员和工资进行审批，完成后通过系统报送国库支付中心。

④国库支付中心审批并向代理银行发起支付申请：国库支付中心对工资统一发放系统中的数据审批完成后，向银行签发支付指令。

⑤代理银行处理业务并反馈处理结果：代理银行付款完成后将电子的"财政直接支付入账通知书"和"工资明细表"传递至国库中心，同时报送至预算单位，便于下一步账务处理。

（3）日常公用支出。财务共享不会改变日常公用支出的报销审批流程，但可以优化单据传递和审批的形式。根据企业的经验，建设了财务共享中心后，各分部的报销审批有线下纸质审批和线上电子审批两种模式：线下模式中，领导通过在纸质申请单上签字完成审批，而线上模式中，领导登录信息系统查看单据资料并进行电子审批。

我们认为，这两种模式中，线上电子审批模式更有利于行政事业单位的财务共享建设。原因如下：第一，日常费用报销业务发生频率高、涉及金额较小而数量繁多，线上审批能防止单据在传递时丢失和破损，更有利于流程控制，且能促进数据化管理的发展；第二，通过申请的单据可以及时传输到财务共享服务中心，不必再将单据集中到扫描点集中扫描，原始凭证的采集更加便利。所以，我们建议行政事业单位在线上完成日常公用支出的报销审批，其具体审批流程为：

①转账结算报销：

首先，业务审批：

A. 填写业务申请：公务人员应当在经济业务发生前的规定时间内填写"差旅申请单""公务招待申请单"等相关业务申请单并上传至报销系统。

B. 项目负责人审批（如有）：在采用项目制管理方式的事业单位，业务所属项目的负责人应当审核业务申请单的填写内容是否真实、被申请的经济业务是否在项目报销范围内等。

C. 科室主管审批：科室主管审核经济业务是否真实合规、项目是否真实以及申请额度是否合理。

D. 分管领导审批：分管领导审核经济业务申请是否合理。各级审批均通过后，业务员可在获批额度内从事该业务；反之，则需修改申请额度，重新提交申请，或不得从事该项业务。

其次，报销审批：

A. 填写报销申请：业务人员根据发票以及会议签到表、银行卡结算流水、外部人员薪酬签收单、酒店预订单等附加证明材料，填写"费用报销申请单"，如实列举业务开销明细。未经批准的开支需要另附申请单，解释原因；未列入部门预算或超标准的开支一律不得申请报销。

B. 项目负责人（如有）审批：项目负责人审核申请单的填写内容是否真实。

C. 科室主管审批：科室主管审核申请报销的经济业务是否真实、合规、是否在事前获批；如有额外发生、未经事前审批的开支，科室主任还要审批支出的原因是否合理、额度是否合规。

D. 其他相关部门审批：外部人员酬金等涉及其他部门权限的开支，其报销单需要其他相关部门（如人事部）。

E. 分管领导审批：分管领导审核经济业务申请是否合理，并签字确认。

最后，报销款项结算：

A. 财务部门审批：财务人员（或财务主管）审核凭证是否真实合法、手续是否完整、额度是否合理。各级审批均通过后，财务人员填写"财政授权支付申请书"，与相关单据一同推送至财务共享服务中心；反之，则将申请与附件退回给业务人员，重新提交申请。

B. 财务共享服务中心资金管理科支付资金：资金管理科支付岗人员审核原始凭证的真实性、合法性、完整性、手续的完整性后，签发"财政授权支付指令"，通知银行划款转账。

②员工提前借支现金：

首先，业务审批：

A. 填写业务申请：公务人员应当在经济业务发生前的规定时间内填写并上传"现金借支单"，并附"差旅申请单""公务招待申请单"等相关业务申请单，阐明借款理由。

B. 项目负责人审批（如有）、科室主管审批、分管领导审批：与转账结算报销的业务审批流程基本相同。

C. 发放现金：各级审批均通过后申请被推送至出纳员，出纳员复核通过后，向业务员发放现金，并将单据与申请推送给财务共享服务中心记账。

其次，报销审批：

预转账报销的审批流程基本相同，但由于借支现金的额度通常较小，部分单位可以根据重要性原则简化报销审批流程：

A. 填写报销申请。

B. 项目负责人（如有）审批。

C. 科室主管审批。

D. 其他相关部门审批。

E. 分管领导审批。

最后，结算备用金：

出纳员复核凭证是否真实合法、审批手续是否完整后，为业务人员办理备用金结算，多退少补；如果审核不通过，业务员需要先归还借支的现金，补齐单位备用金，重新申请报销结算。

（4）政府采购。政府采购可分为采购申请环节、组织集中采购的环节、签订采购合同的环节、履行采购合同的环节、拨付采购资金的环节。下面详述每个环节的业务申请与审核审批过程。

①采购申请环节：

首先，预算单位向分管业务科室提出政府采购申请：对于属于年初部门预算已确定的采购预算，预算单位将"政府采购申请表"交分管业务科室审批；对于用预算外资金采购的项目，需要同时提交"预算外资金用款申请书"。由审批业务科下达采购资金到采购办执行采购。

若执行中需追加采购预算，属于年初采购预算范围内的，提交采购申请程序与上述规定相同。若不属于年初采购预算范围内的，按预算管理程序申请批准后，再填报"政府采购申请表"，并按上述规定送相应业务科审批，由业务科下达采购资金到采购办执行采购。

其次，分管业务科室审批并落实预算，形成资金来源表，提交给采购办。

最后，采购办审核资金来源表，并确定其采购组织形式和采购方式，向采购中心或主管部门下达采购任务书。

②组织集中采购的环节：

首先，采购中心或主管部门编制采购文件，并送采购监督部门备案。采购中心或主管部门收到采购任务书后，根据采购人提出的书面需求（技术指标、时间需求、服务及付款方式）编制采购文件（招标文件、谈判文件、询价文件等）；编制完成后，采购中心或主管部门将采购文件送采购监督部门备案（采购办、监察局）。

其次，采购中心或主管部门发布采购信息，并组建评标委员会，送采购办备案。

最后，采购中心组织开标，组织评标，并公示拟成交结果，向供应商发出成交通知书。

③签订采购合同的环节：

首先，采购人依据成交状态与供应商签订采购合同。采购合同应一式四份，采购单位、供应商、集中采购机构和政府采购办（基本建设项目同时送基建科）各执一份。

其次，采购人在3个工作日内将采购合同送采购机构审核见证。

最后，采购机构在收到正式合同后7日内应将采购合同送采购办备案。

④履行采购合同的环节：

首先，预算单位按照采购合同认真组织验收，并出具验收报告。对于属于采购中心采购的项目，采购中心应协助或见证验收。对于属于分次付款的采购项目，采购人应同时出具"政府采购分次付款通知书"。

其次，预算单位将验收报告原件、发票复印件、"政府采购分次付款通知书"送集中采购机构审核。

最后，集中采购机构审核后，将验收报告、发票复印件、"政府采购分次付款通知书"送采购办办理付款。

⑤拨付采购资金的环节：

首先，由采购办审核采购合同、验收报告、发票复印件、"政府采购分次付款通知书"，并向业务科室开具政府采购付款通知书。

其次，业务科室根据政府采购付款通知书划拨采购资金入政府采购专户。

（5）非货币性资产管理。国有资产管理可分为配置环节、对外使用环节、处置环节。下面详述每个环节的业务申请与审核审批过程。

①国有资产配置环节：

首先，预算单位的资产使用部门申报，由单位领导审批。资产使用部门申报提出意见，资产管理部门会同财务部门填报"行政事业单位国有资产配置申报审批表"，交由单位领导审批。

其次，预算单位向主管部门提交"行政事业单位国有资产配置申报审批表"。

再次，主管部门审核申报单位的"行政事业单位国有资产配置申报审批表"，审核通过后向省财政厅提交。

复次，财政厅相关预算编审科室审核后，报资产管理科室审批。

最后，行政事业单位须凭县财政厅出具的"行政事业单位国有资产配置申报审批表"到招投标管理办公室具体办理资产购置手续。

②国有资产对外使用的审批流程：

首先，预算单位的资产使用部门申报，由单位领导审批。资产使用部门申报提出意见，资产管理部门会同财务部门、技术部门审核鉴定，交由单位领导审批。

其次，预算单位向主管部门提交资产对外使用书面申请报告。

再次，主管部门审核申报单位的资产对外使用报告，审核通过后向省财政厅提交资产对外使用申请文件，并附已审核的相关材料。

最后，财政厅审批并备案，具体流程为：登记→初审→会审→批复。

A. 财政厅资产处收到申报文件，提交厅办公室登记。厅办公室将信息录入厅办公自动化系统，呈厅领导阅示，资产处负责人根据批示意见转经办人初审。

B. 经办人对申报材料的完整性、对外使用事项的真实性、必要性、可行性进行审核，提出初审意见，填制"省级行政事业单位国有资产办理事项审核表"，提交处务会审议。

C. 处务会审议后办理批复文件。省财政厅的批复文件主送省级主管部门，地税系统抄送当地财政部门，需要进行公开招租的抄送省产权交易所，厅内抄送预算处、国库处、监督检查局、相关业务处、有资产对外使用收入的抄送综合处。

③国有资产处置的审批流程：

首先，预算单位的资产使用部门申报，由单位领导审批。资产使用部门提出意见，资产管理部门会同财务部门、技术部门审核鉴定，交由单位领导审批。

其次，预算单位向主管部门提交资产处置书面申请报告，并附相关情况说明以及有关文件和资料。

再次，主管部门审核申报单位的资产处置书面申请报告，审核通过后向省财政厅提交资产处置申请文件，并附已审核的相关材料。

最后，财政厅审批并备案，具体流程为：登记→初审→会审→批复。

A. 财政厅资产处收到申报文件和材料，提交资产处综合科登记。综合科在"资产管理日常事项办理情况表"中录入申报单位、申报事项、申报日期等信息后提交处领导阅示，综合科根据阅示意见登记经办人、办理时限等信息后交经办人初审。

B. 经办人对申报处置资料的完整性、处置事项的真实性、必要性、可行性进行认真审核，提出初审意见，填制"省级行政事业单位国有资产办理事项审核表"，提交处务会审议。

C. 处务会审议后办理批复文件。省财政厅的批复文件主送省级主管部门，地税系统的抄送当地财政部门，需要进行公开处置的抄送省产权交易所，厅内抄送预算处、国库处、监督检查局、相关业务处、有资产处置收入的还需抄送综合处。

2. 原始凭证的采集

采集原始凭证的业务流程将分成两个阶段来阐述：一是纸质原始凭证与电子原始凭证并存阶段的原始凭证的采集业务流程设计；二是原始凭证电子化特别是自行填写的表格、申请单等都在系统中实施阶段的原始凭证采集业务流程设计。

（1）纸质原始凭证与电子原始凭证并存阶段的业务流程设计。当存在纸质原始凭证时，原始凭证采集环节需要确定的问题有：原始凭证的采集方式有哪些、采集工作由什么人员负责以及采集地点如何设置。我们将分别针对上述问题对行政事业单位财务共享中心的原始凭证采集工作提出建议，然后完整描述本书建议的采集流程。

①原始凭证的采集方式。总体上，凭证的采集可以分为线下和线上两种方式，其中线上采集又包括集中扫描方式、拍照上传方式和电子凭证传输方式。

A. 线下人工采集。线下手工方式是指行政事业单位各业务部门人员将纸质原始凭证自行交由财务部门的方式。这种传统的凭证采集方式适用于未建立会计信息系统的、规模较小、业务较少的行政事业单位。其优点是纸质化的单据比较直观简单，缺点是手工流程比较烦琐，单据处理速度慢，效率较低，且对单据的保存和管理不便。

目前，行政事业单位的经济业务由各单位的内部财务部门自行核算，核算规模较小，各单位在线下即可完成对相关凭证的采集。而在财务共享体系下，由财务共享服务中心统一核算各级行政事业单位的经济业务，核算工作涉及的单位数量较多、工作量极大，完全采用线下传送方式，将单据送到财务共享服务中心的效率太低，不利于财务共享中心的发展。

我们建议，行政事业单位可以将线下采集与线上采集方式结合，在单位间设置局部采集点，用人工方式把原始凭证送到采集点后，再从采集点传入财务共享服务中心。

B. 线上采集方式。线上传递方式比普通邮寄更为快速、便捷。为了使共享中心更及时地获取、传递、调拨与系统管理原始凭证，我们建议共享中心全部在线上采集原始凭证，具体可以选择以下方式：

第一，集中扫描获取方式。中兴通讯、海尔集团等大型企业，常常采用条码技术实现通过扫描将原始凭证上传至财务共享系统，财务人员根据扫描影像即可实时稽核和记账，而不必等待分布的纸质原始凭证邮寄至财务共享服务中心后再分拣、做账，显著提高了核算效率。

行政事业单位也可以采用这种方式，将纸质原始凭证集中收集至扫描点，利用扫描仪将纸质原始凭证转换为电子影像文件，通过互联网传入财务共享中心。

采取影像扫描方式获取原始凭证需要注意两点：一是将影像文件与业务人员向共享中心提交的业务办理的电子信息流对应，二是将同一笔业务下的多张原始单据影像归为同一组。

第二，拍照上传方式。集中扫描方式十分方便，但所有原始凭证都集中在扫描点等待上传和匹配，可能会出现扫描点压力过大、凭证排队、积压、核算不及时等问题。因此有些企业会通过员工个人拍照上传这一拓展方式缓解集中扫描的压力。例如，中油国际、中国交建、兴飞科技等企业，运用移动报销平台，员工通过手机 APP 填写报销单，将原始单据用手机拍照上传。影像文件与电子报销单的对应关系在提单时建立，无须转交扫描员在固定地点集中扫描。

使用员工自行上传的方式，需要重点关注授权范围的问题。对于金额较大、性质重要的业务，比起授权给员工上传，更适合集中交给财务人员复核通过后再集中送至扫描点。而费用报销这类发生频繁、金额较小且涉及员工垫款的业务的原始凭证则更适合拍照上传。

所以，行政事业单位可以在处理报销业务时，利用业务员自行拍照上传的方式，实现原始凭证的采集。

C. 电子凭证传输方式。电子凭证可作为原始凭证的一种，不必像传统单据须从纸质媒介转为影像，可直接通过互联网传递至财务共享中心。

企业中已经出现将电子发票应用于财务共享的先例，在 2017 年，微信团队、中国联通与用友集团均利用电子发票完善了通信费报销的流程。

但在行政事业单位,能完全实现无纸化办公的经济业务极少,电子凭证尚未普及。所以,我们建议行政事业单位将电子凭证传输作为其他线上采集的补充方式。在行政事业单位的电子办公体系成熟后,再考虑以电子凭证传输为主的采集方式。

②原始凭证的采集人员:

A. 线下采集人员。行政事业单位将原始凭证送到集中采集点的过程使用了线下采集的方式。我们建议这一环节由行政事业单位的财务人员定期负责。各单位可以根据自身需要决定具体由哪个岗位的人员负责本单位凭证的集中采集和传送。

B. 线上采集人员:

第一,集中扫描方式下的采集人员。在集中扫描方式下,有两种方式安排扫描员的方式:一种是由行政事业单位的内部工作人员负责扫描,另一种是由财务共享中心的外派人员进行扫描。由财务共享服务中心外派人员进行扫描,更有利于对原始凭证采集的统一管理,而且能够减少行政事业单位的负担。

因此,我们建议在行政事业单位财务共享中心设置扫描岗,外派员工负责原始凭证的集中扫描和上传。

第二,拍照上传方式下的采集人员:在拍照上传方式下,由申请报销的员工自行负责采集和上传原始凭证。

第三,电子凭证传输方式下的采集人员:如果一项经济业务的原始凭证全都是电子凭证(如财政直接支付、授权支付下的"入账通知书"、薪酬发放中的工资发放明细表、报销申请中的电子发票等),则无须专人采集,工作人员直接将电子凭证上传到系统即可;

如果经济业务既产生电子凭证,又产生纸质凭证,则电子凭证由负责采集纸质凭证的工作人员一同上传,即根据业务类型,电子凭证的采集者既可能是外派扫描员,也可能是自行拍照上传的业务员。

③原始凭证的采集地点:

A. 线下采集地点:所有原始凭证都被统一提交至本单位的财务部门。

B. 线上采集地点:

第一,集中扫描方式下的采集地点。扫描地点的密集程度是设置扫描点的主要考虑因素。如果从基层单位起,在每个行政事业单位都设置扫描点,虽然对行政事业单位而言更加方便,但硬件和人工成本过高;而仅在市级主管单位设置扫描点,又会使预算单位传送原始凭证的路途过长,且扫描人员工作压力过大,导致财务共享核算效率降低。

所以,我们建议根据员工数量、业务规模等标准,以区域为单位,规划行政事业单位财务共享的扫描点的分布地点、数量和负责范围。在员工量、业务量大的机构，可以一个单位设置一个扫描点；而员工少、业务少的数个基层机构可以共用一个扫描点，各机构指定员工定期将本单位原始凭证送到区域扫描点集中扫描。

第二，拍照上传方式下的采集地点：在拍照上传方式下，员工可以随时随地登录报销系统进行上传，没有固定的采集地点。

第三，电子凭证传输方式下的采集地点。如果经济业务同时产生了电子凭证和纸质凭证，则将按照采集纸质凭证的程序，一同采集纸质与电子凭证；如果一项经济业务的原始凭证全都是电子凭证（如电子发票报销业务），则无须在固定地点采集，业务人员可以随时随地自行完成上传，下文将详述。

④原始凭证采集的具体流程。综合上文对原始凭证的采集方式、人员与地点问题的讨论结果，我们建议行政事业单位财务共享中心采用如下流程采集原始凭证：

A. 业务人员登录共享平台，选择特定业务类型，填制、保存并提交业务申请，打印出带有条形码的单据封面，连同粘贴好的纸质票据、附件传送至扫描岗。

B. 财务人员将凭证集中到扫描点：负责人工传递原始凭证的财务人员依据各业务单上的单据号对单据进行适当的归类整理，汇总提交给本区域扫描中心的扫描员。

C. 外派扫描员上传原始凭证影像：扫描岗接收到单位的实物凭证后，先扫描条码封面，再对与条码对应的实物凭证进行扫描，将多张实物凭证自动对应至一项业务活动。经过扫描，实物单据形成了与其对应的电子影像，自动上传并存入数据库。若漏扫或错扫，扫描人员可退回重扫和补扫。

D. 财务共享中心查阅凭证影像：因为存在唯一对应的条码，纸质凭证与电子影像相互匹配，财务共享中心人员可在共享平台上查询、调阅相应业务的电子化单据影像，进行审核与记账。

E. 预算单位定期寄送纸质原始凭证：各行政事业单位将原始单据扫描，整理完毕后，每月统一邮寄至共享中心，由共享中心实物单据管理人员统一接收。

F. 财务共享服务中心档案管理人员验收纸质凭证：共享中心的实物单据管理人员验收原始凭证是否连号、保存是否完整，其将各行政事业单位寄到共享中心的纸质原始凭证和打印出的电子凭证粘贴到打印的记账凭证的背面，以备整理归档。

G. 财务共享服务中心核算人员抽查纸质凭证：复核岗的工作人员将实物与各单位自行扫描的影像进行核对。如果凭证量少，可以采用一一核对或抽查核对的方式，防止在扫描时出现错漏情况。

（2）原始凭证电子化阶段的业务流程设计。由于原始凭证是会计核算的基础资料，是记录和反映经济业务的重要信息来源，但由于传统的纸质原始凭证形式多样、数据量大、分布广泛，因此线下寄送的过程中容易破损、毁坏、丢失，难以保证原始凭证的完整性和安全性。随着信息技术的发展，很多企业开始实施原始凭证的电子化，将原始凭证与信息系统结合起来，消除部门间的信息壁垒，实现业财融合。原始凭证完全电子化就是指各行政事业单位业务部门在业务发生以后，将相关的单据通过线上系统的方式提交给财务部门，并且可以直接在系统中完成业务活动的原始单据填写工作，全部的业务活动过程都在线上系统进行，无须纸质单据的线下流转，实现无纸化作业。

对于企业来说，可以通过构建 ERP 系统的方式，将所有的原始凭证处理实现电子化线上填写，从而形成一体化财务信息工作平台。如国家电网公司就实现了存储信息化、监控自动化、应用安全化、业务融合化的集约化财务业务工作流程。对于行政事业单位而言，可以参考企业建设 ERP 信息系统的经营，各单位可以通过自己的财务系统，将业务活动与财务系统进行连接，使业务活动的数据能够在财务系统中进行存储、录入、共享和流转，从而实现财务和业务的融合，以信息化的方式来帮助行政事业单位完成日常业务的处理工作。在行政事业单位的财务信息系统中，需要将发票自动处理系统、政府采购系统、国库集中支付系统、预算管理系统、商旅服务系统、资产管理系统等与账务处理系统进行对接。

以差旅费用报销业务为例，原始凭证完全电子化阶段的业务流程设计：

①业务部门人员在 OA 系统中填写电子申请单：各行政事业单位业务部门人员在出差之前，根据本单位"月度差旅费计划书"在财务系统的差旅服务子系统中填写"出差计划及任务审批表"，填写计划出差的时间、往返地、计划费用额、出差人员姓名、职位、事由等事项。

②系统自动判断是否符合预算额度：通过调取预算管理子系统中本单位或本部门"月度费用预算表"，填写本部门月度预算额度和已使用额度，系统将自动计算未使用额度，并判断此次申报的差旅费金额是否在本单位预算安排以内。

③领导线上审批员工的电子申请：原始单据填报完成以后，提交给部门领导进行逐级审批确认，各级领导部门可以在系统设置的权限内进行审批。

④业务部门人员将相关电子发票上传至系统进行报销：在出差完成以后，业务人员需要进行费用的报销，这时仍通过线上系统来实现。当出差人员需要进行费用报销时，通过差旅服务子系统的费用报销功能，在系统中填写"差旅费用报销单"的具体项目，通过发票自动处理子系统来上传在出差过程中的车票、住宿

票、交通票、餐票等电子原始凭单（若存在纸质，可将其拍照上传）。

⑤领导线上审批带有原始单据的报销申请：报销人员在发票子系统中上传好原始单据后，以填写好的"差旅费用报销单"上唯一的条形码进行对接，作为报销单的附件，一并上传提交给部门领导进行审批。

⑥审批完成后，该项业务涉及的所有电子原始凭证将自动上传至财务共享中心。

在这种无纸化线上填制方式下，所有内部原始单据的填写都在相关业务功能的系统中完成，有利于对这些单据的统一管理，所有的外部原始单据通过发票处理系统进行录入，将不易保存的纸质发票以拍照上传等方式在系统中进行保管存储，方便了对外部原始单据的审核和保管，提高了工作效率。

3. 记账凭证的编制

本环节需要解决的问题有：核算人员查看并审核原始凭证的方式、审核不通过时的处理流程以及审核通过后记账凭证的编制方式。

（1）查看并审核原始凭证的方式。财务共享服务中心可以采用自动与人工两种审核方式：

①人工审核。人工审核方式下，记账人员通过两台显示器对凭证的真实性、完整性、准确性、合法性进行审核。一台显示器显示原始凭证的影像图片以便于记账人员核对信息；另一台显示器显示记账人员的工作页面，用于进行操作。

人工审核比自动审核的成本高、速度慢，但灵活性强，适用于对偶发性的非日常凭证的审核。

②自动审核。自动审核方式下，财务共享系统与OCR发票校验系统对接，系统接收到凭证后自动根据预先设置审核点，对发票的金额、时间、报销额度等等信息进行提取与审核。

自动方式方便快捷、成本较低，但审核点的设置比较机械，适用于对常见凭证的审核。

我们建议，行政事业财务共享系统在接收到原始凭证时根据单据号（在采集阶段根据业务类型生成）判断该业务是否适用于自动审核，如果适用，则直接通过OCR识别自动进行审核；如不适用，则将凭证影像推送给记账人员进行人工审核。

（2）原始凭证审核未通过时的处理流程。无论是自动审核还是人工审核，对于未通过凭证的处理流程是一致的：

①在系统上将原始凭证和业务申请一同退回至原发起单位。

②在少数情况下，如果纸质凭证已经被寄送到财务共享服务中心，共享中心的实物单据管理员可以在系统中查看所有因原始凭证不合格需要退回的业务，并

根据业务单上单据号和条码找到相应的纸质原始凭证,寄回至原单位。

(3) 原始凭证通过后的记账流程。记账与审核相对应,也有人工记账与自动记账两种方式:

①人工记账方式。人工记账方式与人工审核方式相对应。人工审核通过后,记账人员在财务核算系统中人工填制记账凭证,并将其上传到共享平台,系统依据单位名称,会计期间,业务类型,存储在数据库中。

②自动记账方式。自动记账方式与自动审核方式相对应。凭证通过系统的审核点后,系统自动根据预设模板,把通过 OCR 识别技术识别的经济信息转换成会计信息,自动生成记账凭证。

(4) 记账凭证编制的具体流程。系统接收原始凭证后,根据单据号判断审核与记账方式,如果原始凭证适用于自动审核与记账,则进入步骤 a-1;否则,进入步骤 a-2。

a-1. 系统自动审核凭证:自动审核系统利用 OCR 识别技术,提取单据信息,并根据预设审核点自动比对,判断凭证是否通过审核。如果通过则进入步骤 c-1,否则进入 b。

a-2. 记账员人工审核凭证:财务共享服务中心的记账人员收到凭证信息后根据凭证影像人工核对原始凭证的真实性、合法性、手续完整性等,如果通过则进入步骤 c-2,否则进入 b。

b. 处理未通过审核的凭证:在系统上将凭证退回原单位,如果纸质凭证已经寄送到财务共享服务中心,则实物单据管理员将纸质单据一同退回原单位。

c-1. 系统自动记账:系统根据预设模板,将单据信息转换为会计凭证并推送给复核人员。

c-2. 记账员人工记账:记账员在系统上手工填制记账凭证并保存,推送给复核人员。

4. 记账凭证的复核

即使是系统自动入账,也存在信息转换错误的可能性,无法保证记账凭证的绝对正确。因此,在记账凭证的复核环节,应采取人工线上复核的方式。这一环节需要考虑以下几个问题:一是记账凭证的复核关键点;二是复核不通过时复核人员该如何处理的问题;三是若记账凭证复核不通过,记账凭证和原始凭证退回路径的选择问题。

(1) 记账凭证的复核关键点。复核人员对电子化原始凭证或影像版原始凭证的内容与记账凭证内容的一致性、记账凭证的完整性、正确性进行复核。在复核过程中，为防止输入错误和影像信息提取错误，需要着重对金额、科目进行审核。

（2）复核不通过时的处理流程。复核人员需对不通过凭证的原因进行选择。为方便后续改正和对不通过凭证的返回，建议复核人员对不正确部分进行标红并且在复核意见中选择不通过原因，原因一般有日期、金额、科目不正确、原始凭证不完整等，这就要求操作页面支持标红记录和原因选项。同时，系统应该将审核不通过的凭证按不通过原因进行分类，以便选择后续退回路径。

（3）审核不通过时记账凭证和原始凭证的退回路径选择：

①记账错误导致的凭证退回：若因记账凭证中的金额、日期、科目等不正确导致复核不通过，记账凭证理应通过系统返回至原记账人员工作平台上。

②原始凭证问题导致的电子影像、凭证退回：若记账凭证不通过是因为原始凭证的不完整造成的，那么应将原始凭证和业务申请一同退回至原发起单位。电子的影像凭证和业务申请单可以由复核人员打包通过网络传送至原单位。

③原始凭证问题导致的纸质凭证退回：因为原始凭证采集环节扫描是按照集中扫描的方式进行，所以，对于审核未通过的业务，以人工方式找回其对应的纸质原始凭证和申请单。考虑到系统将审核不通过的记账凭证按原因进行分类，共享中心的实物单据管理员可以在系统中查看所有因原始凭证不合格需要退回的业务，并根据业务单上单据号和条码找到相应的纸质原始凭证，寄回至原单位。

（4）记账凭证复核的具体流程：

①复核人员进行复核：复核人员对记账凭证的日期、金额、科目进行复核，对原始凭证的完整性和与记账凭证的一致性进行审核。

②复核人员业务处理：若复核通过，则进入下一环节；若复核不通过，则复核人员在操作业面上将错误部分标红并选择不通过理由。

5. 过账与结账

在共享中心模式下，过账与结账的过程基本需要通过计算机系统来实现，只有在系统报错后，才需要人工辅助解决问题。在这一环节要考虑的问题一是如何实现自动的过账与结账，二是当系统报错后如何进行人工辅助操作。

（1）自动化过账与结账的实现。通过系统设计人员在系统中预设公式和模板来实现。当记账凭证经过复核确认无误后，财务共享中心的财务核算系统会自动提取记账凭证中的会计信息，在预设公式和模板的作用下，自动登记日记账、明细账、总账等账簿。

（2）系统报错后的人工辅助操作。由于计算机对记账凭证中的会计信息进行自动提取，不存在提取错误的情形，因此系统报错多数情况是因为记账凭证的编制出现了错误，导致借贷不平衡。此时，必须采用人工的方式对记账凭证再次进行复核，找出错误后进行更正，重新过账与结账。

由于过账与结账环节实现自动化，此处不存在操作流程，只需核算人员在期末确认自动结账即可。

6. 报表编制

行政事业单位需编制的报表包括规格化的报表和自定义的报表，前者主要包括：各预算单位的资产负债表、收入支出表、财政性资金拨款支出、资产情况表、国有资产收益情况表、往来款项明细表、基本数字表标准化报表等；后者是指为了满足管理者使用需求而自定义编制的报表。下面将分别对两种类型的报表编制问题进行研究。

（1）规格化报表的具体编制流程。

这部分需要考虑以下 4 个问题：一是报表中涉及的数据从何处提取；二是报表的取数规则如何设置；三是报表如何传递给各预算单位；四是若预算单位审核不通过，如何退回报表。

对于报表中涉及的数据从何处提取的问题，可通过将报表系统与总账系统对接来解决。通过将两者紧密关联，确保报表系统能从总账系统中自动抓取数据。

对于报表的取数规则如何设置的问题，可通过在系统中预先设定各类财务报表的计算公式并保存成模板来解决。该项工作需要报表管理系统具有模板制作的模块，在该模块中，要求系统能够提供必要的取数函数和数学函数，并支持报表编辑和公式编辑。

对于报表如何传递给各预算单位的问题，财务共享中心应每月规定的时间段内将财务报表上传至共享平台，各预算单位通过操控 Web 浏览程序进行下载阅读。

对于若预算单位审核不通过，如何退回报表的问题，可通过在预算单位登录的浏览程序中加入申请退回的选项来解决。

①共享中心业务人员预设报表模板：业务人员预先在报表系统中设置报表格式、取数公式，并保存为模板。

②共享中心报表岗编制报表：报表岗在系统中选择所需报表类型，点击"计算"，系统依据公式从前端数据库中提取信息，自动产生当前期间的财务报表。

③报表岗将报表上传至共享平台并向预算单位发送提醒：报表岗在规定时间内将生成的报表上传，上传成功后系统应自动向预算单位拥有权限的人员发送

提醒。

④预算单位拥有权限的业务人员登录财务共享门户网站下载报表：可以从手机、iPad、PC 等移动终端操控浏览程序，输入用户名和密码登录后下载使用。

⑤预算单位拥有权限的业务人员对报表进行审核，并反馈给共享中心报表岗：若审核发现报表存在问题，预算单位的业务人员登录浏览程序向共享中心发送退回申请，并附理由。共享中心修正后重新上传。

(2) 自定义报表的具体编制流程。

在企业案例中，绝大多数企业自定义的报表如管理报告的编制并不由共享平台出具，而由共享平台提供相关数据由各部门自行分析。如，中兴通讯为全球的成员公司出具符合当地政策、规范的报表采取了共享系统与当地核算软件对接的方式实现了自定义报表。

参考企业的做法，行政事业单位可将自定义的报表让由各单位财务人员自行编制，而财务共享中心的只需将相关原始数据或初步处理后的数据传递至各单位。各单位利用移动终端从共享平台获取这些数据，在各自财务系统中嵌入逻辑运算自定义生成所需报表。端从共端享平台获取这些数据，在各自财务系统中嵌入逻辑运算自定义生成所需报表。

具体操作流程：

①共享中心报表岗将符合要求的财务数据上传至共享平台并向预算单位发送提醒。

②预算单位拥有权限的业务人员登陆财务共享门户网站导出相关财务数据。

③预算单位利用本单位的财务分析软件对导出的数据进行自定义的汇总、分析、比对，编制管理用报表。

7. 归档

档案可以分成实物档案和电子档案两种类型，下面将分别对这两种档案的管理问题进行研究。

(1) 实物档案管理。

这部分需要考虑以下三个问题：一是打印出来的记账凭证如何与原始凭证匹配装订；二是如何实时反映纸质档案的位置状态；三是否要将整理好的实物档案归还给原单位。

对于打印出来的记账凭证如何与原始凭证匹配装订的问题，可以通过条码识别来解决。在记账凭证生成后，共享中心的归档员通过扫描原始单据的条码可以找出唯一对应的电子记账凭证。

对于如何实时反映纸质档案的位置状态的问题，可以通过在入库、出库的过程中扫描条码来解决。在条形码扫描操作下，系统应记录对应纸质档案入库状态、库房位置等信息并将其存储。

对于是否要将整理好的实物档案归还给原单位的问题，可以参考下企业的选择。北京国家会计学院《2015中国财务共享服务中心调研报告》中显示，63.53%的企业选择了原始凭证保存在当地，24.71%的企业将原始凭证保存在财务共享服务中心。对于企业而言，原始凭证及单据保存地点的选择，更多的取决于企业档案管理面临的需求。若保存在业务当地，对于受监管严格的行业来说更有优势，档案的查询更便捷，也有利于当地监管部门的监管需求。因此，原始凭证保存在当地更加符合中国的监管国情。考虑到监管国情这一因素，为了便于当地的税务稽查与审计工作正常进行，建议行政事业单位将整理好的会计档案归还给原单位。

具体操作流程：

①财务共享中心的归档员打印电子记账凭证并与原始凭证匹配装订：归档员扫描原始单据封面的条码，系统中即出现对应的电子记账凭证；归档员将电子记账凭证打印出来，和相应的实物原始凭证进行匹配，形成完整的会计凭证；以凭证号码作为排序依据，对会计凭证进行整理装订。

②财务共享中心的归档员将档案入库：在档案入库的过程中，归档员扫描条码，入库状态、库房位置等信息应被自动记录并传入系统；归档员每月出具档案归档清单。

③财务共享中心的档案管理员定期将纸质档案归还给原预算单位：档案出库时，共享中心的档案管理员扫描单据封面的条码，库存状态的改变应被自动记录并传入档案管理系统。

（2）电子档案管理。

这部分需考虑以下三个问题：一是电子档案来源于何处，包含哪些具体内容；二是如何实现电子档案的快速查询；三是对于无查询权的用户，如何实现其对电子档案的借阅。

关于电子档案的的内容，可总结成以下几种类型：①通过影像系统扫描或者手机拍摄后传入系统的原始单据影像；②从外部系统获取的电子原始单据，如电子发票、从银行系统获取的电子"财政直接/授权支付入账通知书"等；③组织内部系统产生的电子单据，如电子报销单；④共享中心生成的电子记账凭证、电子账簿、电子报表。所以，应通过将电子档案系统与影像管理系统、财务核心系统等集成，实现上述会计资料的自动传入与存储。

对于如何实现电子档案的快速查询的问题，可通过档案管理系统内的分类功能来解决。电子档案管理系统应对上述档案依据所属组织、会计期间、单据类别等维度进行分类。用户在借阅凭证时，只需登录系统即可完成查阅。

对于无查询权的用户的借阅问题，应建立严格的借阅申请与审批制度。具体的借阅流程：

①未直接授予档案查询权的用户在客户端发起档案借阅申请，该请求随工作流引擎被推送给档案管理员；

②财务共享中心的档案管理员在系统内进行审批并反馈结果；

③未直接授予档案查询权的用户收到反馈结果提醒。若审批通过，借阅人在一定期限内拥有档案查询的权限。

8. 财务信息的反馈

财务信息的反馈是指共享中心进行账务处理后用户获得财务数据和信息的过程。在这一过程中我们需要着重讨论以下三个问题，一是用户以何种途径获取财务信息和数据，二是用户可以获取哪些财务信息和数据，三是在信息反馈的过程中如何保障财务数据和信息的安全性。以下对三个问题进行逐一探讨：

（1）获取财务信息的途径。

从任意 Web 端获取财务信息，如手机、iPad、PC 端等。各单位的原始单据、凭证、账簿、报表等财务信息都以电子形式存储于财务共享中心的数据库中。同时，电子档案系统依据组织范围、会计期间、单据类别等参数对上述资料进行分类管理。为了使财务信息可以通过任意 Web 端输出，建议行政事业单位参照企业的处理方式，采用 Intranet 环境作为后端处理，前端和服务器（包括大型主机、数据库服务器、文本服务器等）协同运作统一处理。采用 Intranet 技术后，最终用户只需要一个平台来操控 Web 浏览程序，就可以调用各种已经储存在终端的财务数据。

对于不同类型的财务数据，其获取途径略有不同，下面在探讨获取的财务信息类型时会一并进行探讨。

（2）获取信息的类型。

财务共享中心的发展分为 4 个阶段，每一阶段从财务共享中心获取的信息类型有所不同，以下按照 4 个阶段对用户可获取的信息类型、内容等进行逐一讨论。

第一阶段，共享中心只实现会计核算共享的目标，与之相对应，这一阶段用户获取的信息主要是可直接阅读和使用的账簿报表，即规格化的账簿报表，适用统一的《行政单位会计准则》或《事业单位会计准则》，符合统一标准、集中化处理的原则，具体包括：各预算单位的资产负债表、收入支出表、财政性资金拨款支出、资产情况表、国有资产收益情况表、往来款项明细表、基本数字表标准化报表等。

第二阶段，共享中心在实现会计核算共享的基础上实现业财融合，实现共享中心与财政业务的协同的目标，这一阶段用户获取的信息分为3类，一是第一阶段获取的规格化账簿报表，二是自定义的报表或根据规格化报表数据进行的财务分析，具体包括，政府采购业务考评分析表、国有资产统计分析表等，三是基于基础财务数据和财务分析结果制定的由共享中心内部人员出具的与财政业务有关的建议书、意见书等文件，具体包括，政府采购预案修订建议书、资产业务方案修订建议书、资产政策制定建议书、预算修改建议书等。

第三阶段，共享中心在实现核算共享、业财融合的基础上实现省级层面的行业战略决策支持，这一阶段用户获得的信息主要分为4类，除第二阶段获取的3类信息外，这一阶段财务共享中心内部人员还将针对行业政策、重大项目出具可行性分析报告以及行业经费绩效评价报告，该可行性分析报告是基于历史财务数据、现实调研结果由共享中心和第三方机构合作出具的，主要包括但不限于项目的成本分析、效益分析、可持续分析等。

第四阶段，共享中心是在第三阶段的基础上纵向延伸到市、县层面，这一阶段目标是实现省级、市级、县级全面的核算共享与战略决策支持，因此这一阶段用户获取的信息和第三个阶段相同，分为4类，分别为格式化财务报表、基于基础财务信息编制的自定义报表和财务分析、基于自定义报表与财务分析数据形成的财政业务类建议书和基于财务数据和调研结果形成的可行性分析报告和行业绩效评价报告。

以下将分类研究不同类型信息获取方式：

①规格化账簿报表的获取途经分析。在探究第一个问题时已提到可以实现将规格化账簿报表如，会计账簿、标准化财务报表等在财务共享中心内部生成，电子档案系统自动依据所属组织、会计期间等维度进行分类对其进行分类存储。因此，用户可以从任意web端获取财务信息，如手机、iPad、PC等移动终端。

②自定义报表或财务分析报告。由于各单位的管理需求、管理水平的差异性，自定义报表或财务分析报告一般不由共享中心出具。在企业案例中，绝大多数企业定制化的报表如管理报告的编制是由共享平台提供相关数据由各部门自行分析。如，中兴通讯为全球的成员公司出具符合当地政策、规范的报表采取了共享系统与当地核算软件对接的方式实现了自定义报表。借鉴企业的做法，行政事

业单位中，除标准化行政事业单位报表由共享平台统一提供，其余定期化报表的编制可由各单位财务人员利用移动终端从共享平台获取的原始数据或初步处理后的数据，各单位在各自财务系统中嵌入逻辑运算自定义生成。

在行政事业单位中生成自定义报表并存储的操作流程为：

A. 用户PC端登录：各单位的管理者登录财务共享门户网站，通过专门的用户名进行登录。

B. 下载数据并自行分析：下载并导出需要进一步分析的财务数据，利用本单位的财务分析软件对其进行自定义的汇总、分析、比对，编制管理用报表。

③基于基础财务数据和财务分析报告的财政业务类建议书。在业财融合阶段，共享中心将基于共享中心财务数据集成的优势为与财政业务紧密联系的领域提供数据支持，以指导业务的开展，主要包括预算管理业务、资产管理业务和政府采购业务。共享中心通过提供基于基础财务数据和财务分析报告的财政业务类建议书进行业务指导。获取这类信息的用户主要分为两类，第一类是参与业务的各预算单位，第二类是财政厅中负责相关业务的科室部门人员。各预算单位参考建议书进行各业务预案、方案的修改与完善，财政厅相关科室人员参考建议书对各预算单位的预案进行审批。由于这一类信息是由共享中心内部的相关业务人员通过基础财务数据的统计、分析得出的，因此只能在共享中心内部生成，用户可在PC、iPad、手机等客户端登录门户网站下载并查看。

④基于历史财务数据和现实调研结果的可行性分析报告和行业绩效评价报告。在共享中心发展到第三和第四阶段，共享中心将辅助各主管部门和各预算单位进行可行性分析报告的撰写以及辅助财政厅绩效管理处进行行业经费绩效考评，可行性分析报告主要涉及各单位重大项目研究和各行业政策制定等。获取这类信息的用户主要为辅助撰写报告的第三方机构、各预算单位以及财政厅绩效管理处。同样，与财政业务建议书类似，这类信息也需要内部相关人员通过数据统计、分析，甚至与第三方机构共同探讨后得出，因此这类信息也只能在共享中心内部生成，用户可在PC、iPad、手机等客户端登录门户网站下载并查看。

（3）用户权限管理

财务信息反馈途中除了反馈路径的问题，另一个重要的问题是如何保障这些财务信息的安全性和私密性。企业的财务共享中心为了实现这一目的，会为不同的访问用户设置不同的权限。从访问权限上来看，有些数据共享只能够保留在某个部门的级别，甚至只有个别用户才能够访问。

例如，中兴通讯对所有的财务共享服务用户平台进行严格的授权及变更管理，包括财务共享服务中心员工与客户在内的所有用户都由集团财务总部统一审核批准，记录每个用户的操作记录，保证数据的安全性。具体到各项业务，针对应收账款，可能只有销售经理或者销售人员才能够访问，而采购人员就无须访问应收账款的相关数据。当然，有些数据对于整个集团公司来说都是公开的，如部门费用预算报表等。通过角色进行授权，可以保障数据的安全性和私密性。

借鉴企业做法，行政事业单位为了保障数据的安全性和私密性，也应当为不同用户设置不同的访问权限。在确定共享数据访问权限的时候，应根据角色级别，确定共享的内容与权限。对于权限的控制，细化到字段。例如，某预算单位普通员工可以查询自己的公务卡消费与还款情况，但无权访问本单位未披露的财务数据；某基层预算单位相关管理人员只对本单位的凭证账簿报表及其他财务数据有访问权限；而主管部门相关管理人员对于所辖各预算单位的财务数据都具有访问权限，比如可实时查询本部门的费用发生情况及预算执行情况等财务信息。

（二）行政事业单位典型核算业务流程分析

前文系统的阐述了行政事业单位财务共享核算的通用业务流程。在实务工作中，共享中心面临各种类型的业务，均能够以上述通用流程为蓝本，结合具体的业务特性选择最优的实施方案。

表5-1总结了行政事业单位各常见业务可以采用的具体流程，其中"√"表示优先考虑，"○"表示补充方案，无标记则表示暂不考虑或关联不大。这些流程往往万变不离其宗，并没有本质性的差别，后文将对部分典型业务的流程进行详细分析。

表5-1　　　　行政事业单位财务共享中心常见业务流程表

业务流程	可用模式	财政资金拨付	非税收入收缴	薪酬发放	日常公用支出	政府采购	固定资产管理	报表编制
业务审批	线下审批							
	PC端审批	√		√	○	√	√	
	移动审批				√		√	
原始凭证采集	影像扫描	√	√	√	○	√	√	
	手机拍照				√			
	电子凭证				○			

续表

业务流程	可用模式	财政资金拨付	非税收入收缴	薪酬发放	日常公用支出	政府采购	固定资产管理	报表编制
财务审核	人工审核	√		√	√	√	√	
	自动审核				○			
账务处理	手工入账							
	自动记账	√	√	√	√	√	√	
复核凭证	自动复核							
	人工复核	√	√	√	√	√	√	
过账结账	自动模式	√	√	√	√	√	√	
报表编制	自动模式							√

1. 非税收入收缴核算流程

(1) 非税收入收缴的概念界定

行政事业单位承担一部分非税收入的执收工作,主要包括行政事业性收费、罚没收入、政府性基金、国有资产处置和出租出借收入等。这部分收取的款项并不构成行政事业单位的收入,需要及时缴入国库或者财政专户。

目前,非税收入收缴存在两种方式:集中汇缴、直接缴库。在集中汇缴方式下,执收单位在商业银行开设非税收入汇缴结算账户,收取的资金需通过该过渡性账户再缴入国库。但是该方式会导致大量财政资金滞留在商业银行,甚至导致坐支、挪用等问题。而在直接缴库方式下,收取的资金可通过代理银行直接缴入国库单一账户体系,有效避免了集中汇缴模式下的问题,是当前比较推崇的收缴方式。因此本章侧重于探讨直接缴库与财务共享系统的结合。

(2) 直接缴库的操作流程

本章提出的行政事业单位的财务共享非税收入收缴操作流程如图5-1所示。

对执收部门和财政部门而言,上述流程大致可以拆分为以下几个环节:非税收入收取与缴库、缴款信息反馈、账务处理。借鉴财务共享的思路,上述环节可与财务共享系统做如下结合:

①在非税收入收取环节,可利用目前正在推行的电子化方式,执收单位在系统内开具已有电子签名的电子"非税收入一般缴款书",生成相应的缴款码,并通过网络系统将缴款码信息发送至财政部门和代理银行。代理银行根据缴款人提供的缴款码,通过网络系统实时取得电子"非税收入一般缴款书",据此受理缴款人缴款。缴款人也可根据自身偏好选择扫码、POS刷卡、门户网站以及网银

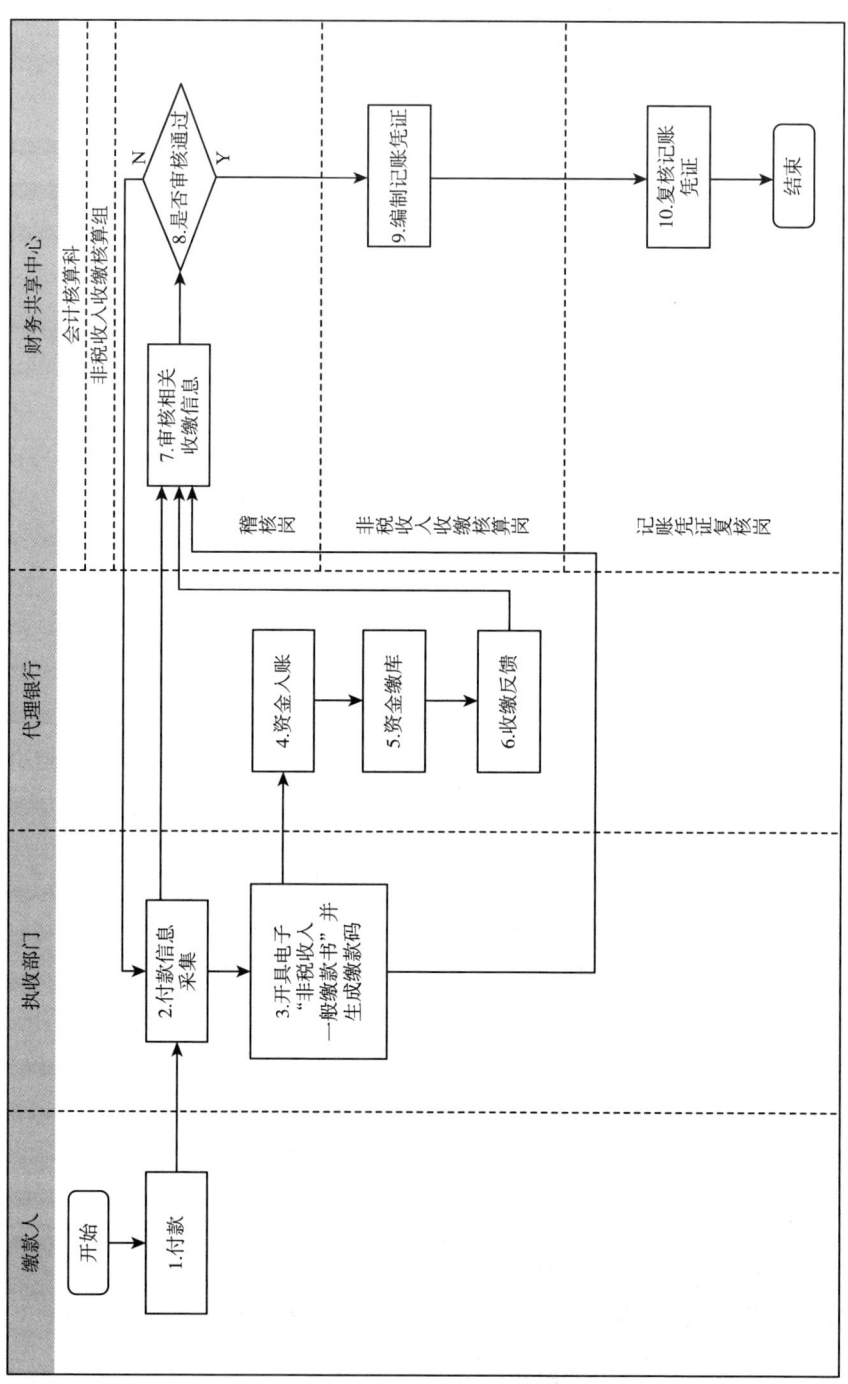

图 5-1 非税收入收缴核算的操作流程图

在线等支付方式,在线获取缴款信息,按相关流程完成缴款。代理银行及时将款项缴入国库或财政专户。在此过程中,付款信息、电子化的"非税收入一般缴款书"通过网络传入财务共享中心。

②在缴款信息反馈环节,财务共享系统可实现缴款信息的收集,缴款信息通过网络从代理银行和国库传输到财务共享中心、财政部门。

③财务共享服务中心的非税收入收缴核算组的稽核人员从任务池提取待审核任务,审核执收部门通过网络传递过来的"非税收入一般缴款书"、从前端征收系统中传递至共享系统的付款信息、代理银行传递至共享系统的收缴反馈信息,比对三者的一致性。若审核通过,进入下一环节。

④财务共享服务中心的非税收入收缴核算组的核算人员从任务池提取待记账任务,系统根据"非税收入一般缴款书"和相关收款、缴款信息,自动提取其中的经济信息,快速转换成会计信息,自动生成准记账凭证,核算岗确认后生成记账凭证。

⑤财务共享服务中心的非税收入收缴核算组的记账凭证复核人员从任务池提取待复核任务,进行批量复核。

2. 薪酬发放核算流程

(1) 薪酬发放的范围界定

行政事业单位薪酬发放是国家统一规定发放给行政单位在职人员的职务工资、级别工资、年终一次性奖金,发放给事业单位在职人员的岗位工资、薪级工资、绩效工资以及经国务院或人事部、财政部批准设立的津贴补贴等。目前,行政事业单位薪酬发放采取统一发放方式,参照"编制部门核准编制、人事部门核定人员和工资、财政核拨经费、银行代发到人、及时足额到位"的原则由财政部门委托代发工资银行直接拨付到个人工资账户上。

(2) 薪酬发放的操作流程

本章提出财务共享下行政事业单位薪酬发放操作流程如图 5-2 所示。

①各预算单位发放薪酬时,由单位薪酬专员向通过工资统一发放系统分别向编制部门和人事部门统一报送工资数据,向人事部门报送实有人数、工资项目、标准代扣款等信息,向编制部门报送编制数、退休离职人员编制数、行政编制数、机关编制数。

②编制部门和人事部门在工资统一发放系统中对数据和薪酬标准进行审核,审核通过后报送财务部门,由国库支付中心进行下一步审核。

③工资统一发放系统中的数据导入国库支付系统中,国库支付中心审核人员

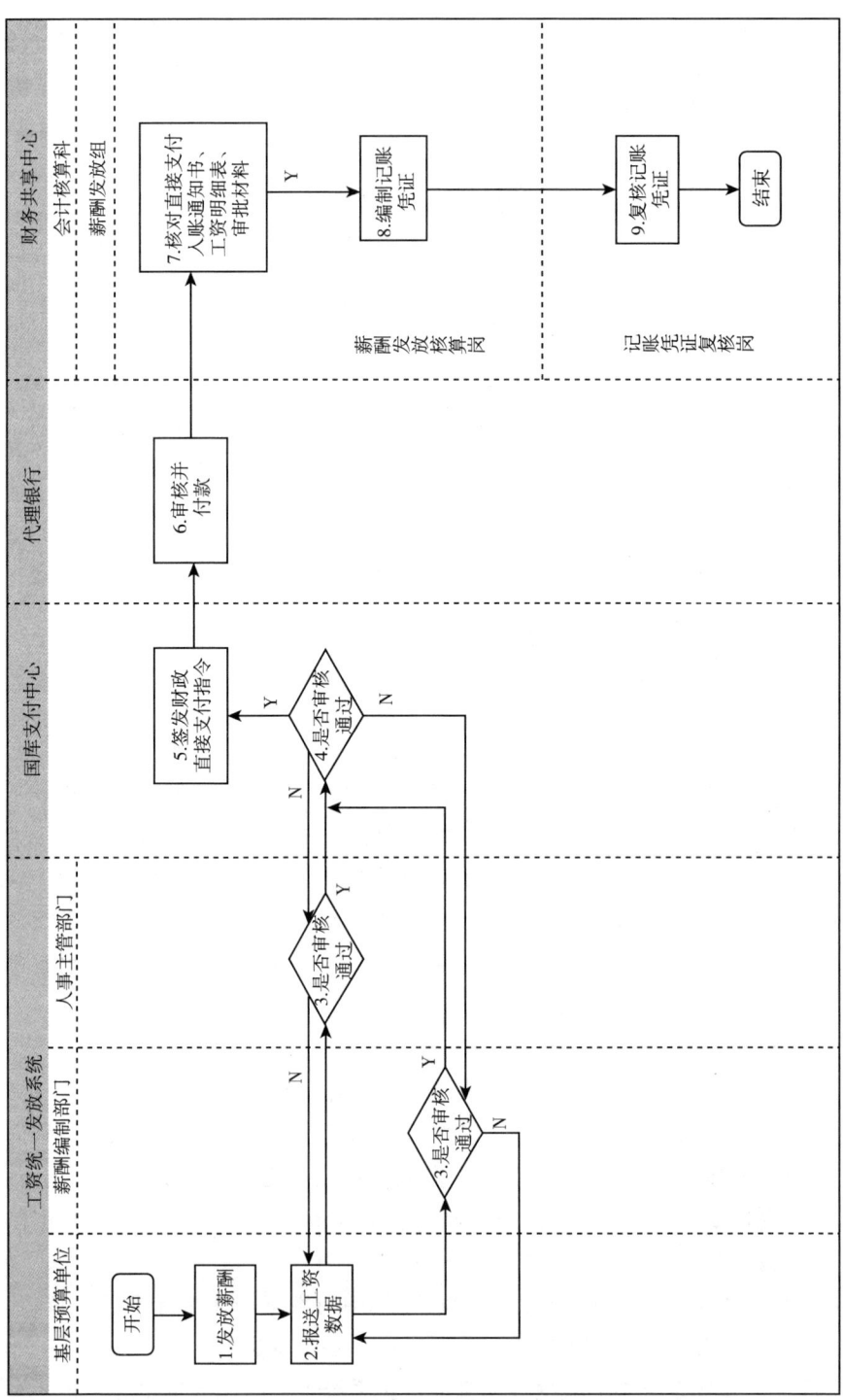

图 5-2 薪酬发放核算的操作流程图

直接在系统中对人事部门和编制部门报送的数据进行审核,由系统自动核对预算数据、人员薪资标准,并将审核结果呈现出来。

④审核通过后,国库支付中心向代理银行签发财政直接支付指令。

⑤代理银行对直接支付指令进行审核

⑥代理银行进行付款,通过网络将财政直接支付入账通知书和工资明细表传递给财务共享中心会计核算组,便于后续账务处理。

⑦财务共享系统根据入账通知书信息自动生成记账凭证,记账凭证核算岗对自动生成的凭证进行人工审核。

⑧记账凭证审核通过后由记账凭证复核岗人员对记账凭证进行复核。

3. 日常公用支出核算流程

(1) 日常公用支出的业务范围界定

日常公用支出与是指维持机构正常运转但无法归集到个人的各项支出,包括"三公经费"、差旅费、办公费、水电费等。日常公用支出属于经常性支出,发生频率较高、额度较小。其审批与支付流程与大件资产购置、政府采购等非经常支出相比更加简单。

日常公用费用支出有备用金借支与转账结算(包括银行转账结算与公务卡结算)两种形式。备用金借支形式下,预算单位职员先借款、后消费并凭单据清算差额;转账结算形式下,预算单位职员先垫付或使用公务卡预支,而后单位凭发票将报销款划拨到员工个人账户或公务卡中。现金借支方式成本高、效率低、风险大,制约了行政事业单位财务管理水平;而转账与公务卡结算方式可以提高财政资金使用透明度和利用效率,利于深化国库集中支付制度改革,已得到各级财政部门的推广。为提倡预算单位提高公务支出的透明度,深化和完善财政国库集中支付制度改革,本文提出的行政事业单位日常公用支出操作流程将尽量少用或不用备用金,控制单位现金流量,以公务卡报销为主,转账报销为辅,而预借备用金只能作为这两种方式无法都使用时的补充方案。本章侧重于探讨转账结算方式下公用支出流程与财务共享系统的结合。

(2) 转账结算日常公用支出的操作流程

公务卡与银行转账是两种最常用的结算手段,两个各有千秋:公务卡结算下职工可以在信用额度内不垫款地消费,刷卡产生的消费信息还能被实时地集成到财务共享系统中,在员工填写报销单以及共享中心签发支付指令时被调用,减少业务员的工作;银行转账下职工需要在预先垫付公务开支,但消费场所更不受限制。行政事业单位可以根据具体业务情况自行选择结算方式。

①公务卡结算的报销方式。目前公务卡的应用已经非常便利，但在实际使用中仍然存在一些问题，例如，无法刷卡消费时需要公务人员垫付现金；公务卡刷卡凭条材质为热敏纸，难以长期保存等。

财务共享系统可以通过技术手段解决上述问题，尽可能地将业务转移到电子平台完成，以电子信息流转取代传统纸质办公过程。本书提出的行政事业单位的财务共享公务卡报销操作流程如图5-3所示。

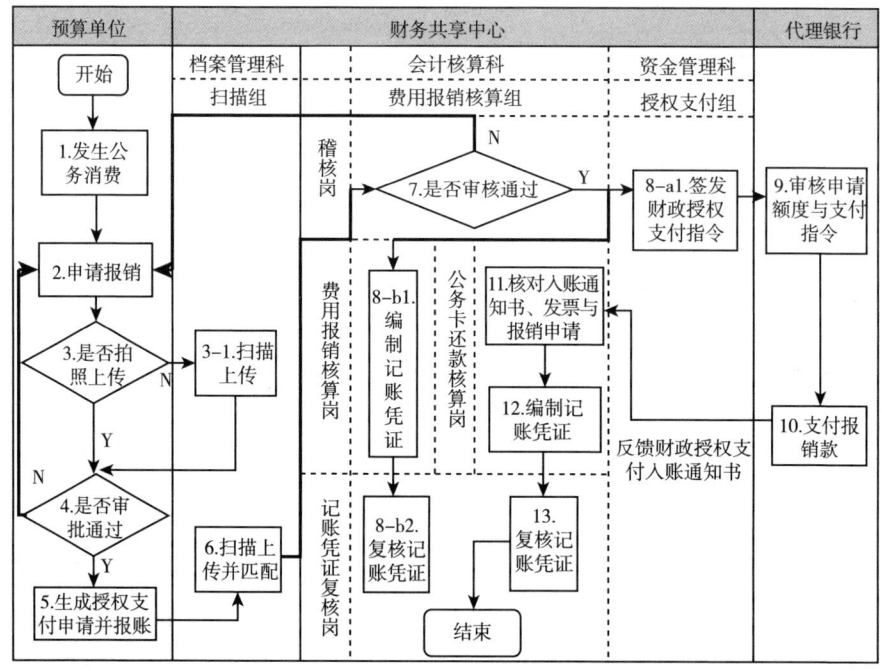

图5-3 日常公用支出公务卡结算的操作流程图

A. 在消费环节，当持卡人刷公务卡时，商品明细、消费时间、地点和金额、持卡人信息等业务信息被采集，并进入银行系统，银行在收到付款信息后垫付资金。对于不具备POS机刷卡条件的消费，实际上也可以不通过现金结算。目前移动支付技术迅猛发展，利用智能手机扫码支付愈发普及，公务卡可以和手机支付绑定，当供应商扫描二维码时，有关业务信息自动采集，随后资金划转与直接刷卡支付相同。这样，公务卡的运用范围得到拓展，基本可以取代现金结算。

B. 在报销环节，通过将财务共享系统与银行系统进行集成，已被银行系统采集到的业务信息即时传输到财务共享系统，并且依据刷卡人的信息自动推送到报销人的报销平台上。报销人填写电子报销申请单时只需核对信息，并手工录入极少的补充信息即可完成申报。

C. 报销人将发票等原始凭证通过手机拍摄的方式上传到报销系统中，与电子报销单一并提交。对于原始单据较多的业务，报销人也可以将单据交给本单位的票据管理员，然后通过扫描仪集中传入系统，并利用条码技术与对应的电子报销单关联。

D. 根据各行政事业单位的具体内控制度层层审批，最终应由主管单位汇总并审批。业务审批环节可以借鉴财务共享系统中的移动审批模式。报销单依据预设规则推送到业务领导审批界面，领导可在手机上进行审批；如果单据等待审批超过一定时限，系统会自动发送消息提醒有关领导审批。报销申请在任一环节未能审批通过，则打回申请人处重新填写。

E. 单位报账员根据通过预算单位审批的报销单和原始凭证填写财政授权支付申请。

F. 打印并扫描财政授权支付申请，上传到财务共享系统与报销单关联。

G. 财务共享系统在财务依照预设的审查点自动审核，如发现发票不真实、预算超支等情况，系统自动阻断报销，稽核人员确认后打回申请。

H. 若审核通过，稽核人员确认后将信息推送到财政授权支付岗和核算岗。

授权支付人员从共享支付系统下载调用公务卡的消费数据核对，根据需要查看支出细节，填制财政授权支付凭证，签发授权财政支付指令。

同时，费用报销核算岗的工作人员核对信息无误后确认，系统自动生成记账凭证（按照审核报销的金额，借记"业务活动费用""单位管理费用"等科目，贷记"其他应付款"），记账凭证复核岗对会计处理正确性进行复核。

I. 代理银行审核支付额度是否可用，财政授权支付指令是否完整，如签发支票，还应对票据的签章等要素进行审核。

J. 审核通过后，代理银行将报销金额划转到收款的公务卡账户，并将授权支付到账通知书反馈到财务共享服务中心（如果条件允许，应当以电子形式反馈）。

K. 会计核算科将到账通知书与报销申请核对，确认支付金额和收款人等信息一致。

M. 系统自动生成记账凭证（偿还公务卡欠款时，借记"其他应付款"，贷记"零余额账户用款额度"等科目）。

N. 记账凭证复核岗对会计处理正确性进行复核。

整个流程会同时产生纸质和电子会计凭证，依据财务共享的思路，需要构建档案管理系统。对于从商品或服务提供者处获取的发票，以及公务卡刷卡凭条，报销人员需要及时交给单位票据管理员，随后的归档方式同之前所介绍的档案管理系统模式下归档方式一致。值得一提的是，由于报销时单据已被影像化，影像信息会进入档案系统长期保存,这就解决了纸质公务卡刷卡凭条难以长期保存的问题。

②银行转账结算的报销方式。

银行转账报销的流程与公务卡报销的流程相比,主要有以下两点差异:第一,银行转账下的会计核算全程由费用报销核算岗完成,而公务卡结算还需要公务卡还款核算岗参与;第二,银行转账下代理银行将款项划入报销人员的个人账户,而公务卡结算下款项直接划入待还款的公务卡。

除上述差异之外,银行卡转账结算的报销方式与公务卡基本上没有区别,因此本节只展示其大体操作流程(见图5-4),不再文字赘述操作细节。

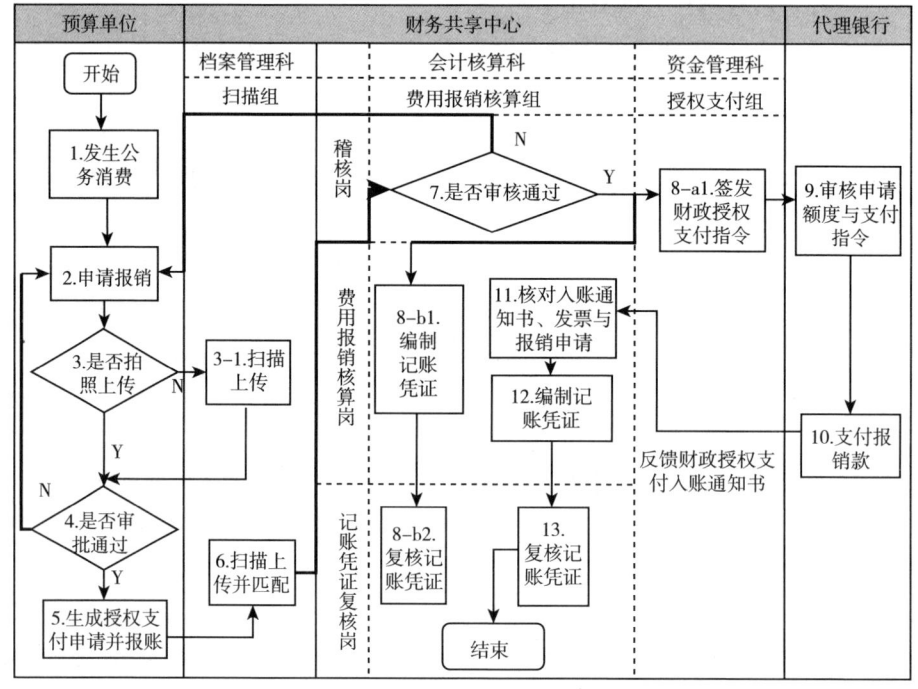

图5-4 日常公用支出银行转账结算的操作流程图

(3)现金结算日常公用支出的操作流程

实行公务卡结算后,各单位原则上不再办理现金借款。但如果有工作人员因公出差到不方便刷卡的偏远地区等等符合规定的特殊情况,经单位领导批准后可以办理现金借款。使用备用金制度的预算单位应在商业银行统一开设小额备用金专户,专用于备用金的管理,各核算单位政府非税收入、往来款项等其他资金一律不得进入该账户,也不得办理其他转账结算业务。

传统办公环境下,收支与报销明细由各单位自行保管、定期报送;而在财务共享下,由于资金管理与报销业务都被集成到财务共享服务中心,在核算员编制记账凭证后任何小额资金变动数据都会引发资金数据的同步更新。

财务共享系统的备用金的发放、借支与归还流程如图5-5所示。

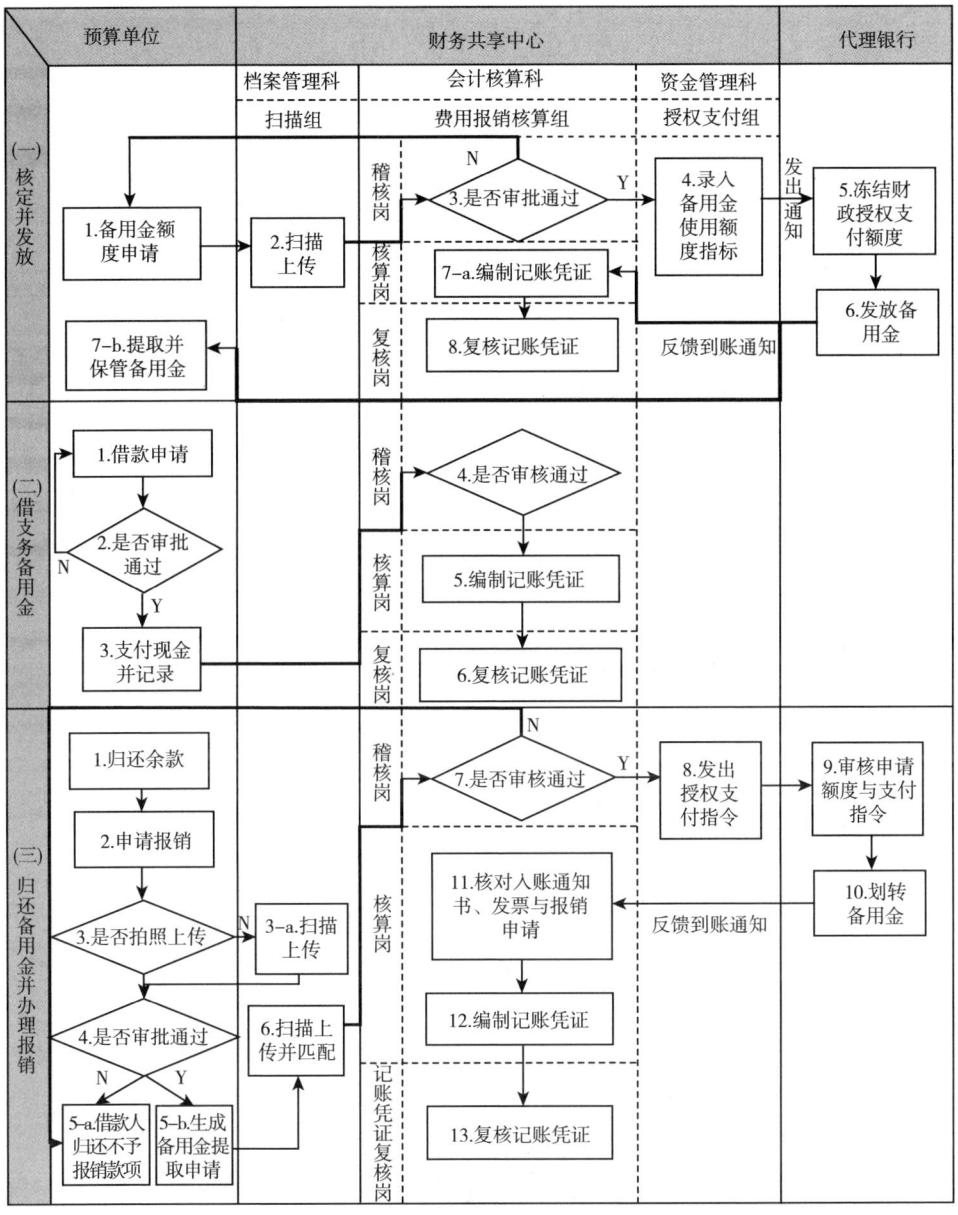

图5-5 日常公用支出的备用金借支操作流程图

①备用金指标下达：

A. 主管单位汇集并审批各预算单位应根据财政部门规定的备用金额度范围，结合本单位的业务量、规模大小及零星开支情况向财务共享服务中心提出备用金额度申请。

B. 主管单位的外派扫描人员扫描上传下属各单位通过审批的申请凭证到财务共享服务中心。

C. 财务共享服务中心稽核人员依据预算单位的申请及具体业务情况审定备用金额度，若审批不通过，将凭证打回原申请单位；若审批通过，信息推送到资金管理科。

D. 资金管理科授权支付组的工作人员根据各单位经审核的备用金额度，更新单位的备用金和财政授权额度参数，并通知代理银行。

E. 代理银行将备用金额度以预算单位年初的授权支付指标作抵押，冻结相应的正常指标（年底停止使用时取消，冲回正常预算指标）。

F. 代理银行把相应的资金从国库单一账户拨入单位的小额备用金专户，而后将电子形式的到账通知书反馈给财务共享服务中心和预算单位。

G. 各单位报账员收到到账通知后可到代理银行用支票提现，并在单位中妥善保管；同时，财务共享服务中心费用报销核算岗的财务员根据到账通知确认生成记账凭证。

H. 财务共享服务中心复核岗人员复核记账凭证会计处理的正确性。

②借支备用金：

A. 员工在移动端填写电子的借款申请单，上传必要的附件。

B. 单位领导根据内部控制制度审批借款申请业务。未通过审批的申请将被打回至申请人处。

C. 单位报账员根据审批通过的借款申请向员工提供现金借款，在系统上对申请单确认付讫，并由职责分离的其他报账员登记现金日记备查账。

D—F. 为财务共享服务中心对付讫的借款单进行稽核与核算等，不再赘述。

③归还备用金、办理报销：

A. 借款人员向报账员办理结算，归还剩余款项，如有不足款项，报销成功后对其进行补足。

B—D. 为借款人在移动端填写报销单，上传报销凭证，接受单位审批。

E. 如果审批未通过，则借款人员应偿还不能报销的备用金；如果审批通过，对账员根据花销数额生成备用金提取申请。

F—J. 为打印备用金提取申请后扫描上传至共享系统，与对应报销单匹配。

财务共享服务中心审核单据，发出支付指令，代理银行核对后把补充的备用金从财政单一账户划转到备用金专户并反馈到账通知。预算单位可尽快提现。

K—M. 为财务共享服务中心业务员根据到账通知编制记账凭证并复核。

4. 非货币性资产核算管理

（1）非货币性资产管理的业务范围界定

行政事业单位在预算执行过程中会形成很多非货币性资产，包括存货、固定资产、在建工程、无形资产、政府储备物资、公共基础设施、文物文化资产、保障性住房和受托代理资产等。

根据《政府会计准则》（基本准则及具体准则第1、3、4、5、6号）、《政府会计制度》（2017年）、《行政单位会计制度》（2013年）、《事业单位会计制度》（2013年）以及《行政事业单位国有资产管理办法》（1995年）中对上述非货币性资产核算和管理的相关规定，非货币性资产管理的主要目标是明晰产权关系、保障资产的安全完整和保值增值、发挥国有资产为社会提供公共服务的价值。参考企业财务共享中心的非货币性资产管理流程，本书将非货币性资产核算管理的流程划分为资产的取得、资产的使用与维护、资产的处置以及资产的盘点与清查4个部分。这4个部分体现了行政事业单位对非货币性资产核算和管理的全部业务活动类型，因此我们将按这4个部分来进行业务流程的构建。

（2）非货币性资产核算管理的操作流程

①资产取得环节的操作流程。行政事业单位资产的取得方式有很多类型，包括外购、自制、自行建造、融资租入、委托加工收回、置换重组取得、接受捐赠、无偿调入等。本书以最常见的外购的资产取得方式为例，设计了资产取得环节的操作流程图如图5-6所示。

A. 基层单位资产使用部门通过资产管理系统在线上提出资产配置申请，附上相应附件资料后由基层单位业务主管根据单位资产预算情况进行审批。

B. 超过基层单位业务主管管理权限的资产配置申请，通过资产管理系统提交给预算单位的上级主管部门进行审核或审批。超过一级主管单位管理权限的资产配置申请，也以线上方式提交给财政部门进行审批，并纳入预算。

C. 经过单位主管、上级主管或财政部门审批的资产配置申请，通过系统返还给资产申请部门，根据预算安排和审批文件购置相应的资产，并进行资产验收入库工作。

D. 资产验收入库后，资产申请部门取得相关的单据凭证（如资产验收入库单等），资产申请部门登记资产台账，相关的单据凭证以拍照上传、扫描上传和线上系统自动上传等方式传递给财务共享中心会计核算科下设的资产管理组，由

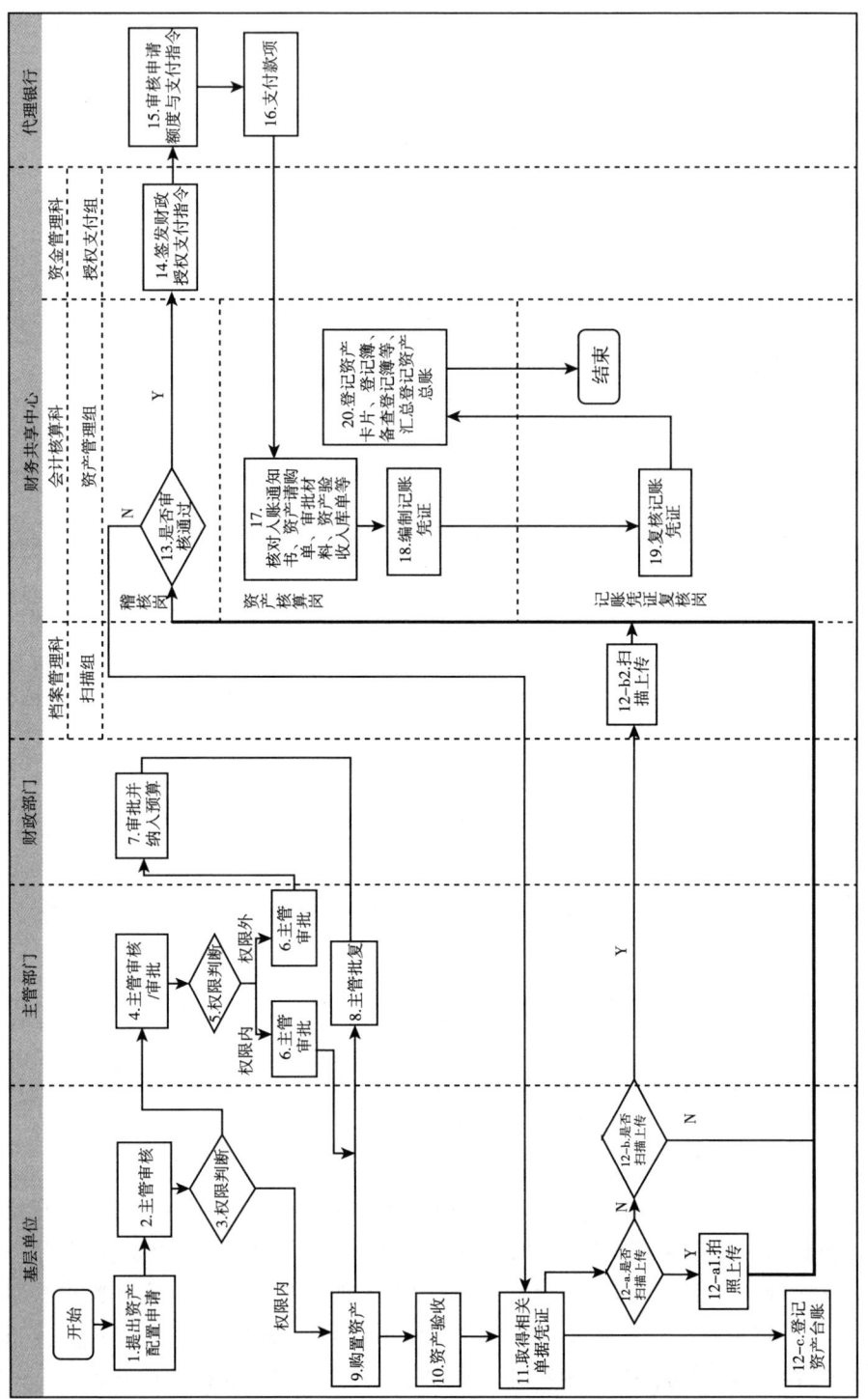

图 5-6 资产取得环节的操作流程图

稽核岗会计人员进行稽核。

E. 通过审核的相关单据资料由稽核岗会计人员提交给资金管理科的授权支付组，由授权支付组会计人员签发财政授权支付指令，并将指令发送给代理银行。

F. 代理银行收到指令后对申请额度和支付指令进行审核，审核通过后向对应收款方支付款项，并将"财政授权支付入账通知书"等相关文件传回给会计核算科资产管理组的资产核算岗。

G. 财务共享中心资产核算岗会计人员核对入账通知书、资产请购单、审批材料、资产验收入库单等相关单据，编制记账凭证，提交给记账凭证复核岗。

H. 记账凭证复核岗复核记账凭证，复核通过后再返回给资产核算岗会计人员登记资产卡片、登记簿、备查登记簿等，并汇总登记资产台账，业务流程结束。

②资产使用与维护环节的操作流程：

A. 资产的使用。资产的使用包括了内部使用和对外使用两种方式。

第一，资产的内部使用。资产的内部使用主要为各部门领用原材料。以领用为例，资产内部使用环节的操作流程如图5-7所示。

a. 基层单位的资产领用部门在资产管理系统中发起资产领用申请，附上相应附件资料后由基层单位业务主管根据单位各部门资产领用预算情况进行审批。

b. 资产领用部门业务人员将经过主管审批的资产领用申请单提交给资产管理部门，并领用对应的资产，资产管理部门出具资产领用单，并进行对应资产台账的变更。资产管理部门将资产领用单以拍照上传、扫描上传或线上系统自动上传的方式提交给财务共享中心会计核算科下设的资产管理组的稽核岗会计人员。

c. 财务共享中心稽核岗会计人员收到资产领用申请单、资产领用单后进行审核，审核通过后转交资产管理组的资产核算岗会计人员。

d. 资产核算岗的会计人员根据稽核岗转交来的单据编制记账凭证，并提交给记账凭证复核岗进行复核。

e. 记账凭证复核岗的会计人员进行凭证复核后，再转交给资产核算岗的会计人员进行资产卡片和登记簿的变更，业务流程结束。

第二，资产的对外使用。资产的对外使用主要为对外投资、出租出借等。以对外投资为例，资产对外使用环节的操作流程如图5-8所示。

a. 基层单位的资产使用部门在资产管理系统中提出资产对外使用申请，附上相应附件资料后由基层单位业务主管根据单位资产使用预算和计划进行审批。

b. 超过基层单位业务主管管理权限的资产对外使用申请，通过资产管理系统提交给预算单位的上级主管部门进行审核或审批。超过一级主管单位管理权限的资产对外使用申请，也以线上方式提交给财政部门进行审批登记。

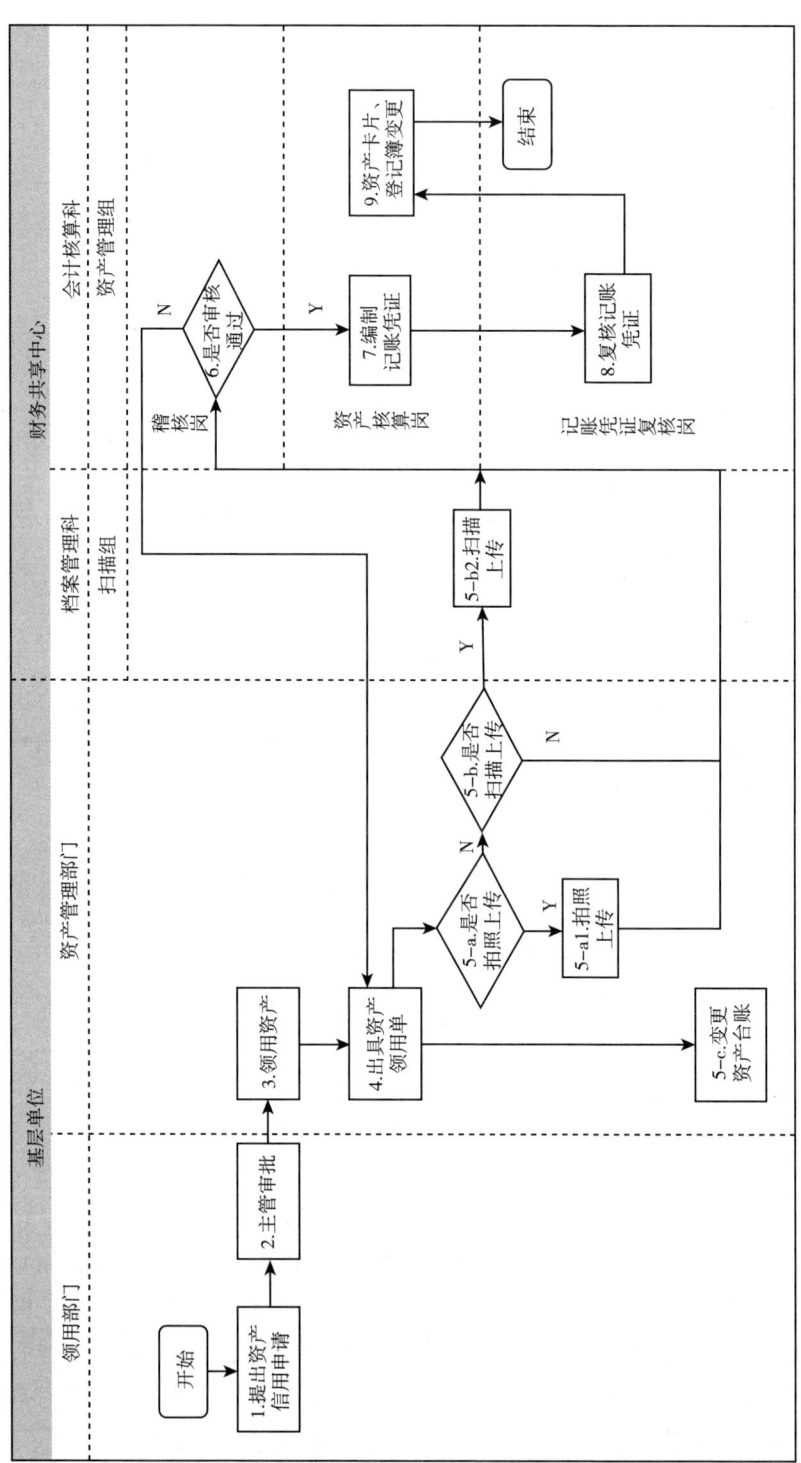

图 5-7 资产内部使用环节的操作流程图

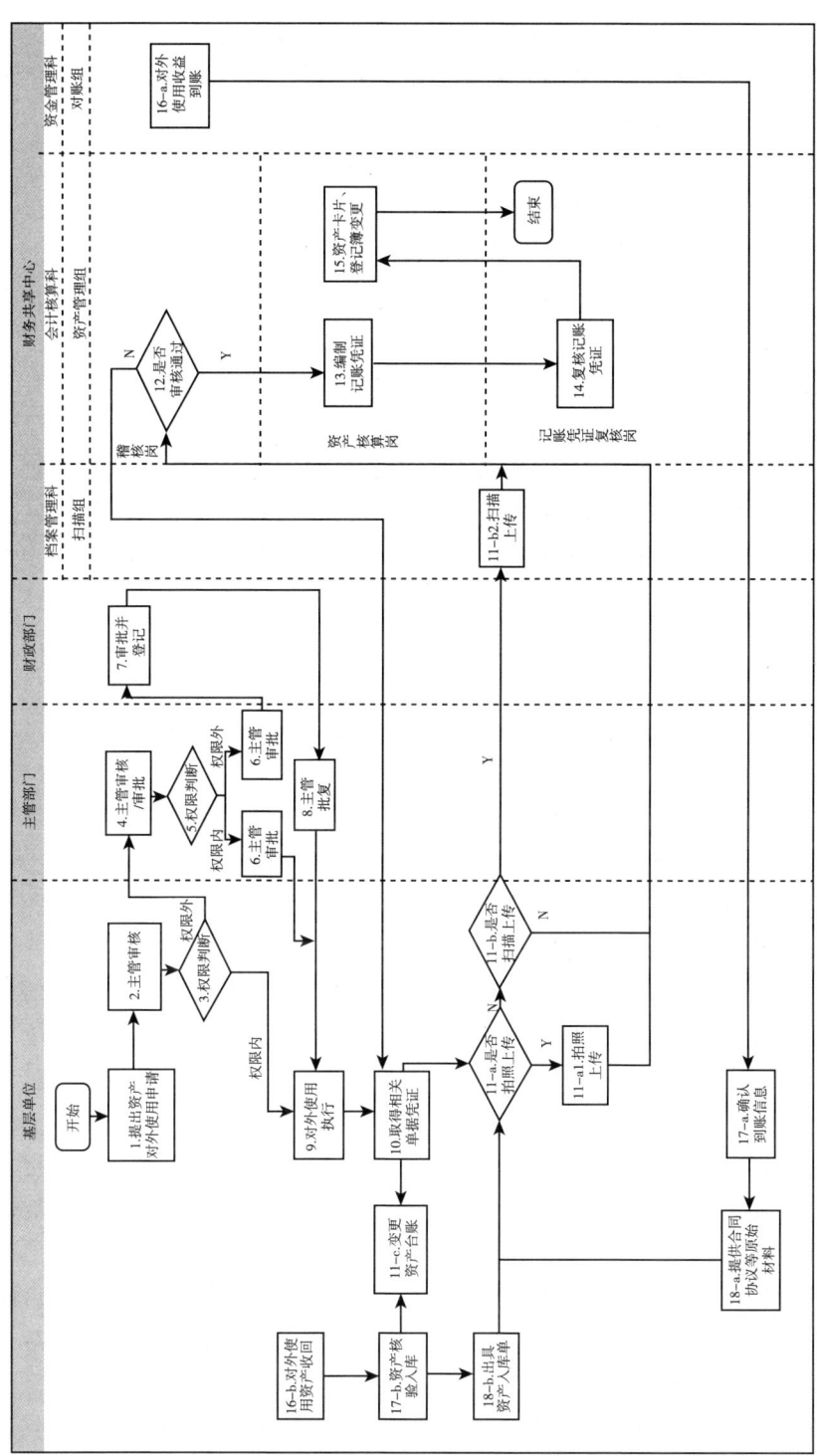

图 5-8 资产对外使用环节的操作流程图

c. 经过单位主管、上级主管或财政部门审批的资产对外使用申请,通过系统返还给资产使用部门,根据资产对外使用计划和审批文件执行资产的对外使用过程,并取得相关单据凭证。

d. 资产使用部门在取得对外使用的相关单据凭证后需要对资产台账进行变更。相关的单据凭证以拍照上传、扫描上传和线上系统自动上传等方式传递给财务共享中心会计核算科下设的资产管理组,由稽核岗会计人员进行稽核。

e. 通过审核的相关单据资料由稽核岗会计人员提交给资产核算岗会计人员编制记账凭证,提交给记账凭证复核岗进行复核。

f. 记账凭证复核岗复核记账凭证,复核通过后再返回给资产核算岗会计人员进行资产卡片、登记簿的变更,业务流程结束。

g. 当取得对外使用收益时,财务共享中心资金管理科的对账组会提供对外使用收益到账的信息和单据,并通过线上系统的方式将到账信息通知给基层单位,由基层单位确认到账信息并提供合同协议等原始材料,经过拍照上传、扫描上传和线上系统自动上传等方式提交给共享中心进行审核和账务处理工作。

h. 当对外使用的资产收回时,基层单位在收回相应资产后,进行资产的核验入库工作并变更资产台账,资产管理部门出具资产入库单并经过拍照上传、扫描上传和线上系统自动上传等方式提交给共享中心进行审核和账务处理工作。

B. 资产的维护

资产的维护主要为对资产发生后续支出。以对资产进行维修为例,资产维护环节的操作流程如图 5 - 9 所示。

a. 基层单位的资产使用部门在资产管理系统中提出资产维护申请,并经基层单位业务主管审核。

b. 资产使用部门根据主管的审核进行资产的维护,在取得资产维护的相关单据凭证后需要对资产台账进行变更。相关的单据凭证以拍照上传、扫描上传和线上系统自动上传等方式传递给财务共享中心会计核算科下设的资产管理组,由稽核岗会计人员进行稽核。

c. 通过审核的相关单据资料由稽核岗会计人员提交给资金管理科的授权支付组,由授权支付组会计人员签发财政授权支付指令,并将指令发送给代理银行。

d. 代理银行收到指令后对申请额度和支付指令进行审核,审核通过后向对应收款方支付款项,并将"财政授权支付入账通知书"等相关文件传回给会计核算科资产管理组的资产核算岗。

e. 财务共享中心资产核算岗会计人员核对入账通知书和相关凭证单位,编

第五章 行政事业单位财务共享中心的业务流程设计

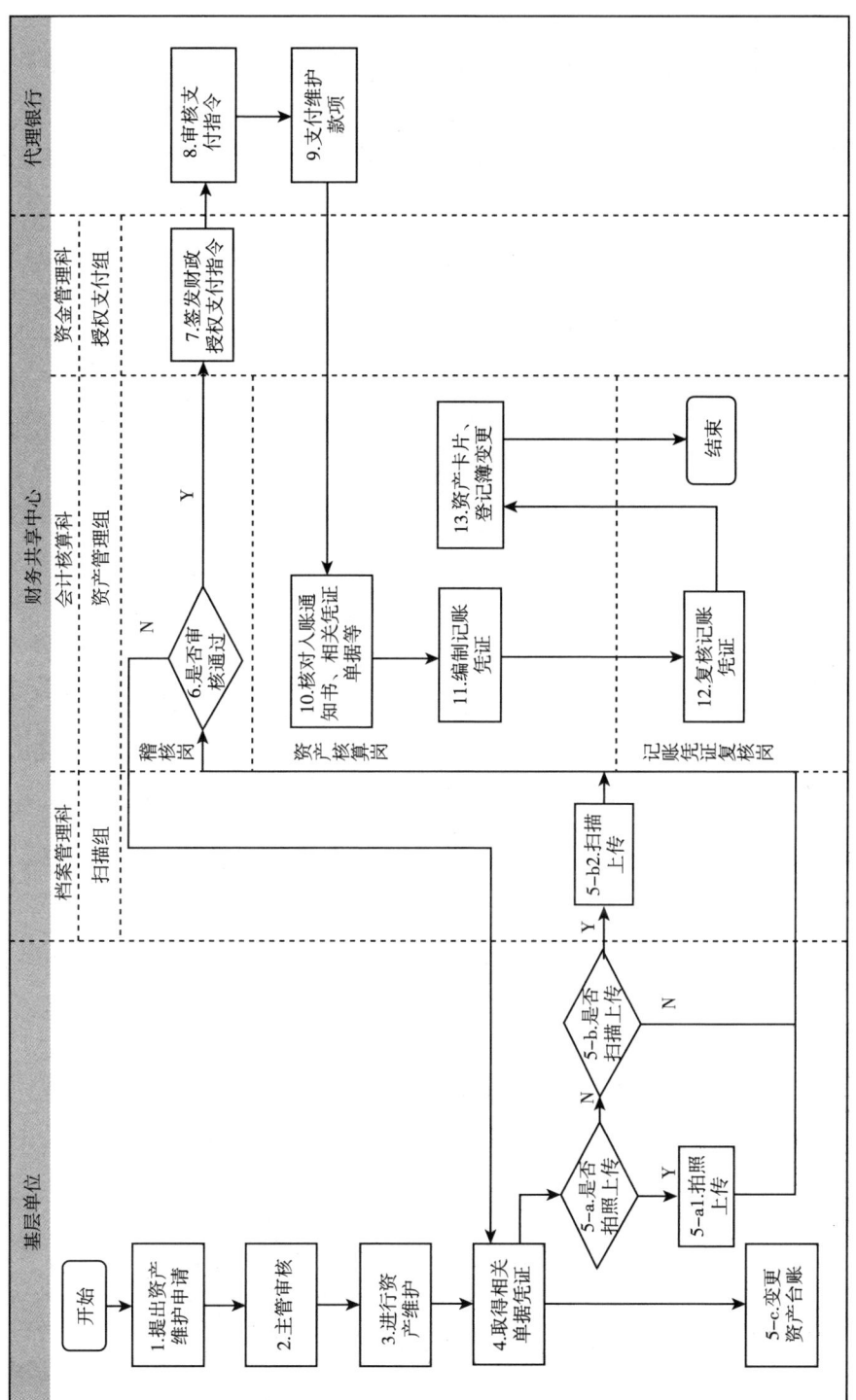

图 5-9 资产维护环节的操作流程图

制记账凭证，提交给记账凭证复核岗。

f. 记账凭证复核岗复核记账凭证，复核通过后再返回给资产核算岗会计人员进行资产卡片和登记簿的变更，业务流程结束。

③资产处置环节的操作流程。行政事业单位资产的处置方式包括出售、转让、对外捐赠、无偿调出、置换换出等。以对外出售为例，资产处置环节的操作流程如图5-10所示。

A. 基层单位资产使用部门通过资产管理系统在线上提出资产处置申请，附上相应处置说明后由基层单位业务主管根据单位资产使用情况进行审批。

B. 超过基层单位业务主管管理权限的资产处置申请，通过资产管理系统提交给预算单位的上级主管部门进行审核或审批。超过一级主管单位管理权限的资产处置申请，以线上方式提交给财政部门进行审批。

C. 经过单位主管、上级主管或财政部门审批的资产处置申请，通过系统返还给资产使用部门，按照规定进行资产的处置活动。

D. 资产处置完成后，资产处置部门取得相关的单据凭证并进行资产台账的变更。相关的单据凭证以拍照上传、扫描上传和线上系统自动上传等方式传递给财务共享中心会计核算科下设的资产管理组，由稽核岗会计人员进行稽核。

E. 通过审核的相关单据资料由稽核岗会计人员提交给资产核算岗会计人员编制记账凭证，提交给记账凭证复核岗进行复核。

F. 记账凭证复核岗复核记账凭证，复核通过后再返回给资产核算岗会计人员进行资产卡片、登记簿的变更，业务流程结束。

G. 当取得处置收益时，财务共享中心资金管理科的对账组会提供处置收益到账的信息和单据，并通过线上系统的方式将到账信息通知给基层单位，由基层单位确认到账信息并提供合同协议等原始材料，经过拍照上传、扫描上传和线上系统自动上传等方式提交给共享中心进行审核和账务处理工作。

④资产盘点清查环节的操作流程。完整的行政事业单位非货币性资产核算与管理的最后一个部分是资产的盘点清查环节，主要包括对盘盈、盘亏、毁损和报废的资产的处理。在进行资产的盘点清查时，将资产使用部门的资产台账和财务共享中心核算汇总的资产总账、明细账、资产卡片、登记簿、备查登记簿等进行核对，将资产的相关账簿与会计凭证进行核对，将资产的实物与资产的账簿进行核对，从账账核对、账证核对和账实核对三个维度对资产进行盘点清查。对于资产盘点清查的结果，需要由盘点清查部门出具资产盘点清查情况表，并提交给财务共享中心进行资产的账务处理，具体的操作流程不再赘述。

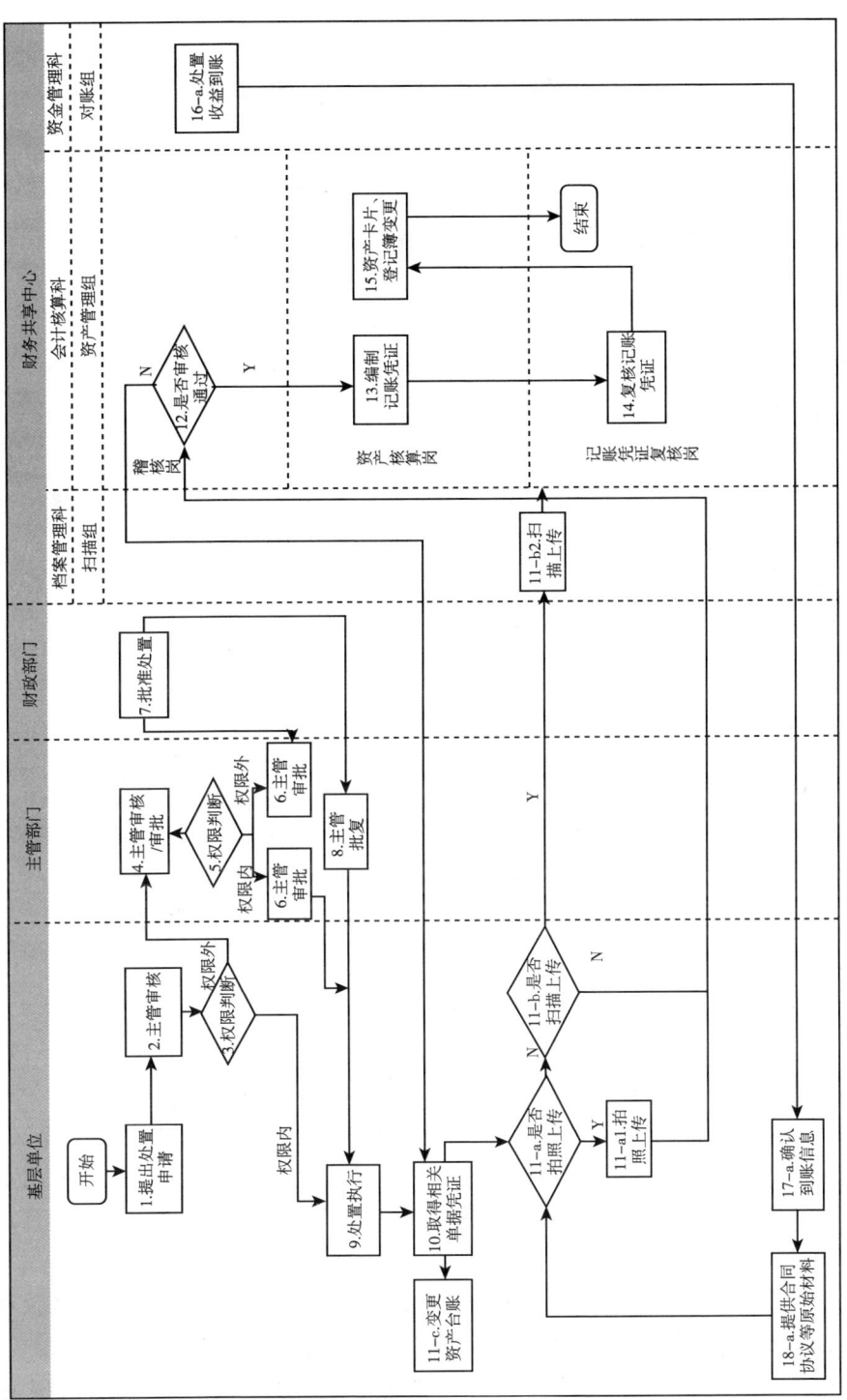

图 5-10 资产处置环节的操作流程图

三、与财政业务协同阶段的业务流程分析

（一）与政府部门预算协同的业务流程分析

财务共享中心与行政事业单位部门预算业务协同主要包括以下三部分，一是在预算编制方面，共享中心辅助各预算单位编制预算，在财政厅预算处审核、批复和调整部门预算时为其提供意见参考；二是在预算执行方面，共享中心负责向各单位实时汇报本单位的预算执行进度、资金状况，并分析预算偏差原因，同时向财政厅预算处汇报各单位的预算执行情况；三是在预算考评方面，共享中心负责对本期预算执行情况进行智能分析，并向预算单位输出预算执行评价报告，同时向财政厅预算处提交各单位的预算执行评价报告，为其下期组织编制年度省级全口径预算草案和省级预算调整草案提供参考。以下为具体业务流程：

1. 预算编制

①财务共享中心的预算编制指导人员为各基层预算单位提供与预算编制有关的数据：具体包括往年的各预算单位的预算申报数、预算批复数、预算实际执行数和预算差异调整数，为基层预算单位编制本年度预算提供参考。

②基层预算单位编制本单位本年度预算：各个基层预算单位结合财务共享中心提供的数据以及本单位实际情况编制本单位本年度预算。

③一级预算单位汇总审核下属基层预算单位的预算数据并上报给财政厅的预算处：一级预算单位接收各基层预算单位的三项基础资料及其数据盘的上报，即收入预测情况表、人员资产设备等基础信息、项目预算的申报。一级预算单位审核单位的基础信息，通过和预算处、各业务处的集中会审交流审核的主要情况，并根据审定的有关问题集中进行数据修改，并初步编制形成预算单位基本支出预算。一级预算单位汇总审核完成后形成的单位基本支出预算需要上报给财政预算管理部门进行审批。

④财政厅预算处汇总、审核、测算预算数据：财政预算管理部门接收各预算单位上报的基本支出预算，需要对各单位预算数据进行审核测算。

⑤财务共享中心的预算编制指导人员拟定预算修改建议书：共享中心业务

财务部预算管理科的预算编制指导人员根据汇总的预算数据从系统中调取以前年度的信息数据进行对比分析，对各单位预算编制的合理性进行把关，并拟定一份建议书提交给财政厅预算处，建议书包括对原预算草案中需要修改部分的建议。

⑥财政厅的预算处根据共享中心提供的预算修改建议书向一级预算单位下发基本数据，分配预算控制数：财政厅预算处根据财务共享中心的预算修改建议书，在完成对各单位基本支出预算的审核以后，根据预算编制的相关政策规定和省级财力状况，综合平衡后确定部门支出预算控制指标，向各一级预算单位下达收支预算控制数，并统一向部门预算单位制发部门预算数据盘和部门预算编制的说明，将财政直接编制的基本支出预算交由各一级预算单位进一步落实。

⑦一级预算单位向基层预算单位下达预算控制数：一级预算单位根据财政部门下发的基本数据和预算控制数，将预算数据盘和预算编制表等资料进一步下发给基层预算单位。

⑧基层预算单位调整预算并再次上报一级预算单位：基层预算单位根据各单位分配的基本数据和预算控制数，按照要求填报预算资料，调整原提交的预算资料，并将修改后的预算再次按流程上报给一级预算单位，预算编制的"二上"环节开始。

⑨一级预算单位汇总上报财政厅预算处：一级预算单位接收各基层预算单位"二上"的部门预算、资料及其数据盘的上报，按照审核分工，审核中心侧重审核单位的基本支出预算，通过和预算处、各业务处的集中会审交流审核的主要问题，并根据审定的有关问题集中进行数据修改。一级预算单位再次修改审核完成后的单位基本支出预算仍需要再次上报给财政预算管理部门进行审批。

⑩财政厅预算处汇总数据并提交人大审批：财政厅预算处汇总其管理的所有预算单位预算数据后，形成部门预算正式文本并提交同级人大审批。

⑪同级人大审议财政部门提交的预算并形成预算草案：预算草案经人大及其委员会批准后，批复给财政厅预算处，形成部门预算。

⑫财政厅形成部门预算并批复给一级预算单位：财政厅预算处预算编制负责人出红头文件通知单位，并形成指标控制数控制本年的财政支出，批复给一级预算单位。

⑬一级预算单位进一步批复给基层预算单位。

2. 预算执行

①各基层预算单位根据财政部门批复下来的预算执行预算。

②财务共享中心的预算执行跟踪人员定期出具各预算单位的预算执行进度汇报书，分析预算偏差、落实责任：预算执行跟踪小组负责向各单位实时汇报本单位的预算执行进度、资金状况，并以图表的方式呈现出来。当预算数与实际数存在较大差异时，帮助领导追踪查询具体哪一项预算项目发生偏差，分析原因，并将责任落实到具体预算单位或有关责任人。

③财务共享中心的预算执行跟踪人员定期向一级主管部门汇报各基层预算单位的预算执行情况；向财政厅汇报各单位的预算执行数据。

3. 预算考评

①财务共享中心的预算执行评价人员向预算单位输出预算执行评价报告。

②财务共享中心的预算执行评价人员向财政厅预算处提交各单位的预算执行评价报告，为其下期组织编制年度省级全口径预算草案和省级预算调整草案提供参考。

财务共享中心与行政事业单位部门预算协同的业务流程如图 5-11 所示。

（二）与政府采购协同的业务流程分析

财务共享中心与行政事业单位政府采购业务的协同工作主要包括以下两部分，一是共享中心辅助各采购单位采购预算和计划的修订，辅助财政厅政府采购管理处对预算和计划进行批复；二是辅助财政厅政府采购管理处对各单位采购情况进行绩效考评，以下为具体业务流程：

1. 辅助采购预算、计划的修订与批复

①采购单位递交采购草案：各采购单位于年初提交政府采购申请时向政府采购管理系统中递交本年度政府采购预算草案，年中向系统递交追加的政府采购预算草案。

②采购业务咨询人员拟定采购方案修订建议书：共享中心业务财务部政府采购管理科的业务咨询人员在收到各采购部门预算草案后，根据草案中采购项目、类型等信息从系统中调取以前年度的信息数据进行对比分析，并拟定一份建议书传递至政府采购管理系统中，建议书的内容包括但不限于对原草案中采购预算、

第五章 行政事业单位财务共享中心的业务流程设计

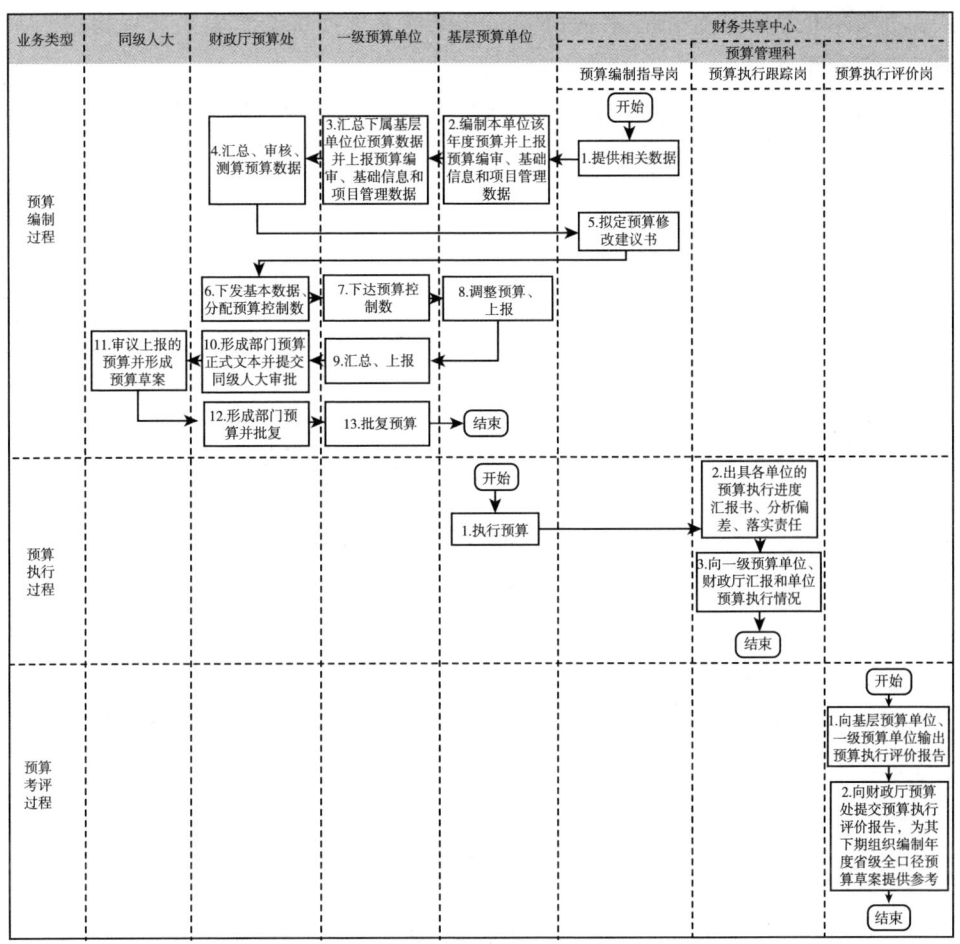

图 5-11 与政府部门预算协同的业务流程图

计划、采购方式等需要修改部分的建议。

③采购单位修改采购草案：各采购单位从系统中下载政府采购方案修订建议书，参考建议书中的建议对草案进行修订，修订完成后上传至政府采购管理系统。

④政府采购管理处批复采购计划：政府采购管理处工作人员参考各采购单位传递的修改后的采购计划和采购咨询人员给出的建议书对采购计划进行批复。若批复通过，递交给国库处进行下一步审核；若仍需修改，返回至各采购单位。

⑤国库处批复采购方式：政府采购管理处最终审核完成后，传递给国库处审

核，国库处工作人员参考最终采购方案和采购咨询人员的审核意见审核采购方式，并将审核结果传递给各采购单位，若审核通过抄送给集中采购机构进行采购，若审核不通过，返回各单位进行修改。

⑥采购咨询人员辅助各单位进行采购计划修改：政府采购管理处或国库处审核不通过时，采购咨询人员依照审批意见辅助各单位进行采购计划的修改，直至通过政府采购管理处的审核。

2. 辅助采购业务绩效考评

①采购业务考评人员对完成的采购业务进行绩效考评：对系统中已完成并完成支付核算的政府采购业务，业务财务部的考评人员参照最终采购计划和实际上传至采购管理系统的采购合同书、最终核算结果等信息进行绩效考评并给出绩效考评意见，该意见上传至采购管理系统中，供财政部门对集中采购机构进行监督考核时参考。

②采购信息组人员录入信息，完善数据库：由于采购单位和集中采购机构已在采购完成后将实际采购合同中的信息录入系统中，采购信息组人员主要录入预算方案和实际采购业务中发生的偏差以及偏差原因，完善数据库，供以后年度修订采购方案时参考。

财务共享中心与行政事业单位政府采购业务协同的业务流程如图5-12所示。

（三）与资产管理业务协同的业务流程分析

财务共享中心与行政事业单位资产管理协同的业务主要包括以下四部分：一是共享中心辅助各预算单位进行资产业务方案的修订，辅助财政厅资产处对方案进行批复；二是辅助财政厅资产处进行资产政策制定；三是辅助财政厅资产处监督各预算单位资产盘点、评估、统计工作的开展；四是辅助财政厅资产处对各预算单位资产情况展开绩效考评工作。以下为具体业务流程：

1. 辅助资产业务方案的修订与批复

①各预算单位提交资产业务申请书：各预算单位向资产处和业务财务部资产管理科提交资产业务申请书，业务申请的范围包括资产配置、资产对外使用、资产处置等。

第五章 行政事业单位财务共享中心的业务流程设计

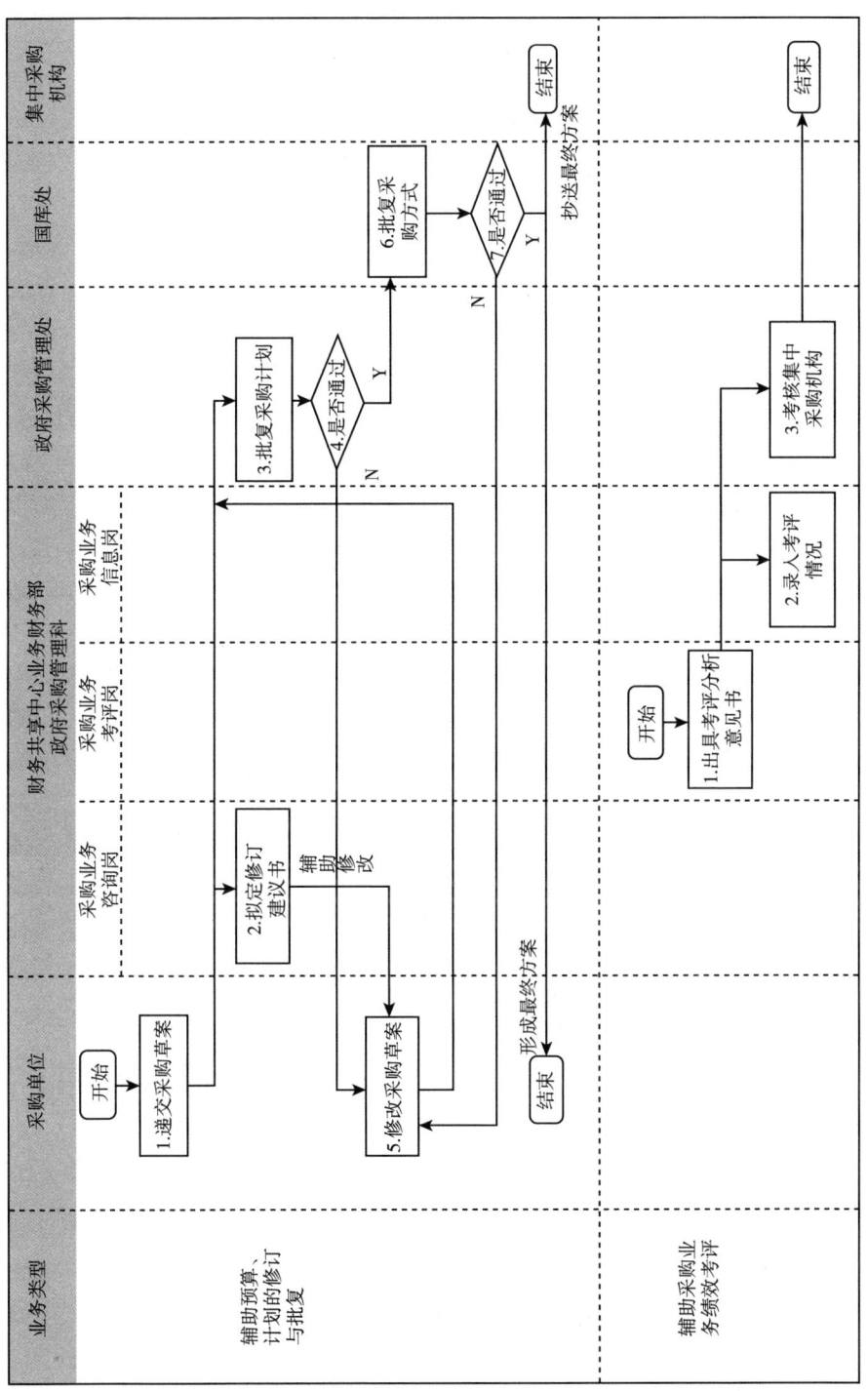

图 5-12 与政府采购协同的业务流程图

②资产业务指导人员出具审批建议书：接收到各预算单位提出的业务申请后，由相应的资产业务指导人员依据资产管理系统中各单位资产状况数据以及以前年度类似业务的数据出具审批建议书，其中，资产配置人员针对各单位资产配置业务的申请出具建议书，资产处置人员针对资产出租出借等对外使用业务的申请出具建议书，资产处置人员针对资产处置业务申请出具建议书，各负责人将建议书上传至系统中，供财政厅资产处和提出申请的各预算单位两方查看。

③资产处批复各单位资产业务申请预案：资产处人员参考共享中心资产业务指导人员依据往年数据出具的建议书，对各单位提交的资产业务申请预案进行批复，若通过，则形成最终方案；若不通过，则返回至各预算单位，同时将批复意见传达给共享中心的资产管理科。

④资产业务指导人员指导各申请单位修改预案：共享中心资产管理科的相关业务指导员遵循资产处的批复意见辅助各申请单位对预案进行修改，直至通过资产处的审批。

2. 辅助资产政策制定

①资产业务指导人员接受资产处指令：财政厅资产处需要制定资产相关政策时，向共享中心资产管理科传达政策建议书拟定指令，资产管理科中的相关业务指导员接受该指令。

②资产业务指导员出具政策建议书：相关业务人员接到指令后，依据系统中相关行业、相关单位、相关业务的数据进行统计分析，并针对资产处的指令出具建议书，建议书主要提供往年数据并基于数据进行统计分析，不参与任何具体政策的拟定决策。其中，资产配置员负责出具与资产配置政策相关的建议书，资产使用员负责出具与资产对外使用政策相关的建议书，资产处置员负责出具与资产使用政策相关的建议书。

③资产业务指导员上传建议书：相关指导员完成建议书拟定后传递给财政厅资产处，供其政策拟定时参考。

④资产业务指导员依照资产处要求修改建议书：若资产处对共享中心资产管理科出具的建议书不满意，可将修改意见传达给资产业务指导员，由相关指导员遵照意见修改后重新上传。

3. 辅助资产监督工作展开

①各单位递交资产盘点、统计、评估预案：各单位向财务共享中心资产管理

科递交有关各单位的资产盘点、统计、评估预案。

②资产监督员提出建议：资产监督员基于以往的数据、方案对预案提出具体的修改审核建议，并递交给资产处。

③资产监督员接受资产处审批意见指导单位进行方案修改：资产处参考资产监督员意见批复各单位预案后，若预案不通过被返回，资产监督员根据资产处审批意见指导各单位对方案进行修改，直至通过资产处审核。

④资产监督员监督各单位按照方案开展活动：资产盘点、统计、评估等方案通过资产处审核后，资产监督员监督各单位按照方案开展活动，其中，单位需定期定时地和资产监督员汇报沟通方案开展进度和成果，资产监督员针对开展情况进行指导。

⑤资产监督员跟踪、记录资产盘点、统计、评估结果：在资产监督员监督各单位盘点、统计、评估等活动时，资产监督员需进行跟踪记录。

4. 辅助资产绩效考评工作展开

①资产监督员接受各单位资产变动汇报工作：各单位出现国有资产变动时需向该单位指定的资产监督员汇报资产变动情况并出具相关证明。

②资产监督员录入各单位资产变动情况：各单位指定的资产监督员在接受到资产变动汇报工作后需将相关情况录入系统，以便期末统计分析。

③资产监督员为资产处提供各单位资产绩效考评提供依据：每期末，各单位指定资产监督员根据各单位在会计期间资产配置、使用、处置、盘点、评估情况进行统计分析，并出具数据分析报告，传递给财政厅资产处，作为进行绩效考评的依据。

共享中心与行政事业单位资产管理业务协同的业务流程图如图5-13所示。

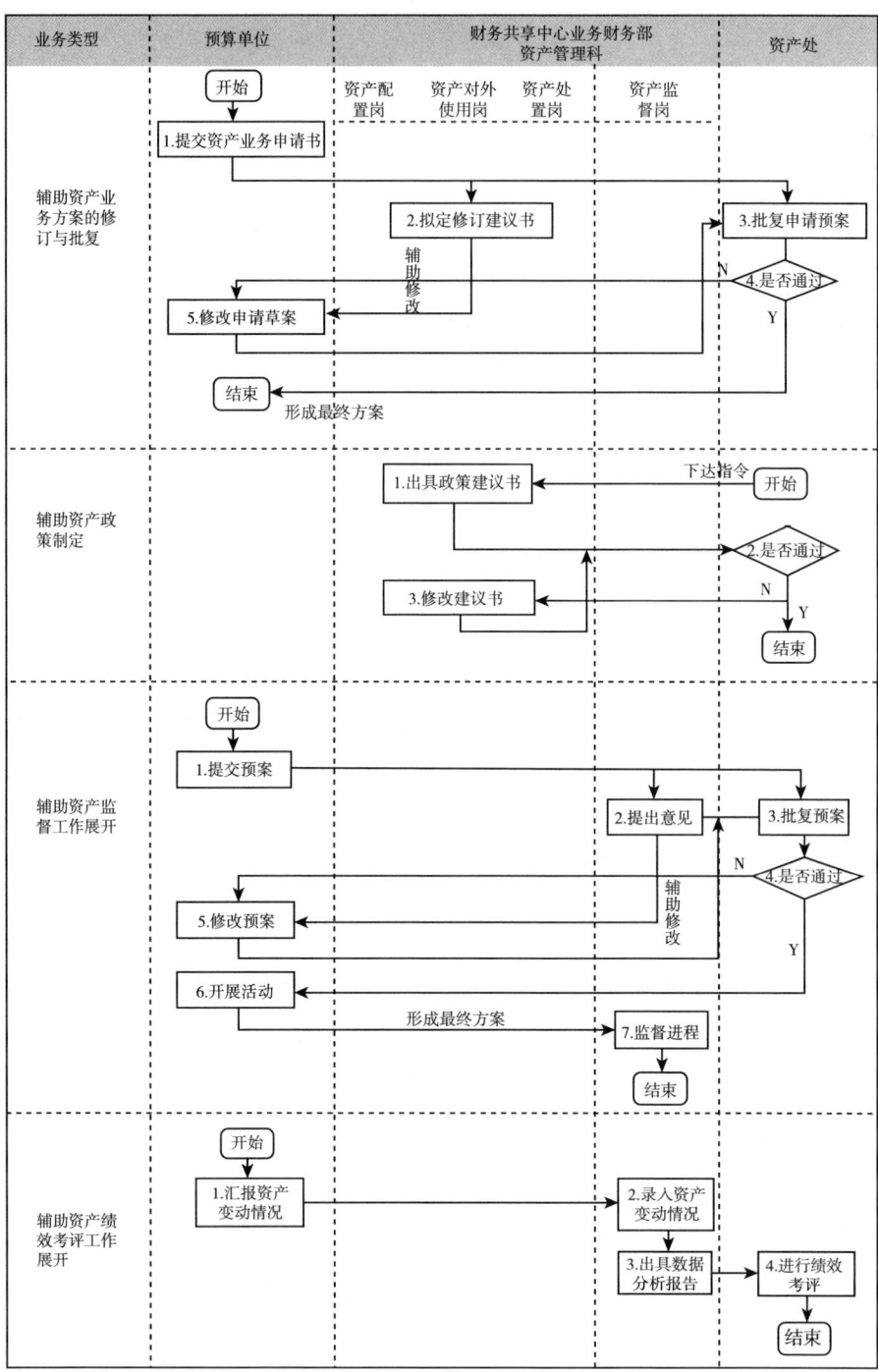

图 5-13 与资产管理业务协同的业务流程图

四、实现行业共享和提供战略决策服务阶段的业务流程分析

(一) 服务于行业战略研究的业务流程

财务共享中心服务于行业战略研究的职能主要包括以下两部分,一是辅助财政厅和各预算单位制定本行业和本单位财政政策和行业政策,实现财政厅和各预算单位战略目标;二是辅助各预算单位对专项资金使用进行效益分析,提供建议,优化资金支出结构,以下为具体业务流程:

1. 辅助制定财政政策和行业政策

①预算单位向共享中心提出政策战略辅助研究需求:各预算单位负责组织拟订地方性相关立法计划并组织起草有关的地方性法规、规章草案,随后向共享是中心提出政策战略辅助的研究需求。

②预算单位递交拟定的政策草案:战略研究组在接收到预算单位的需求后,及时组建相关团队。该团队与提出政策战略辅助研究需求的预算单位进行对接,并由该预算单位向该团队递交初步拟定的政策草案。双方就拟出台政策的相关事宜进行交流。

③政策战略研究组出具政策战略分析报告:政策战略研究组负责对财政厅和各预算单位拟定的政策草稿从财务的角度进行可行性分析,包括但不限于成本分析、效益分析、可持续性分析等,出具相应的政策战略分析报告与修改意见书,供财政厅和各预算单位参考。在进行政策战略可行性研究时,研究组可在共享中心数据库的基础数据上进行分析。研究组在利用共享系统进行政策战略研究时,可对共享系统的建设完善提出要求并传达给共享财务部的运营维护科,例如系统支持数据定向分析、支持定制化报表等。

④各预算单位修改政策草案:预算单位在参考政策战略分析报告后对政策草案进行修改,以制定出符合各行业和各预算单位战略目标的财政政策和行业政策。

⑤相关部门审核政策草案:相关部门的工作人员参考预算单位上报的修改后的政策草案和政策战略研究团队给出的建议书对政策草案进行合法性等审核。若

审核通过，递交给该预算单位；若仍需修改，返回至该预算单位以进行进一步修改。

⑥政策战略研究组成员辅助预算单位修改政策草案：相关部门审核不通过时，政策战略研究团队依照审批意见辅助各单位进行政策草案的修改，直至通过相关部门的审核。

2. 辅助各预算单位对专项资金使用进行效益分析

①各预算单位向共享中心递交专项资金辅助研究需求草案：各预算单位于年初向共享中心递交本年度资金计划安排，包含上年结余、省财政补助与地方财政安排，据此递交专项资金辅助需求草案，包含补贴标准与预计所需资金额。

②形成年度专项资金需求计划：各预算单位撰写编报说明，填制需求测算表。专项基金研究组根据所填制的需求测算表，通过对各预算单位以前年度专项基金的使用情况进行效益分析，对本年度专项基金的使用出具相关分析报告，提供优化改进建议。

③各预算单位修改专项资金辅助研究需求草案：各预算单位从共享中心系统中下载专项资金辅助研究需求草案分析报告与修订意见书，参考意见书与分析报告对草案进行修订，修订完成后将专项资金辅助研究需求方案再次上传至共享中心系统。

④共享中心汇总专项资金辅助研究需求方案：共享中心在系统中审核完专项资金辅助研究需求方案后，对所有专项资金辅助研究需求方案进行汇总，在年初制订详尽的资金支出计划表，并与以前年度专项资金进行比对，在每季度末对资金用途进行核实，并通过横向与纵向对比对专项资金的支出效益和支出结构进行分析。

⑤财政部门审核专项资金辅助研究需求方案：财政部门审核后，形成专项资金年度预算，列入年度财政预算。

财务共享中心服务于行业战略研究的业务流程如图5-14所示。

（二）服务于重大项目研究的业务流程

财务共享中心重大项目研究室服务的"重大项目"，特指实行"审批制"，使用了政府资金的项目。政府重大项目不同于一般的投资项目，其主体是政府部门，资金来源具有公共性，社会需要利用政府的强制力，集中资源的优势来为公众服务。

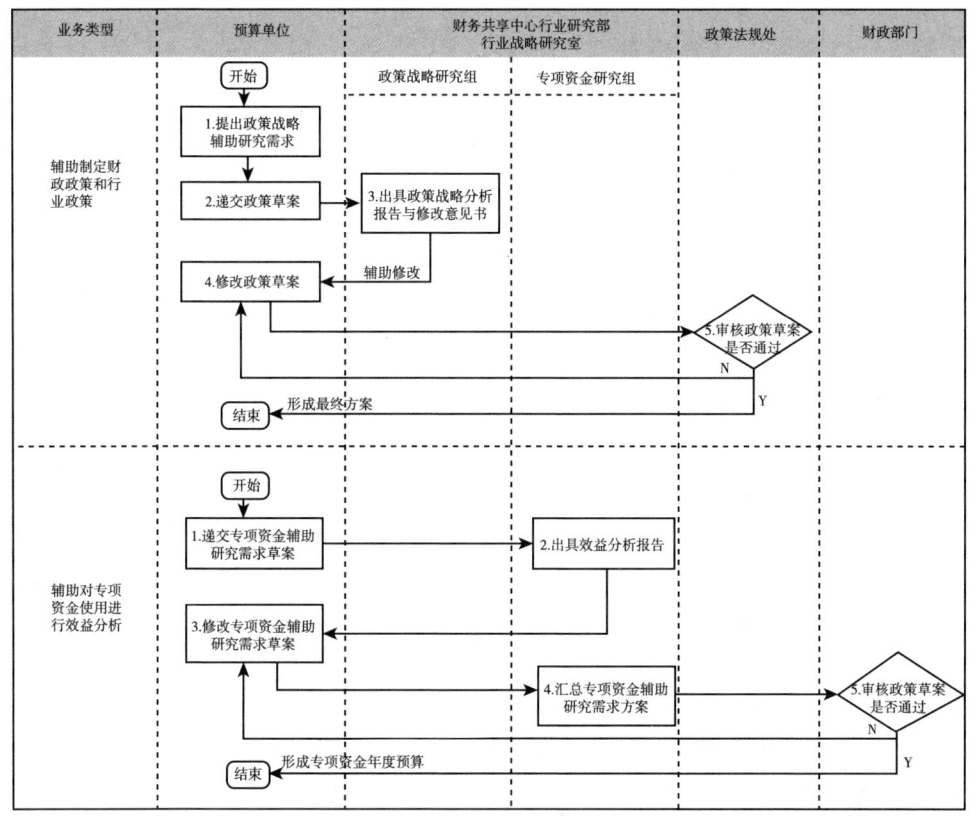

图 5-14 服务于行业战略研究的业务流程图

对于政府重大项目的管理涵盖了项目规划备选、政府决策、部门审批、资金使用、建设实施、竣工验收、资产移交、后评价、稽查监督等全过程,管理工作任务量大、难度高,对于信息的需求共享和各部门的协调配合要求高,传统的财务工作和项目管理方式难以适应政府重大项目的管理需要。此外,政府项目的投资决策工作至关重要,项目的可行性分析和决策质量将影响到后期的资金使用计划、预算管理、项目建设、资产管理和政府绩效评价等一系列工作,因此我们在建设行政事业单位财务共享中心时,单独在行业研究部设立重大项目研究室,重点负责项目立项阶段的可行性分析,主要从财务的角度出具相关的经济可行性分析报告。

我国重大投资项目的管理方式分为审批制、核准制和备案制 3 种。2004 年以前,不管是政府投资项目,还是企业投资项目,都实行审批制,在审批环节上,都要经过编制项目建议书、出具可行性研究报告、初步设计项目方案和审批开工报告等流程,环节较复杂。审批制在我国产业布局初期发挥了一定的积极作用,但随着市场经济的发展,其弊端开始显现。2004年,《国务院关于投资体制改革的决定》(国发〔2004〕20号)出台,对于企业不使用政府投资建设的项目,一律不再实行审批制,区别不同情况实行核准制和备案制。

至此,我国的重大投资项目管理方式变得更加完善和明确,其中审批制具体包含了以下四类:(1)国有资金投资项目(包括:各级财政性资金投资项目、国有企业事业单位自有资金或国有投资者占控股的投资项目);(2)区审批权限项目(含国家、省市产业政策限制发展项目);(3)涉及政府资源、公共利益和全区经济战略布局以及事关国计民生、对社会影响显著的重大项目(房地产、旅游、特许经营权等项目);(4)国家和省规定必须进行审批的其他项目。

在行政事业单位建设财务共享中心实行后,除了实现基础的会计集中核算、业财融合的管理目标,还需要帮助各预算单位完成项目管理工作,为其项目可行性分析和决策、项目建设、项目验收以及项目资金管理活动提供信息支持,辅助各单位的战略活动。财务共享中心行业研究部的重大项目研究室便是出于这种需要而设立的机构,其主要职能是协助项目牵头单位出具重大项目的可行性研究报告,为各单位提供项目可行性分析的相关信息。其业务流程具体如图5-15所示。

(1)项目牵头单位填制并递交立项材料。项目牵头单位自行准备项目建议书(或称项目立项申请书或立项申请报告)以及发改委要求的其他立项证明材料。项目建议书的内容包括对项目市场情况的调研、对项目建设的必要性和可行性的论证、对项目建设具体内容和建设方案安排的论述、对生产技术、设备和重要技术经济指标的分析,以及对主要原材料的需求量、投资估算、投资方式、资金来源、经济效益等进行的初步估算。

(2)发改委立项审批。发改委对提交的立项材料进行审核批准,如果不通过,则不予立项,项目牵头单位可以选择重新规划;如果立项通过,则牵头单位着手准备可行性研究报告以及其他审批材料。其中,可行性研究报告由财务共享中心组织重大项目研究室和具备资质的第三方机构合作撰写,主要包括项目基本情况、投资必要性、技术可行性、财务可行性、组织可行性、经济可行性、社会可行性、风险因素及对策等内容。其他证明材料(如上级主管部门或省市政府的书面意见、规划部门出具的规划设计方案审查意见、项目建筑总平面图(红线图)或选址意见书、国土资源部门出具的项目用地预审意见、环境保护部门的环境影响评价意见、交通部门出具的交通影响评价意见、文物保护部门出具的文物保护影响评价意见、河流管理部门出具的河流水系影响评价意见、行政管理部门

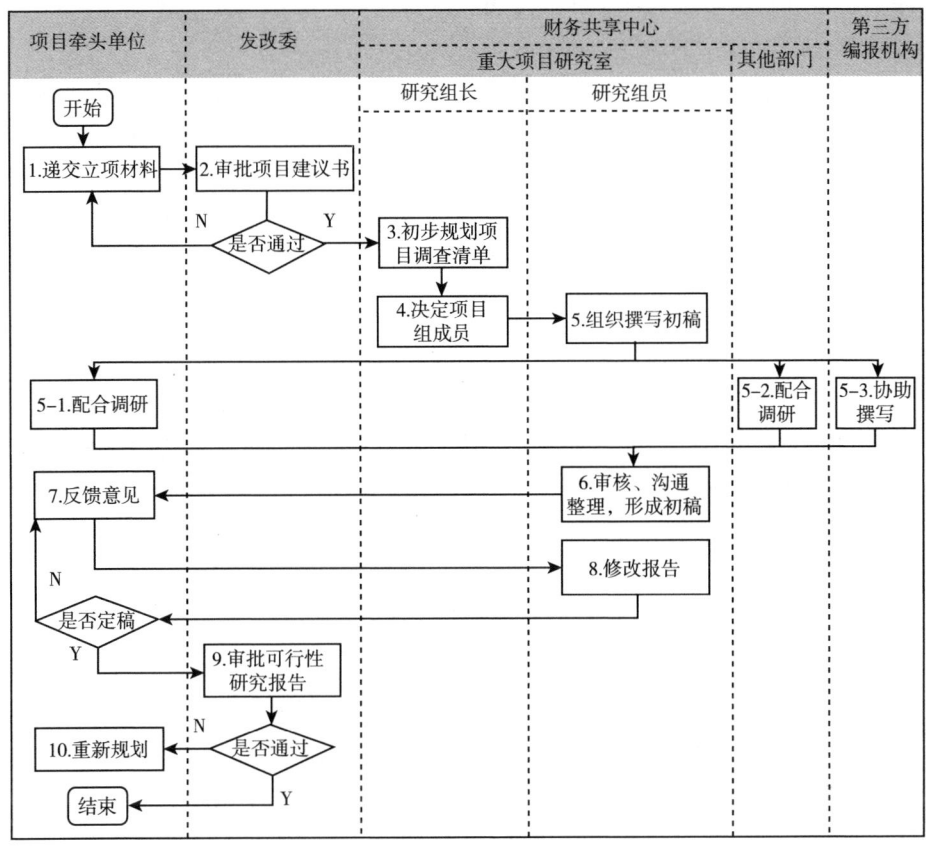

图 5-15　服务于重大项目研究的业务流程图

关于该项目立项的会议纪要等）由牵头单位自行准备。

（3）重大项目研究室研究组长初步规划项目清单。财务共享中心重大项目研究室领导指派研究项目组长负责已通过立项的重大项目的可行性研究。研究组长初步拟定项目整体方案框架，进行方案设计，出具调查清单，确定清单各个部分的主要调研对象。

（4）重大项目研究室研究组长进行总体规划设计。研究组长根据项目调查清单拟定总体规划，确定项目组成员构成、成员分工、总体时间安排、项目组与第三方机构的责任分工、是否需要借助专家工作等。

（5）研究报告初稿撰写。重大项目研究室研究项目组根据计划，组织撰写可行性研究报告初稿。在报告撰写过程中，项目牵头单位、财务共享中心其他科室以及第三方研究机构需要进行辅助工作。

①项目牵头单位应配合研究项目组的访谈工作，提出其对项目的认识、在项

目中的定位、对项目或局部工作的设想、具体建议和想法，并配合可行性研究中各模块调查的内容，主动提供相关资料。

②财务共享中心的其他科室（如业务财务部的预算管理科、资产管理科等）应协助研究项目组完成预算资金、固定资产等可行性调研工作，提供财务资料，配合接受访谈。

③具备专业资质的第三方研究机构应根据研究项目组的工作安排，协助论证项目在技术、产品、设备、能源等专业方面的可行性。

（6）形成研究报告初稿。研究项目组整理各方资料，沟通各方需求和意见，整理形成可行性研究报告初稿。

（7）项目牵头单位反馈研究报告意见。研究项目组向项目牵头单位汇报报告初稿，牵头单位反馈修改意见，提供补充材料；同时，可以通过论证会等形式收集其他部门、专家的反馈意见。

（8）研究报告修改。研究项目组组员整理研究项目组反馈意见，组织修改研究报告。

（9）研究报告定稿。研究项目组向项目牵头单位提交审核复稿，如果仍存在问题，则返回步骤7，反馈意见再次组织修改；如果项目牵头单位审核没有问题，则正式定稿，和其他证明文件（详见步骤2）一起提交至发改委审核。

（10）发改委审批可行性研究报告。可行性研究报告经发改委审核通过后，则可行性研究阶段结束，可以进入项目实施阶段，由项目牵头单位和专业施工单位负责项目的具体建设工作，财务共享中心业务财务部负责对项目进行专项核算，根据项目开设账户，进行账务核算和资产管理工作；如果没有通过，则项目牵头单位重新调整项目规划，直至通过审批。

（三）服务于各行业绩效管理工作的业务流程

财务共享中心服务于行业绩效管理的职能主要包括以下两部分，一是共享中心为行业主管部门提供本级和下属单位经费使用情况的基础数据和经费使用绩效评价报告；二是向省财政厅汇报行业范围内的绩效管理工作。以下为具体业务流程：

（1）财务共享中心的绩效管理岗向行业主管部门出具行业的经费使用绩效评价报告：财务共享中心的绩效管理岗结合财务数据形成分析图表，多角度多层次提取和展现资金运动情况，为行业主管部门提供本级和下属单位经费使用情况的基础数据和经费使用绩效评价报告。

（2）行业主管部门根据财务共享中心提供的经费使用绩效评价报告对本级和下属单位的绩效进行考评。

（3）财务共享中心的绩效管理主任向省财政厅绩效管理处提交经费使用绩效评价报告，汇报行业范围内的绩效管理工作。

（4）省财政厅绩效管理处在共享中心协助下开展省内绩效目标管理工作和绩效评价管理工作（见图5-16）。

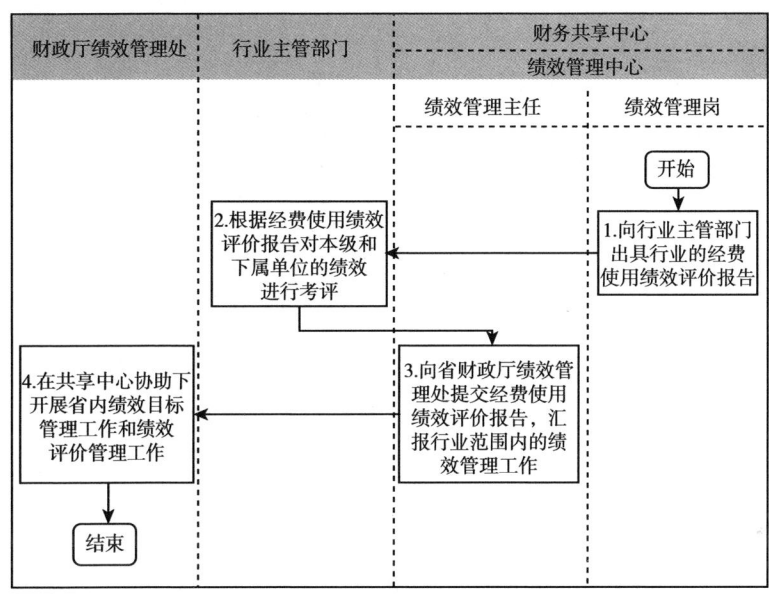

图5-16 服务于各行业绩效管理工作的业务流程图

第三部分

机构设置及人员配置论

第六章

财务共享中心与行政事业单位的关系界定

一、研究问题界定及解决问题的思路

本章的首要任务是研究财务共享中心与行政事业单位的关系,即对财务共享中心与行政事业单位的关系进行定性,并确定二者的权利责任分配。财务管理与核算从单一主体的内部行为变成了行政事业单位与财务共享服务中心两个主体的合作行为,任何孤立、割裂的研究都无法把握各主体财务活动的全貌,只有用联系的观点看问题,定位好双方的互动关系,才能理解财务管理与核算的完整过程。因此,研究行政事业单位的财务共享活动,必然需要研究财务共享中心与行政事业单位的关系。

本章的主要内容大致分为三个部分,首先需要明确行政事业单位和共享中心是各自独立的法人,在业务层面上是委托—代理的关系;其次讨论行政事业单位委托共享中心进行的工作包括哪些方面的内容;最后分析在这种委托的关系下,行政事业单位和共享中心各自的权责利如何分配。为充分厘清财务共享中心与行政事业单位的关系,本章将把"研究二者的关系"这一问题分解为"定位关系的形式"与"挖掘关系的内容"两个子问题:定位关系的形式,即为财务共享中心与行政事业单位的关系定性;挖掘关系的内容,即进一步划分双方在特定关系框架下的权力与责任细节。权力与责任可以被分为职能权责、法律权责、政治权责、道德权责等。其中，职能权责与财务共享实务直接相关，因此本章有必要对行政事业单位与财务共享服务中心的职能权责进行界定；职能权责的行使应当受到法律的规范，所以本章还需要分析各主体对违法行为应承担的法律责任。其他性质的权力与责任与财务共享无直接联系，因而不在本章的研究范围内。

二、行政事业单位与财务共享中心之间的关系定性

财务共享下，由于机关法人或事业单位法人无法像企业法人一样，通过合并、控制等经济行为把两个或以上的法律主体转换为同一会计主体，因此，财务共享服务中心与各机关法人和事业单位法人显然是一种外部关系。而根据财政部的规定，行政事业单位的会计核算是单位的内部职能：《行政单位财务规则》规定"行政单位的财务活动在单位负责人领导下，由单位财务部门统一管理"；《事业单位财务规则》也规定"事业单位的财务活动在单位负责人的领导下，由单位财务部门统一管理"。

机关法人或事业单位法人的职能行使和组织关系必须有法可依，不能像企业法人那样灵活。在法律保障了各预算单位的会计核算权不受外部干预的前提下，即使是行政单位的上级单位，也只能对其财务工作安排行使"指导"的权力，无权控制其实施。财务共享服务中心作为其外部部门，更无权强制剥夺各预算单位的核算权利。财务共享中心对各单位的会计核算，只能建立在各预算单位的自愿基础上。

因此，财政部门建立财务共享中心，应保障预算资金所有权、使用权、审批权和收益权等自主权不变，坚守预算单位自愿的原则，与各预算单位签订账务核算委托代管协议。各预算单位应当是以委托者的身份，将会计核算交由法人外部的财务共享服务中心代为处理。两者间应当是委托—代理记账的关系。

行政事业单位和财务共享中心之间委托—代理记账的关系包含两层内容。一方面，从法律的角度出发，信息共享的背景下，由于机关法人或事业单位法人无法像企业法人一样，通过合并、控制等经济行为把两个或以上的法律主体转换为同一会计主体，因此，财务共享中心与各机关法人和事业单位法人显然是一种独立的关系，简单而言行政事业单位和共享中心是各自独立的法人。另一方面，从业务的角度出发，行政事业单位和财务共享中心之间的关系是委托—代理的关系。根据财政部的规定，行政事业单位的会计核算是单位的内部职能：《行政单

位财务规则》规定"行政单位的财务活动在单位负责人领导下,由单位财务部门统一管理";《事业单位财务规则》也规定"事业单位的财务活动在单位负责人的领导下,由单位财务部门统一管理"。因此,财务共享中心是在财政部门委托下,负责财务信息核算、共享、传递和监督的相关工作。

三、行政事业单位委托财务共享中心的工作内容

在行政事业单位的委托下,共享服务中心,重点进行统一、标准、快速的处理,实现组织相关部门职能转变,促进组织内部业务流程的简化、优化及标准的统一,进而提高整体运行效率和效益。共享中心的角色定位是成为业务的伙伴,帮助行政事业单位提高管理水平。财务共享中心最先做到且最易达到的是数据的集中,然后是流程集中,但是仅完成核算会计的功能还不够,财务共享中心还需要承担更多管理会计的职责,比如资金管理、税务统筹,更进一步,信息共享中心应该考虑对业务的支持,比如成本管控,比如经营分析数据提供,比如风险监控和预警等。总体而言,行政事业单位委托共享中心的工作内容主要包括以下5个方面。

(一) 委托财务共享中心进行业务信息追踪与会计集中核算

在行政事业单位的委托下,财务共享中心最先做到且最易达到的是业务信息追踪与会计集中核算,这也是财务信息共享中心最基础的业务之一,为以后的行业分析和战略决策分析奠定最基本的会计信息资料。业务信息追踪是指收集组织中各个业务单位收支明细的纸质或者电子版凭据,以此用来追踪财务往来。借助飞速发展的互联网技术,财务信息共享中心可以较为轻松地追踪组织的各类业务信息,包括业务的发起、审批、执行情况以及业务发生过程中的财务情况,并根据各业务信息进行会计集中核算与处理。

(二) 委托财务共享中心进行原始凭证获取与审核

基于业务信息的记录工作,在行政事业单位的委托下,财务共享中心的第二块主要业务内容为进行原始凭证的获取与审核。基于"大智移云"等技术的快速成长,原始凭证的获取可以利用相关信息共享平台实现自动抓取,将各单位业

务活动发生过程中取得的原始凭证进行收集、归类与汇总,为手动审核和自动审核提供资料。在捕获经济业务的原始凭证后,共享中心的在线审核系统可以审核原始凭证的真实性。一方面,审核原始凭证上所有项目是否填全,有关人员或部门是否签章,摘要、金额是否填写清楚,金额计算是否正确,金额大、小写是否一致等。另一方面,审核原始凭证的合法性、合规性和合理性,审核原始凭证所反映的经济业务是否符合国家发布的有关财经法规、财会制度,是否有违法乱纪等行为。

(三) 委托财务共享中心进行记账凭证编制、复核与账簿登记

基于审核无误的原始凭证,财务共享中心财务部的会计核算人员需要进行凭证编制与复核。首先,会计核算人员根据经济业务的性质以及原始凭证的金额内容等信息,在共享核算平台编制记账凭证,填写摘要、科目、金额等相关内容。其次,为了保证和监督各种款项的收付、物资的收发、往来款项的结算以及账簿记录的准确性,凭证复核人员必须对记账凭证进行认真的复核,即要对其所附原始凭证进行复核查对,对记账凭证本身的填制是否符合规定进行复查,以保证记账凭证编制的准确性。最后,总账会计人员根据经过复核的记账凭证登记相关的总分类账和明细分类账,检查现金日记账的日常登记情况,保证账簿登记的准确性。

(四) 委托财务共享中心进行对账与结账工作

在行政事业单位的委托下,财务共享中心需要对各单位的账户和账簿进行对账和结账工作。对账工作指在结账前为了保证账簿记录的正确性,财务共享中心的总账会计进行的账项之间的核对工作,具体包括将账簿记录和会计凭证核对、各种账簿之间的数字核对、账簿记录和实物以及货币资金的实存数核对。结账是指在会计期末结清账簿记录,结算各资产、负债、净资产、收入、费用、预算收入、预算支出和预算结余类账户的本期发生额和期末余额,并据以登记账簿、出具各类型政府财务报告。结账需要在每个月末、季末和年度末进行,总账会计在进行结账工作以前,需要保证账簿记录的正确性,否则无法进行结账。

特别需要关注的是,在财政部门年度末决算工作开始之前,共享中心的会计人员需要保证以下工作已经完成。第一,在国库集中支付系统停运时间点之前,单位应该加快支付,做到应支尽支,确保完成预算执行。第二,在财政部门停运支付系统前,预算单位财务人员应通过系统查看是否有开出的支票,收款单位没有及时存进收款行。结账前,要确保本单位不存在在途资金。第三,所有支付完成后,共享中心财务人员下一步工作就是核对支付数据。将自己的账务和支付系统数据进行核对,核对指标数、支出数及结转数。第四,所有数据核对完毕,财务人员应收集结转业务所需要的回单。包括代理银行提供的零余额账户清零的负额度回单、财政部门提供的指标未申请计划的和直接支付计划未支付的结转回单。收集完成后,应按照会计准则的要求做出结转分录。

(五) 委托财务共享中心提供报表信息

基于上述基础性的会计核算工作,在行政事业单位的委托下,财务共享中心工作的重中之重即为财务报表的编制与提供。按照2019年的新《政府会计准则》,财务共享中心必须为各预算单位提供的报表包括资产负债表、收入费用表、净资产变动表、现金流量表及各表批注等财务报表、预算收入支出表、预算结转结余表动表、财政拨款预算收入支出表等预算会计报表。此外,通过共享中心的报表生成系统,可以为各单位提供管理会计报表,辅助主管单位决策活动,同时提供政府部门财务报告和政府综合财务报告,助力政府会计新准则的落实。具体而言,财务共享中心可以用快速搭建的行政事业单位Web报表平台一键生成各类型报表,并对各类型行业预算单位进行财务数据分析。通过共享平台的报表自动生成功能可以为单位主管部门提供报表信息,以此轻松整合多源数据,形成全局数据视野,实现组织数据化智慧运营。

四、行政事业单位与财务共享中心的权力及责任内容

(一) 划分权力及责任的理论依据

对于组织单位和第三方委托—代理记账机构之间的委托—代理关系,《中华人民共和国民法总则》(2017年)、《中华人民共和国民法通则》(2009年)、《中华人民共和国会计法》(2017年)、《中华人民共和国注册会计师法》(1993年)、《代理记账管理办法》(2017年)中均有相关的规定,这些法律法规的规定为委托—代理关系提供了理论依据。在这些法律条文的表述中,均明确了对于

组织单位将其账务核算与处理过程委托给独立的第三方中介机构进行的法律行为，属于委托—代理记账行为，双方构成委托—代理关系，并且对委托方和代理方的法律地位及权责利都做出了相应的规定，同时对委托—代理关系的确立、转让、终止以及违约等情况做出了说明。

1. 《民法通则》和《民法总则》中关于委托—代理关系法律责任的划分

基于各财务共享中心与行政事业单位是委托—代理关系，财务共享中心与行政事业单位间法律责任的界定需要参考《民法通则》（2009年修订）和《民法总则》（2017年颁布）中有关"委托—代理"的法律条文。

《民法通则》第六十三条规定："公民、法人可以通过代理人实施民事法律行为。代理人在代理权限内，以被代理人的名义实施民事法律行为。被代理人对代理人的代理行为，承担民事责任"。第六十六条规定："代理人不履行职责而给被代理人造成损害的，应当承担民事责任。代理人和第三人串通，损害被代理人的利益的，由代理人和第三人负连带责任"。第六十七条规定："代理人知道或者应当知道代理事项违法仍然实施代理行为，或者被代理人知道或者应当知道代理人的代理行为违法未作反对表示的，被代理人和代理人应当承担连带责任"。第六十八条、第六十九条又分别针对委托—代理的转让和终止做出了明确规定。2017年颁布的《民法总则》第七章针对代理问题进行了详细的法律解释，对于代理的一般规定、委托—代理问题和代理终止问题在《民法通则》的基础之上进行了完善和补充，并且在实务中两部法律同时并行，但《民法总则》优于《民法通则》适用。

共享中心作为代理人在授权范围内的合法代理行为由被代理人即各委托单位负法律责任，各单位作为委托人对其授权委托内容的真实性、合法性负责。共享中心明知或应当知道单位所委托的经济事项属于违法行为仍然代理实施的，由共享中心和各单位承担连带责任。

2. 《会计法》中对会计资料、会计处理的真实性、完整性和合法性的规定

1993年修正的《会计法》增加了"代理记账"的规定，允许不具备单独设置会计机构或者配备会计人员条件的单位委托经批准设立的会计咨询、服务机构进行代理记账。1999年修正的《会计法》再次明确规定，不具备设置会计机构或配备会计人员条件的单位，应当委托经批准设立从事会计代理记账业务的中介机构代理记账，从而在法律上再次明确准许委托—代理记账业务，随后财政部还出台了相关管理办法来规范委托—代理记账行为。

2017年修正的《会计法》第九条规定:"各单位必须根据实际发生的经济业务事项进行会计核算,填制会计凭证,登记会计账簿,编制财务会计报告"。第十三条规定:"会计凭证、会计账簿、财务会计报告和其他会计资料,必须符合国家统一的会计制度的规定。使用电子计算机进行会计核算的,其软件及其生成的会计凭证、会计账簿、财务会计报告和其他会计资料,也必须符合国家统一的会计制度的规定。任何单位和个人不得伪造、变造会计凭证、会计账簿及其他会计资料,不得提供虚假的财务会计报告"。第十四条规定:"对于单位发生的符合本法规定的经济业务事项,必须填制或者取得原始凭证并及时送交会计机构。会计机构、会计人员必须按照国家统一的会计制度的规定对原始凭证进行审核,对不真实、不合法的原始凭证有权不予接受,并向单位负责人报告;对记载不准确、不完整的原始凭证予以退回,并要求按照国家统一的会计制度的规定更正、补充"。第三十六条就会计机构和人员问题继续沿用之前的规定:"各单位应当根据会计业务的需要,设置会计机构,或者在有关机构中设置会计人员并指定会计主管人员;不具备设置条件的,应当委托经批准设立从事会计代理记账业务的中介机构代理记账"。

各委托单位必须按照国家统一会计制度规定真实提交经济业务的相关资料,保证原始凭证的真实性、完整性,共享中心是无论采取纸质或电子方式进行会计核算的,都需保证核算流程的正确性、合法性,对不合法、不真实、不合规的凭证有权拒绝接受并要求退回。

3. 《代理记账管理办法》中对委托方和被委托方的权责划分

各行政事业单位的授权范围、共享中心的代理权限,各自权利与义务的划分可以参照企业"委托—代理记账"事项中的相关规定。

为了具体规范代理记账业务,在《会计法》的基础之上,财政部于1994年发布的《代理记账管理暂行办法》(财会字〔94〕第24号),2005年正式发布的《代理记账管理办法》(财政部令第27号)先后对从事代理记账的条件、代理记账的程序以及委托双方的责任和义务等做出了具体规定。《代理记账管理办法》发布后,全国有10多个省、市相继出台了实施细则或实施办法,进一步规范了本地区的代理记账工作。这些法规、规章和规范性文件,为代理记账行业的健康发展提供了可靠的法律依据。

2016年修订的财政部令第80号《代理记账管理办法》对委托方和被委托方的义务进行了明确,其中第十三条对委托人义务的规定是:"委托人对本单位发生的经济业务事项,应当填制或者取得符合国家统一的会计制度规定的原始凭证。委托人应当及时向代理记账机构提供真实、完整的原始凭证和其他相关资料"。第二十三条规定："委托人故意向代理记账机构隐瞒真实情况或者委托人会同代理记账机构共同提供虚假会计资料的，应当承担相应法律责任"。

《代理记账管理办法》第十三条对代理机构义务的规定是："遵守有关法律、法规和国家统一的会计制度的规定，按照委托合同办理代理记账业务。对委托人要求其作出不当的会计处理，提供不实的会计资料，以及其他不符合法律、法规和国家统一的会计制度行为的，予以拒绝"。第二十二条规定："代理记账机构从业人员在办理业务中违反会计法律、法规和国家统一的会计制度的规定，造成委托人会计核算混乱、损害国家和委托人利益的，由县级以上人民政府财政部门根据有关法律、法规的规定处理"。第十五条规定："代理记账机构为委托人编制的财务会计报告，经代理记账机构负责人和委托人负责人签名并盖章后，按照有关法律、法规和国家统一的会计制度的规定对外提供"。

（二）行政事业单位的权力及责任内容

根据问题界定，本章分析的权力与责任特指职能权力、职业责任与法律责任，不会涉及关于其他权责的讨论。

1. 行政事业单位的职能权力

在委托—代理的关系框架下，核算方与被核算方不是上下级关系，应尽量保持职能上的独立性与自主性。

基于减少对双方不必要干涉的基本原则，本章将行政事业单位在财务共享核算体系中的职权概括为以下五项：

（1）财务自主权

应当明确的是，所有行政事业单位会计人员都享有财务自主权。各单位可结合自身需要和实际情况，编制、修改和执行预算计划，充分运用所拥有的预算资金和国有资产，自行进行经济业务决策，自行管理其财务状况，对下属单位的财务管理的权力也不受影响。

（2）资金管理权

行政事业单位会计人员享有资金管理权。资金管理基于财务自主权，行政事业单位财务人员应当将其放在首要地位。效益是资金使用管理的基本要求，质量与资金使用的效益是统一的，行政事业单位会计人员可利用财务共享服务中心数据分析资金使用是否合理有效。另外，行政事业单位会计人员在确保资金使用得当的同时需要保证资金运行安全,资金安全是指资金的分配、使用,不以个人意志为转移,不能擅自改变用途,不得以任何方式挪用、挤占和截留资金,杜绝因管理不善造成资金损失浪费的现象,确保资金的及时、足额到位。行政事业单位会计人员可以根据资金管理的责任主体,即各个部门与相应负责人,对违法违纪问题进行责任追究。最后,结合实际,建立健全资金的管理办法和规章制度,做到有法可依,有章可循。严格执行各项规章制度,绝不能有任何随意性,更不能越轨。

(3) 经济利益所有权

预算内收入以及预期能带来经济流入的资产(特指现金收入及债权,非现金的国有资产属于国家,行政单位只有占有权)由行政事业单位所有。相应地,经济利益的流出也由被核算单位承担。

享有收入、承担支出,意味着收入的财政资金均由单位自主支配,资金支出由单位根据内控流程自行审批。凡是通过了预算单位审批的申请,只要没有伪造、超支等违规情况,财务共享服务中心均应及时予以通过。

享有债权、承担债务表明未来的收入和支出都由行政事业单位控制,财务共享服务中心只是中间的审批方,既没有收款的权利,也没有还款的义务。

(4) 财务监督权

各行政事业单位财务主管需要对会计资料和财产物资进行监督,享有财务监督权。单位会计主管应依照《会计法》的规定,从其业务特点出发,加强对本单位财产物资的监督和管理,及时勘察财务共享服务中心内部会计资料和财产物资是否保存完好。

各行政事业单位依靠财务共享服务中心信息系统建立账簿、款项和实物核查制度。这些制度可以保证单位财务主管及时获取不同时点本单位各项财物、款项的增减变动和结存情况,同时及时进行记录、计算、反映、核对等工作,做到账实相符、账账相符、账证相符、账表相符。

此外,预算单位财务主管需要对账实不符的情况要及时查明原因,提出处理意见。根据国家统一的会计制度规定,会计主管可以直接处理的,应当按照规定及时处理;对无权自行处理的账实不符等情况,应及时联系财务共享服务中心档案管理科,并及时报请单位负责人,请求查明原因,及时作出处理,以保证会计资料的真实、完整以及单位财产的安全。

(5) 战略决策权

建立财务共享中心后,各行政事业单位的财务主管以财务管理工作为核心,享有战略决策权。预算单位财务主管聚焦战略财务,主要专注财务顶层设计、制度体系建设、资本管理、资源配置、决策支持和价值管理等，向其所属会计单位合理分配从财政部门领报的经费，不受财务共享服务中心干涉。

在一级预算单位仍享有的战略决策权下，其附属会计单位以管理会计工作为核心。附属预算单位需要聚焦业务财务，在长期战略目标指引下，深入业务前端，在单位研发、供应、生产和销售等环节，依靠财务共享服务中心数据，运用各种管理工具和方法，进行分析预测、规划控制、激励评价。由此可以加快财务与业务的融合，为管理者提供财务与非财务信息，协助业务对标，保证执行标准、控制标准、激励和服务业务达成经营目标。

2. 行政事业单位的责任

主体拥有某项职权，就对相应的工作承担不可推诿的责任；要顺利履行其责任，便需要被授予足够的职权。而当主体享有职权、承担职责的行为违反了法律，行为主体理应承担根据自己的参与程度承担相关法律后果。基于权责对应、行为与后果对应的原则，本章把行政事业单位的职业责任和法律责任内容分别界定如下：

（1）职业责任

①对财务管理负责。2012年12月6日由财政部公布、2013年1月1日开始施行的《行政单位财务规则》列出了行政财务管理的基本内容。推行财务共享后，会计核算职责被转移到财务共享服务中心，其他绝大部分职责依然被保留在行政事业单位。各单位应继续履行的任务包括：

第一，根据本部门工作任务的需要和主管预算单位的要求，编制本部门的预算；

第二，依照国家有关法规，搞好预算外资金收入和其他收入管理；

第三，根据核定的预算，统筹安排、使用各项资金，保障本部门正常运转的资金需要；

第四，加强国有资产价值形态的管理，防止国有资产流失；

第五，建立、健全内部财务管理的各项规章制度，对本部门的行政财务活动进行控制、监督，厉行节约，制止奢侈浪费，不断提高资金使用效益；

第六，完成上级主管部门和本部门领导交办的其他各项工作。

同理，根据《事业单位财务管理制度》，事业单位在推行财务共享后应继续履行的任务有：

第一，合理编制单位预算，严格预算执行，完整、准确编制单位决算，真实反映单位财务状况；

第二，依法组织收入，努力节约支出；

第三，加强资产管理，合理配置和有效利用资产，防止资产流失；

第四，加强对单位经济活动的财务控制和监督，防范财务风险。

②对财务共享中心的财务核算负辅助责任。行政单位应配合财务共享中心的工作，行政单位及时向财务共享服务中心提供分类整理好的原始凭证和相关资料，每月月底前应提供当月全部有关资料。有条件的单位，应配备专人负责与财务共享服务中心进行日常工作联系，及时与后者核对相关账务，确保单位经济业务与财务共享服务中心受托代理的账务一致。

（2）法律责任

①对业务的真实性、合法性负责。各行政事业单位保留了运营与决策的自主权，因而也承担了关于相应业务的法律责任。各单位应依法行政，依法提供公共服务。财务管理必须符合国家有关法律、法规和财务规章制度。行政事业单位应建立健全单位各项财务管理制度，完善内部监控制度，防止财产、资金流失、浪费或被贪污、挪用。

如有串通舞弊，贪污腐败，侵占、损害国有资产等不正当行为，应根据违法行为的性质和后果，依法追究相关单位和人员的经济责任、行政责任，严重者追究刑事责任。

②对原始凭证的准确性负责。行政事业单位对发生的经济业务必须填制或取得符合国家统一会计制度规定的原始凭证，并对凭证合法性、真实性、准确性、完整性承担法律责任，不得故意向代理记账机构隐瞒真实情况或者委托人会同财务共享服务中心提供虚假会计资料，对不符合国家统一会计制度等相关规定被退回的原始凭证应及时调查问题产生原因并予以更正、补充。

伪造、变造、故意毁灭会计凭证、会计账簿、会计报表和其他会计资料的，或者利用虚假的会计凭证、会计账簿、会计报表和其他会计资料偷税或者损害国家利益、社会公众利益的，由财政、审计、税务机关或者其他有关主管部门依据法律、行政法规的职责负责处理，追究责任；构成犯罪的，依法追究刑事责任。对严重违法违纪的会计人员，要终止其从事会计工作；对严重违法违纪的单位和有关责任人，要数罪并罚；国家工作人员违法违纪的，除吊销会计从业资格证、罚款外，还要给予行政处分。

（三）财务共享中心的权力及责任内容

1. 财务共享中心的职能权力

财务共享中心的权力与责任与各行政事业单位的权力与责任相互补充，既界限分明、各司其职，又相互配合，相辅相成，共同承担公共机构的财务职能。共享中心以财务会计为核心，聚焦共享财务，并按照会计准则、服务协议等要求进行会计核算、交易处理、资金结算、报表编制，报送财务信息，执行财务核算、财务监督等职能。本书将财务共享中心的职能权力界定如下：

（1）财务核算权

各行政事业单位的会计核算权都集中于财务共享服务中心，后者有权通过询问、检查、观察等程序不受限制地获取核算所需的财务与业务信息和相关资料；有权根据《行政单位会计准则》《事业单位会计制度》等适用的标准，运用会计职业判断，自行进行会计估计、决定会计政策，对各单位的经济业务进行核算，期末编制财务报表。

（2）财务监督权

财务共享服务中心档案管理科人员同样也对会计资料和财产物资进行监督。财务共享服务中心有权对被核算单位财务管理活动进行事前、事中和事后的监督，为相应的管理、控制与评价提供及时有效的会计信息。在经济事项开展前，有权对各部门的费用开支审核，提出科学的决策意见；经济事项开展过程中，有权对预算资金的拨付、使用进行稽核，对各用款单位在费用开支和项目实施阶段进行监控，提示预算单位修正其严重偏离预算计划的情况；在经济业务结束后，有权对实施结果进行财务分析和业绩评价，要求责任单位根据财务业绩的评价结果进行整改。各单位应重视中心的财务监督工作，针对本单位收到的管理建议改进工作。

2. 财务共享中心的责任

（1）职业责任

①对会计核算负责。会计核算是财务共享服务中心的核心和基本职责，核算人员有责任保持自身的专业性和独立性，正确合理地使用会计处理方法，根据会计制度对委托单位经济业务事项进行审核，保证会计信息真实可靠。对审核无误、手续齐全的原始凭证及时办理支付业务，并按国家统一会计制度进行会计核算，按时编制符合会计信息质量要求的出具会计报表及相关资料，科学、全面、客观、真实地反映责任主体的受托经济责任。

②对行政事业单位财务管理负辅助责任。财务共享服务中心不能超越职权范围干扰单位的正常工作，但也不应该变成纯粹的记账机构。其有责任通过适当的监督、控制和评价，为行政事业单位的财务管理提出针对性的参考建议，提高其管理决策的效率和效果。在单位需要时，财务共享服务中心有义务为其提供定制

的财务分析、预测、咨询等等辅助服务。

（2）法律责任

①对业务的真实性、合法性负连带责任。财务共享服务中心虽然不用对经济业务的真实、合法性负主要法律责任，但对于被核算单位的违法行为有义务向相关部门报告，要求责任单位改正。如果有意隐瞒被核算单位的违法行为，甚至与其串通舞弊，情节严重者，将承担连带责任，受到行政甚至刑事处罚。

②对账务处理的正确性负责。财务共享服务中心应当依据《行政单位会计制度》《事业单位会计制度》等可接受的标准进行会计核算、编制财务报表，客观地反映各单位的经济业务。如有私设账簿、操纵会计记录、伪造票据、丢失或涂改会计档案等违法行为，将处以罚款、给予行政处分，情节严重者吊销会计从业资格；如果行为构成犯罪，将被追究刑事责任。

第七章

行政事业单位财务共享中心的组织架构设计

一、行政事业单位财务共享中心的组织架构设计方案

行政事业单位财务共享中心的建设是一项长期的工作，相应地，组织结构的设计安排也不是一成不变的，应当遵循着总体原则有序进行。我们将行政事业单位的战略目标作为财务共享中心组织架构的总体设计原则。具体而言，在第一阶段，组织架构的设计是服务于集中核算；在第二阶段则是为了实现集中核算基础上的业财融合；第三阶段则是在前面的基础上更进一步，服务于行业集约化管理。在第四阶段，组织架构设计遵循着实现全面共享和战略决策支持的基本原则，以实现全面共享和战略决策支持的总体目标（参见图7-1）。

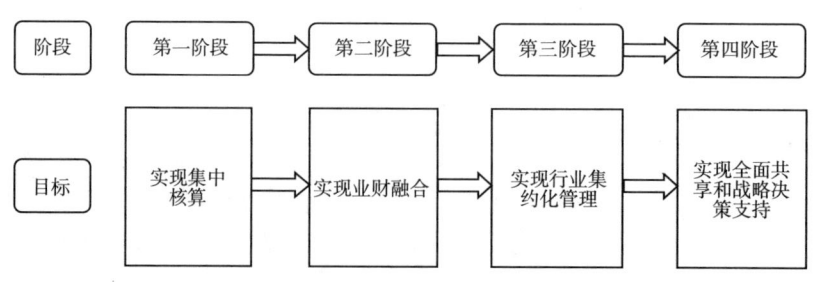

图7-1 组织架构设计的基本原则

在上述总体设计原则的指导下,我们将财务共享中心的建设与发展主要划分为4个阶段,分别为集中核算阶段、业财融合阶段、行业共享阶段和全面共享阶段。在每一个阶段下,依据战略目标定位的不同,财务共享中心职能范围、共享对象、组织架构等要素都有所不同,本章主要对不同阶段下的组织架构展开研究。

集中核算阶段是财务共享中心初步建立的阶段,在该阶段下,财务共享中心战略目标为实现行政事业单位省厅级范围的财务共享,共享的业务范围局限于财务核算层面,仅限于解决厅级层面的会计信息共享问题。

业财融合阶段是财务共享中心进一步发展的阶段,在该阶段下,财务共享战略目标仍为实现行政事业单位省厅级范围的财务共享,但业务范围进行了进一步扩大,从核算层面扩展到业财融合层面,在厅级层面实现业财融合下的财务共享。

行业集约化管理阶段是财务共享中心高度发展成熟的阶段,财务共享服务中心需要进行纵向的延伸,由省厅级主管单位向省属行政事业单位拓展。该阶段的组织层级将由省厅级主管单位及其下属的不同行业类别的行政单位、全额拨款事业单位、差额拨款事业单位、自主事业单位进行扩充,其涵盖的领域包括高校、医院、交通、公安等多领域。在这种做法下,财务共享中心可根据不同行业进行专业化的服务。

全面共享阶段是财务共享中心成熟发展的阶段。在这一阶段,财务共享的组织范围从省厅级层面扩展至市县级,通过设置省财务共享总中心以及各相关分财务共享中心,形成全面连通从省级主管部门到各市县基层单位的共享平台,以实现行政事业单位各层级、各行业横向和纵向层面的信息共享。

在每一阶段组织架构的研究中,我们需要考虑的问题主要有两点,一是该阶段下财务共享中心将哪些行政事业单位纳入核算范围,即共享中心的共享范围,二是在该阶段下,财务共享中心在整个组织中的定位。我们将遵循每一阶段的战略目标定位围绕财务共享的辐射范围和财务共享中心组织定位的问题,进行各阶段下财务共享中心组织架构的设计。

(一)第一阶段:实现集中核算目标阶段的组织架构

第一阶段的行政事业单位财务共享组织架构是为实现集中核算而设计。在这一阶段,集中核算是指财政厅内部设置财务共享处或下设独立的财务共享局,对各厅级行政事业单位开展核算业务,在资金所有权、使用权、财务自主权不变的前提下取消同级机关事业单位的银行账户、会计机构和会计岗位。以财务共享处或财务共享局为单位集中办理会计核算工作和实行会计监督，是政府会计改革融会计核算、监督、服务于一体的一种形式。

1. 财务共享中心的辐射范围

集中核算阶段是财务共享中心建设的初探阶段，为实现省厅级主管单位间的共享。该阶段只在江苏省财政厅、省教育厅、省公安厅、省卫生厅、省交通厅等省厅级主管单位层面建立财务共享中心，暂不向省属行政事业单位或各市县行政事业单位进行组织层级上的拓展。由于只是实现初步共享的初探阶段，这一阶段财务共享辐射范围较小，仅以各厅级会计主体为试点开展财务共享。

2. 财务共享中心在组织中的定位

在集中核算阶段，实行会计集中核算后，行政事业单位的会计业务纳入财务共享中心统一核算。首先，财务共享中心选配业务素质较高的专职会计，并运用会计电算化系统，严格按照国家统一会计制度进行核算，从而大大提高了会计核算工作的质量和会计工作效率，保证了会计核算资料的真实性、完整性、及时性和统一性。其次，实行集中核算后，支出单位的财政资金集中在财务共享中心的账户上，有利于财政部门对资金加强统一调度和管理，使资金调度更加灵活。从根本上改变目前财政资金管理分散，各支出部门和单位多头开户、重复开户的混乱局面，杜绝了预算执行中克扣截留、挪用财政资金等现象，有效地提高了资金使用效益，保证了财政资金的安全。最后，实行会计集中核算后，纳入财务共享中心管理的行政事业单位所有支出都通过财务共享中心统一账户进出，进行会计统一核算。财务共享中心有权对各单位的支出事项和凭证进行合理性、合法性审查，对不符合政策、法规规定的支出和凭证可以要求有关单位纠正或补办手续。这在一定程度上减少部分单位在使用国家资金上的随意性，给贪污犯罪和挥霍浪费行为亮起了红灯。

这一阶段，财务共享中心在组织中的定位有两种，一是将财务共享中心设置在财政厅内，即在财政厅内设财务共享处；二是将财务共享中心作为一个独立的隶属于财政厅的行政事业单位设置在财政厅外，也可以称作财务共享局。

（1）在财政厅内设财务共享处

由于该阶段财务共享辐射范围较小，共享只停留在核算业务层面，财务共享中心的工作量还在可控范围之内。因此，为了便于管理，减少行政成本，在这一阶段，我们可在财政厅内部设置财务共享处。该财务共享处隶属于财政厅，对各厅级行政事业单位进行业务核算层面的财务共享（参见图7-2）。

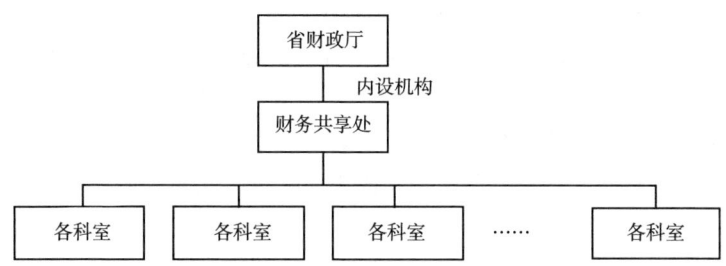

图7-2 集中核算阶段财务共享中心组织定位（作为内设机构）

（2）财政厅下设财务共享局

该阶段财务共享中心的设置除可以在财政厅内设财务共享处外，还可以在财政厅下设财务共享局，如图7-3所示。财务共享局作为一个独立的隶属于财政厅的行政事业单位，对各厅级行政事业单位开展核算业务，实现财务共享。这种设置方式的优点是为第三阶段、第四阶段财务共享中心组织架构的建设做了铺垫，缺点是提高了现行阶段的行政成本，不便于短期内的行政管理。

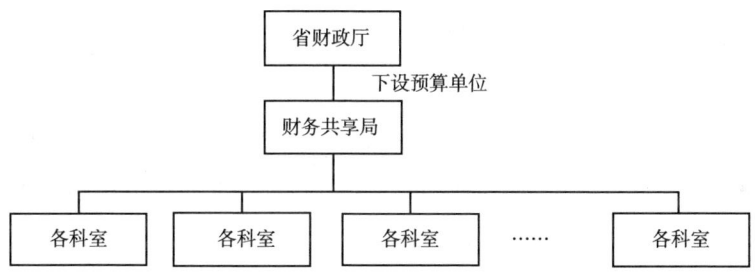

图7-3 集中核算阶段财务共享中心组织定位（作为下设单位）

（二）第二阶段：实现业财融合目标阶段的组织架构

通过集中核算阶段的财务共享中心，行政事业单位实现了账务核算工作的集中化处理、提高了财务工作的效率，需要进一步拓展财务共享建设的职能，而不是局限于仅满足账务集中处理的需要。行政事业单位应当进一步考虑如何有机结合业务活动和财务活动，实现横向业务范围的扩展和融合，使各预算单位在业务活动发生的同时，能够及时捕捉业务活动关键控制点、获取业务活动凭证、完成账务处理工作、及时记录和有效监督每一笔业务活动发生的全过程。这就需要各预算单位能够在业务活动中嵌入财务流程，实现双流程的运营和对接，使财务为业务提供最大限度的服务，促进业财一体化的步伐，实现政府部门的业财融合。

本阶段组织架构以实现业财融合为原则。业财融合是以业务活动为管理对象，以实现目标为宗旨，深度融合业务部门及财务部门以实现业务流、信息流、物资流、财务流的有机统一。和第一阶段——实现集中核算的组织架构相比，业财融合中财务部门更注重于在企业生产经营过程中的决策、控制和考核职能。第一阶段中，行政事业单位的财务管理工作由于主要精力集中在会计核算上，往往对于业务的指导、监管不足，没有充分利用财务信息的价值，因此导致了业务部门和财务部门对接不完全，业务部门的追求利益导致期末会计指标的偏离，而业财融合更加注重的是将财务管理的工作和企业整体的运营有机结合起来，对各个方面的工作进行全面的介入，准确把握管理优缺点，精准识别风险，提升管理效率。

1. 财务共享中心的辐射范围

第二阶段财务共享中心只是在第一阶段的发展层面上进行了业务层面的扩展，仍然是省厅级主管单位间的共享，暂不向省属行政事业单位或各市区县行政事业单位进行拓展。

2. 财务共享中心在组织中的定位

财务共享中心在组织中的定位仍然有两种，一是将财务共享中心设置在财政厅内，即在财政厅内设财务共享处，如图7-4所示。省财政厅内部机关处室设有预算处、国库处、政府采购管理处、资产处，财务共享处与这些机关处室处于平行关系，同隶属于省财政厅。这一阶段关键性的建设任务是完善核心业务流程（财政预算、国库集中支付、政府采购、国有资产管理）和系统对接工作，具体工作是将各行政事业单位内部的原业务管理系统、账务处理系统与共享中心的信息系统进行对接，同时将共享中心的信息系统与外部的国库支付系统、政府采购系统、政府预算管理系统等省级财政厅、国家财务部门的系统进行连接。

二是将财务共享中心作为一个独立的隶属于财政厅的行政事业单位设置在财政厅外，作为江苏省财政厅的厅属单位，称作财务共享局。如图7-5所示。财务共享中心并没有对省属行政事业单位或各市区县行政事业单位进行延伸拓展。本阶段对财务共享处或财务共享局按职能进一步划分为核心业务处理与后台综合支撑两大块，将省厅级主管单位的完整业务流程与财务共享平台进行整合，使财政预算、国库集中支付、政府采购和国有资产管理等业务流程和财务处理流程实现集成，保证业务信息的及时获取和账务工作的高效处理。业财融合阶段的财务共享中心有利于提升财务管理水平，是行政事业单位强化风险预警和防范的需要，能够实现行政事业单位价值管理的最大化。

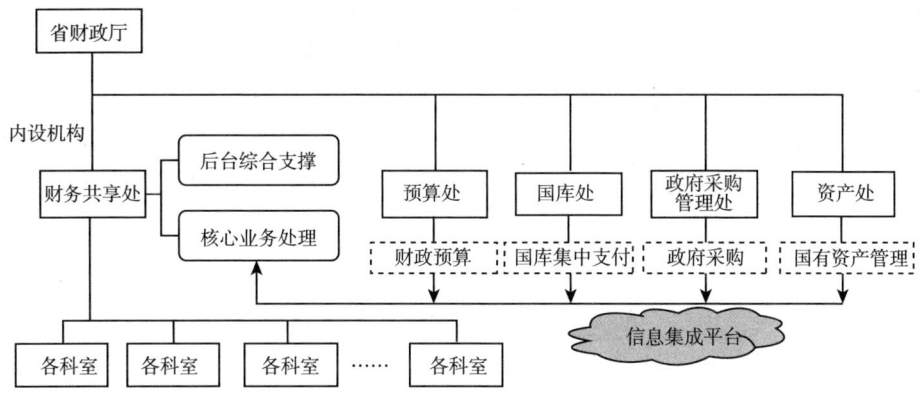

图 7-4　业财融合阶段财务共享中心组织定位（作为内设机构）

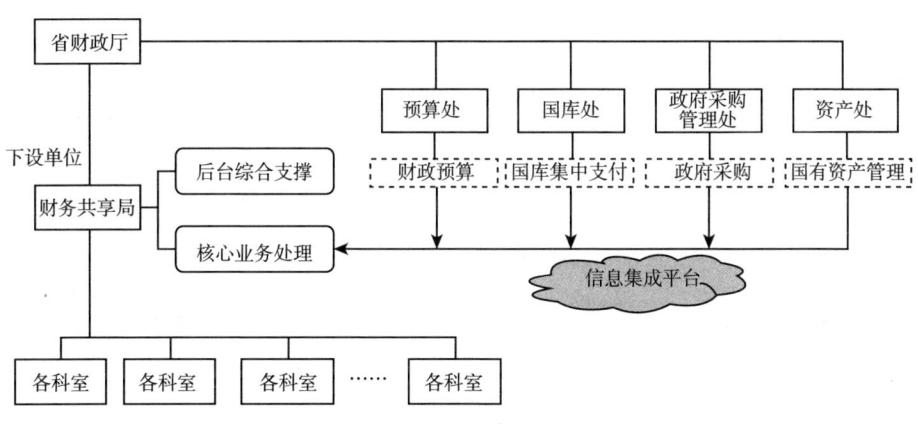

图 7-5　业财融合阶段财务共享中心组织定位（作为下设单位）

（三）第三阶段：实现行业集约化管理目标阶段的组织架构

近年来受到大数据、云计算等新兴技术的渗透和影响，行政事业单位正处于科技推动变革的关键历史时期。在"大智移云"时代，行政事业单位将财务共享范围由省厅级主管单位向省属行政事业单位拓展，能够加强行业数据信息的开放共享，提升数据信息的应用能力。

1. 财务共享中心的辐射范围

在财务共享的第三阶段，即行业共享阶段中，财务共享服务中心需要进行纵向的延伸，由省厅级主管单位向省属行政事业单位拓展。该阶段的组织层级将由省厅级主管单位及其下属的不同行业类别的行政单位、全额拨款事业单位、差额拨款事业单位、自主事业单位进行扩充，其涵盖的领域包括高校、医院、交通、公安等多领域。例如，在江苏省范围内，财务共享的范围由省教育厅、公安厅、卫生厅等向教育厅下属的各个高校、公安厅下属的各个派出所、卫生厅下属的各个医院进行延伸。在这种做法下，财务共享中心可根据不同行业进行专业化的服务。

2. 财务共享中心在组织中的定位

由于财务共享的组织范围由省厅级主管单位向省属行政事业单位拓展，财务共享的核算对象骤增，随之而来的工作量也会骤增。为了应对突然增加的工作量，财务共享中心必须增加员工数量。如果只是在财政厅内设置一个与国库处、政府采购处相平行的财务共享处，可能会无法应对此时的工作量。所以，在这一阶段，笔者建议设置一个作为财政厅下属预算单位的财务共享局，以集中处理此时的财务共享工作。

此时，可根据行业类别在财务共享局内设置不同的科室，为不同行业提供专业化服务。这种做法可产生以下三点益处：第一，对不同行业分别进行核算共享可以使得会计人员深度了解并专注于某一具体行业，保证会计业务处理的专业化与准确性；第二，专业化分工可以使得工作变得更高效；第三，把各个行业作为财务共享的基本单位，可以为政府各个主管部门提供关于本行业的财务数据，帮助其进行财务分析、绩效考评和问责（参见图7-6）。

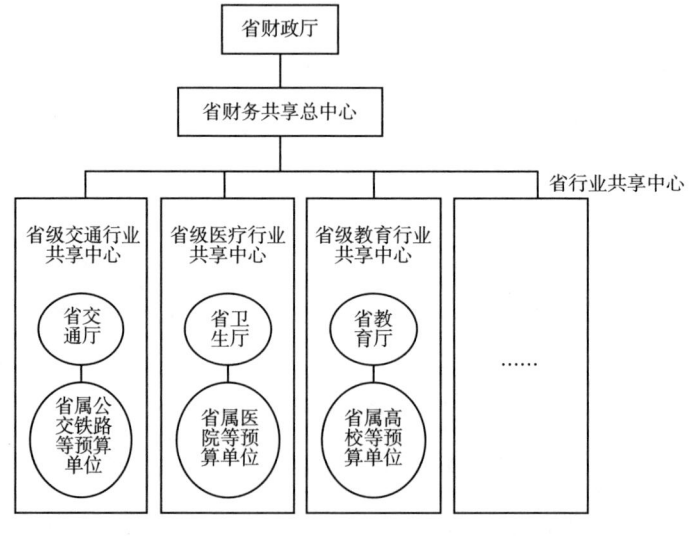

图7-6 行业共享阶段财务共享中心组织定位

（四）第四阶段：实现全面共享和战略决策支持目标阶段的组织架构

进入云计算、大数据时代，财务的管理模式和工作重点发生了很大变化，以管控服务型的财务共享和管理会计为代表，通过流程的变革、职能的转型、专业化的分工，财务管理进入了共享服务的新时代。大共享则是财务共享中心的未来模式，不仅涵盖财务，如人力资源、政府采购、信息技术等都将纳入共享中心管理范畴。

1. 财务共享中心的辐射范围

第四阶段组织架构向市县进行深化，构建市县共享分中心，形成全面连通从省级主管部门到各市县基层单位的共享平台。在本阶段，应当将集中核算、业财融合、组织连通、集约化管理的共享模式向各市县局级主管部门及其下属预算单位继续推进，建设各市县局级共享分中心和各市县行业共享分中心，形成省级与市县级层面的业务和财务对接、市县级主管单位和下属预算单位的资源和信息共享的大共享局面，推动财务共享中心共享区域范围的深化。最终，全面共享阶段的共享中心将覆盖江苏省内各层级行政事业单位内部的全部业务和财务信息，使得这些信息数据能够实现及时快速准确的上传、下达和共享，为实现战略决策支持提供组织保障。

2. 财务共享中心在组织中的定位

上一阶段从省厅级向省属行政事业单位的组织范围拓展，为本阶段进一步将共享范围拓展至各市县预算单位奠定了基础，为实现从省厅级贯通到各市县基层单位的大共享提供了可能。第四阶段可在省财政厅下设省财务共享总中心，在省财务共享中心下面按照不同行业设立各省行业财务共享中心，例如省级交通财务共享中心、省级医疗财务共享中心、省级教育财务共享中心。

然后在各个市增设作为市财政局下属预算单位的财务共享分中心，以集中处理市政府主管部门及所属的各预算单位的会计业务。市层面的财务共享分中心同样可以根据行业类别在财务共享局内设置不同的科室，为不同行业提供专业化服务，如图7-7所示。

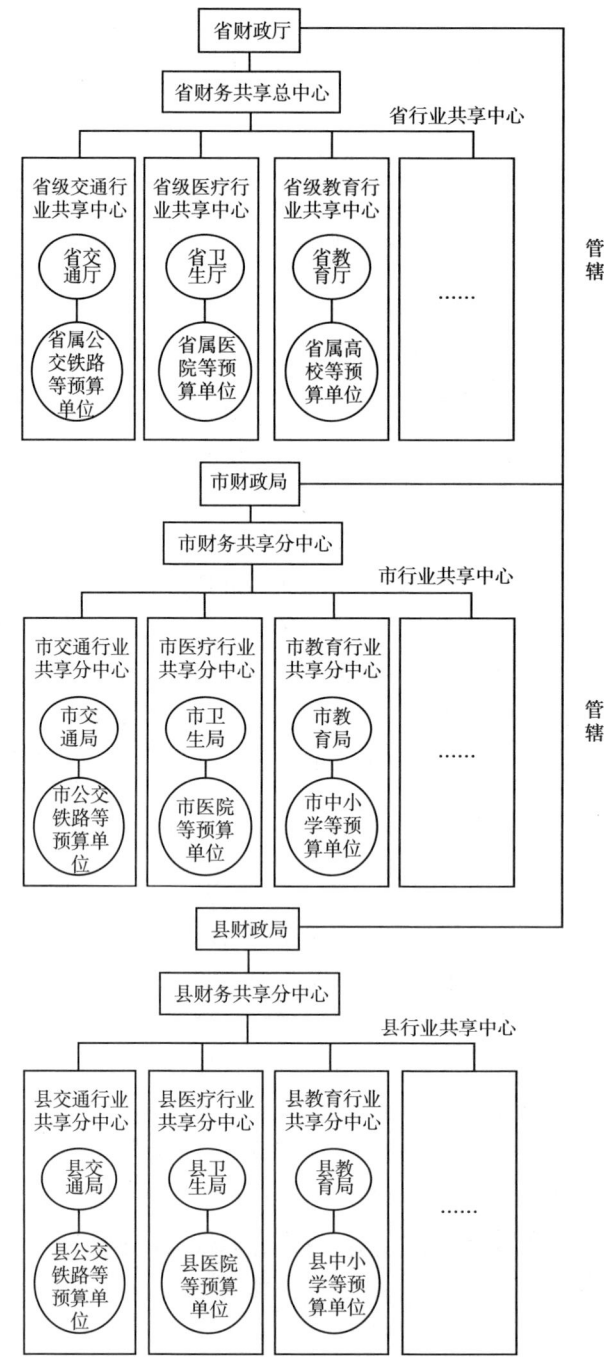

图7-7 全面共享阶段财务共享中心组织定位

二、财务共享中心内部与外部组织架构间的协同

(一) 财务共享中心与政府部门预算的协同

1. 财务共享中心与政府部门预算组织架构对接的必要性

目前我国行政事业单位部门预算难以真实地反映单位部门的资金使用和支出情况,并且由于我国行政事业单位预算编制时间周期较短,预算编制工作人员的工作量加大,且汇总获取各单位数据信息速度慢,无法结合更多的资料进行编制,对编制质量和数据精确度产生影响。同时行政事业单位还存在财务监督制度不足、资金浪费等问题。具体而言,行政事业单位在政府部门预算的编制、执行和反馈过程中,存在以下4点缺陷与不足。

(1) 财务预算管理意识薄弱、认识落后

行政事业单位的财务预算管理仍然沿用以往的管理理念,不利于财务预算管理系统的建设,财务预算管理意识薄弱,导致行政事业单位预算执行力度不足、执行受阻、积极性不高,各个部门在执行过程中流于形式,缺乏实际操作性。

(2) 行政事业单位预算编制时间较为仓促

行政事业单位预算编制需要充足的时间,以全面收集分析本单位的预算收入及预算支出,但每年财政部门给予预算编制人员的编制工作时间较为仓促。一方面,行政单位预算编制人员难以系统全面地对本单位的年度资金收支状况加以分析,制约了预算编制的精准度;另一方面也给单位财务收支年度计划的编制造成阻碍,进而对财务管理的后续流程带来不利影响。

(3) 行政事业单位预算编制的内容不够全面细致

受行政事业单位对预算编制重视程度不足等因素的影响,预算编制在内容上不够全面,预算编制更多地反映当年度的资金需求情况,没有充分体现上一年度的各项未用完指标,由此极易导致行政事业单位预算编制在执行过程中出现资金分配过于随意,预算编制刚性及约束性不强等问题。

(4) 行政事业单位预算在绩效评估环节不够完善

行政事业单位预算支出一般经由财政切块,将预算资金加以分配,然后将资金分解到各个预算执行部门中,这一过程需要相应的专家审定及绩效评估。但在

行政事业单位预算的审定及绩效评估上，部分行政事业单位并未建立与之相匹配的评估及考核机制，由此导致行政事业单位预算考核的随意性过强，影响单位财政资金使用效益，最终使行政事业单位预算管理暴露出形式化的弊端。

在行政事业单位建立财务共享服务中心以后，对推动政府部门预算的编制与落实体现在以下三个方面。

①有利于基层预算单位科学合理地进行预算编制。通过财务共享平台，优化预算编制流程，促进各单位注重部门预算编制工作并针对编制过程做好监督，结合其他优秀单位的预算编制工作进行分析，从而制定出良好的预算编制体系。

②有利于完善单位部门的预算会计核算。通过财务共享平台，有利于简化单位部门的预算会计核算工作量。对于行政单位行政部门经营事项，应当通过共享中心进行会计集中核算，并结合《政府会计准则》设置科目，扩大会计核算范围，提高会计核算工作的完整性。同时，财务部门需要注重做好基本支出工作和项目支出工作，使会计核算明确不同的支出范围。

③有利于财政部门及时获取预算数据进行监督考核。行政事业单位如果没有建设财务共享服务中心，财政部门对预算单位的监督和考核只能在年终一次性进行。财政部门要汇总、统计其下属的所有一级预算单位和基层预算单位的预算编制和执行情况，进而逐一分析各单位的预算差异，再通过与各预算单位财务管理人员的沟通，分析差异造成的原因，为下一年预算的编制提供基础。这对于财政部门来说是一项十分巨大的工程，因为通过一级级地组织架构来汇总各单位的预算和反馈调整各单位的差异会耗费大量的财政资源。同时财政部门只能在年底集中监督和考核预算执行情况，针对差异也只能进行事后稽核，这不利于财政发挥其确保经济资源合理分配、为行政事业单位发展提供财务保障和管理服务的总目标。

行政事业单位通过财务共享服务中心，可以将政府部门预算的内外部组织架构连接起来，把政府财政预算管理部门、一级预算单位和基层预算单位通过共享中心连接在一起，方便财政部门随时监督和考核各单位预算的执行情况，及时发现预算差异并进行调整，这对于保障财政资源在各单位的合理分配和行政事业单位社会效率的提高有重要作用。

2. 目前政府部门预算业务涉及的组织架构分析

在我国现行的财政预算管理工作的改革中，其中的重要一项便是行政事业单位如何良好地施行部门预算。政府部门预算指的是财政部门首先审核政府的各部门的预算编制，审核后的编制交由立法机关审议并通过。部门预算是市场经济国家实行财政预算管理的基本组织形式,即一个部门一本预算。它是反映政府部门的所有财政收支的一种预算,它采用规定的方法和程序进行编制,是一种规范性的政府文件,来反映政府部门的财政收入和支出情况。其中政府的财政预算拨款、行政事业单位的各项收入涵盖在收入中,而行政事业单位的基本支出及因上述收入产生的支出则划分为支出这一项,政府部门的财政收入和支出应保持平衡关系,预算的编制不能出现赤字。

一个完整的行政事业单位的预算管理体系应该包括编制、执行、监控、考评四个部分。我们在分析目前政府部门预算的业务流程时将着重按照预算的形成和预算的使用两个部分进行,政府部门预算的形成过程如图7-8所示。

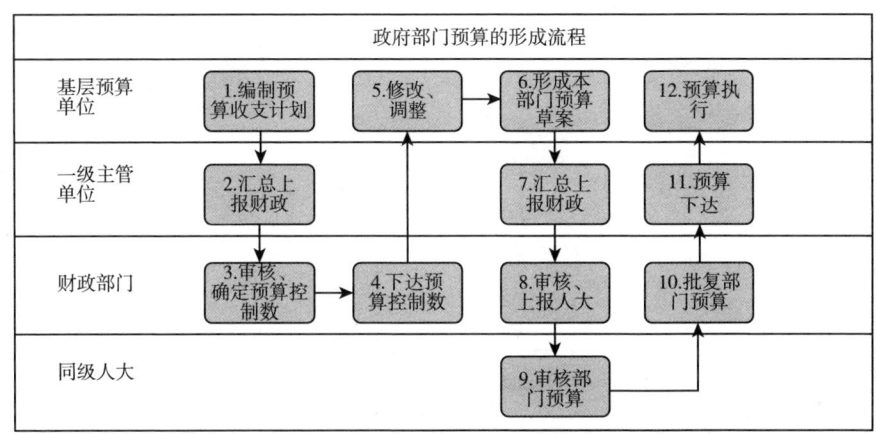

图7-8 目前政府部门预算使用形成的组织架构

我国政府部门预算的形成采取自下而上的编制方式,编制程序实行"二上二下"的基本流程,其具体流程如下:

(1)"一上"环节:各部门按照年度部门预算编制要求,根据本单位发展规划、年度工作目标和重点编制本部门的年度预算建议计划,经一级主管单位汇总调整后报送财政部门,同时报送人员、资产等基础数据和项目支出安排依据等情况。

(2)"一下"环节:财政部门审核报送的年度预算建议计划,综合考虑财力可能,汇总平衡形成部门预算初步方案,在法定时间内下达各部门预算控制数。

(3)"二上"环节:各部门在财政部门下达的部门预算控制数以内,汇总编报本部门及所属单位年度预算草案,在规定时间内报送财政部门。

(4)"二下"环节:财政部门对各部门报送的年度预算草案进行审核汇总,形成年度预算草案,经同级政府、同级人大常委会审议后,提交同级人民代表大会审议，在同级人民代表大会审议批准后法定时间内将部门预算批复到各部门。

当财政部门批复各单位预算额度以及代理银行收到各单位的预算额度信息以后，各预算单位可以在预算范围内发生费用支出，并同时确认财政拨款收入，进入预算的使用环节。这一环节主要涉及预算单位内部业务部活动门、财务部门、国库支付中心和代理银行之间的业务往来，具体业务流程如图7-9所示。

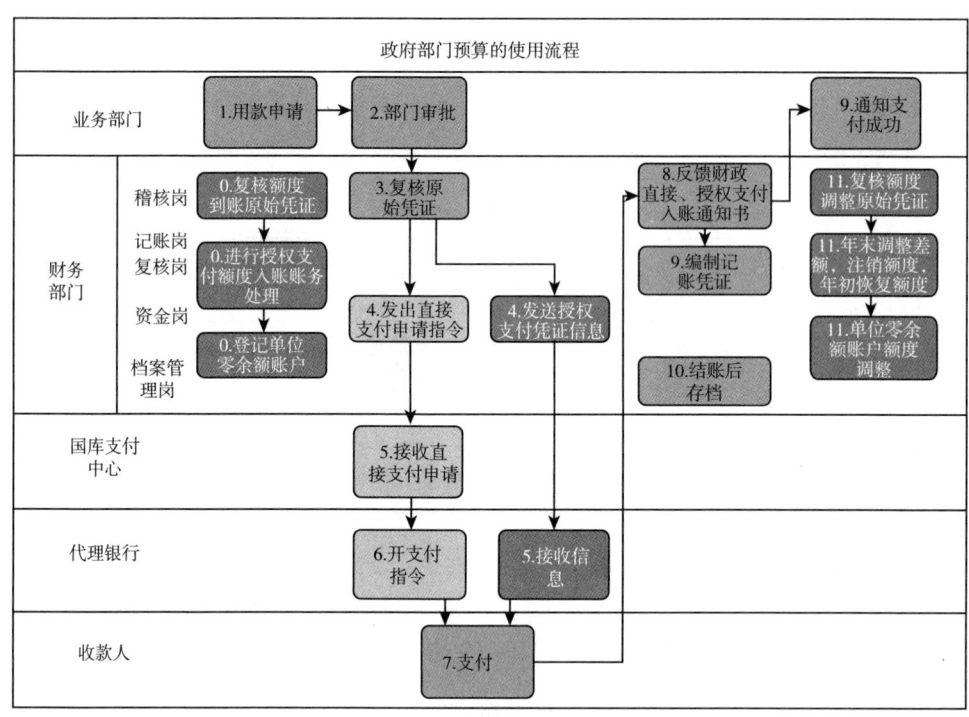

图7-9　目前政府部门预算使用环节的组织架构

（1）在财政授权支付方式下，各预算单位收到财政部门批复的部门预算后，由预算岗位负责人将经过审批的财政批复文件、预算草案文件以及收到代理银行发出的"财政授权支付额度到账通知书"一并提交给财务部门复核岗进行复核，复核岗复核完成以后提交给记账岗，进行授权支付额度入账的账务处理，编制记账凭证，确认财政拨款收入，然后将相关的凭证和单据文件提交给资金岗进行单位零余额账户额度的登记。

（2）业务部门的流程环节：

①业务部门发生费用支出需求时，由相关业务活动人员填制纸质的用款申请或者在OA办公系统中填制电子的用款申请后打印，连同相关单据或文件等原始凭证提交给业务主管进行审批。

②业务主管对用款人提出的用款需求进行审核。业务主管依据财政部门批复的部门预算额度情况,结合各业务部门的预算计划,提交同意或拒绝的审批意见,拒绝的审批意见需返回业务人员进行修改,同意的审批意见可提交给财务部门进行处理。

(3) 财务部门的流程环节:

①经过业务主管审批的相关原始凭证进入财务部门的稽核岗进行稽核,稽核的重点是业务活动是否符合财政批复预算的使用要求、金额是否在预算额度范围之内以及业务活动的真实性,经过稽核的原始凭证提交给资金岗进行资金申请处理。

②资金岗在收到复核后的原始凭证后,在直接支付方式下向国库支付中心发出直接支付申请指令,在授权支付方式下向代理银行发送授权支付凭证信息。

(4) 国库支付中心及代理银行的流程环节:

①国库支付中心收到直接支付申请指令后,进行审核,并向代理银行开出支付指令,并录入数据库。

②代理银行收到国库支付中心的直接支付指令或预算单位的授权支付凭证信息后,核对相关单位的账户和金额信息无误后,将款项支付给收款人,并将"财政直接或授权支付入账通知书"发送给预算单位财务部门。

(5) 财务部门的账务环节:

①财务部门在收到代理银行发来的"支付入账通知书"后,确认款项已经支付成功,并将支付信息反馈给相关的业务活动部门,同时将所有的原始凭证单据以及"支付入账通知书"转交给记账岗。

②记账岗会计人员根据支付入账通知书,调取系统中申请用款时的相关原始凭证资料编制记账凭证,在直接支付方式下确认财政拨款收入,在间接支付的方式下减少零余额账户用款额度,并提交资金岗会计人员进行零余额账务用款额度减少的登记。记账凭证的编制一般通过线上 OA 系统的方式来进行,既可以采用人工的方式录入记账凭证的信息,也可以通过系统自动生成记账凭证。记账凭证填制完成后,还需要复核岗进行复核。

③在完成月底结账工作以后,相关的预算使用情况信息会提交给档案管理岗进行保存。

(6) 在财政授权支付方式下,在年末财务部门需要对应给预算和实际下达预算之间的差异,确认为当年的收入,同时对实际下达预算和实际使用预算之间的差异,根据代理银行提供的对账单,进行注销零余额账户用款额度的账务处理。在下年初收到代理银行提供的"上年度注销额度恢复到账通知"以及收到财政部门批复的"上年末未下达零余额账户用款额度通知"时,再做恢复额度的账务处理。

3. 财务共享中心内部和外部组织架构的重构分析

借鉴企业财务共享的思路,在实行财务共享以后,各预算单位财务部门的复核岗、记账岗、资金管理岗的工作被集中到共享中心来完成。预算单位与国库支付中心、代理银行的支付往来由共享中心统一进行,并将相关的纸质原始凭证和单据扫描成电子影像,与共享中心系统中直接生成的电子信息一并进行业务流转。

(1)政府部门预算在进入财务共享中心内部前需经历业务部门的流程,这就是财务共享中心和外部的对接过程

①用款申请。业务部门的用款人在共享中心系统的相关业务模块发起用款申请。

②影像扫描。与用款申请相关的原始单据等附件以扫描的形式上传至影像系统中,方便业务主管审批。

③用款审批。业务主管通过系统调取部门预算数据,根据收支明细计划,对用款申请进行审批。经过审批的用款申请单、原始单据附件提交给共享中心进行账务处理。

(2)随后流程转入财务共享中心内部进行处理,需要相应的岗位进行操作

①稽核岗。共享中心稽核岗会计人员对业务部门提交的用款申请进行稽核,并将审核无误的原始凭证根据不同的资金支付方式提交给直接支付申请组或授权支付组。

②直接支付申请组或授权支付组。资金管理科的直接或授权支付组根据原始凭证,再次审核确认用款信息,直接支付申请组向国库支付中心发送直接支付申请指令,授权支付组向代理银行发送授权支付凭证信息。

(3)数据流推送至财政部门国库支付中心和代理银行

①国库支付中心。直接支付方式下,国库支付中心收到申请指令后,审核无误向代理银行开出支付指令。

②代理银行。根据国库支付中心的直接支付指令或预算单位的授权支付凭证信息,核对用款信息,向收款人支付款项。支付完成后,将"财政直接或授权支付入账通知书"以电子化形式发送给会计核算科,同时定期将对账单发送给资金管理科。

(4)最后业务流程又转入财务共享中心内部进行操作,由相应的岗位进行

相关操作

①核算岗、复核岗。核算岗收到代理银行发送的"入账通知书"后,可以依据系统预设的业务信息转换规则自动生成准记账凭证,由核算岗进行确认后自动生成记账凭证,并由复核岗复核记账凭证。

②对账组。资金管理科的对账组定期对单位零余额账户额度情况与代理银行提供的对账单进行核对。

③档案管理科。结账以后的账簿和报表信息、资金管理科的资金申请、支付和盘点核对信息定期由档案管理科归档保管。

除此之外,对于授权支付方式下,还需要共享中心在财政批复额度、代理银行向共享中心提供"财政授权支付额度到账通知书"后进行账务处理,在年末进行未下达额度的确认、未使用额度的注销的账务处理,在下年初进行恢复额度的账务处理(见图7-10)。

(二) 财务共享中心与政府采购的协同

1. 财务共享中心与政府采购组织架构对接的必要性

完整的政府采购一般要经过确定采购需求、采购活动的事先分析与预测、择优确定采购模式与方式、发布政府采购信息、审查供应商资格、确定执行采购方式、签订采购合同、履行采购合同、采购实体的检查与验收、资金结算、监管部门的实体评估等过程。

传统模式下政府采购行为存在的问题主要分为两个层面:一是信息不完全问题,采购信息发布之前,政府采购机构内部在确定需求、预算、择优模式时会出现偏差;二是公平与效率的问题,采购信息发布之后,政府采购机构与供应商等会出现效率低下、寻租等现象。

(1) 信息不完全有可能导致采购前预测、模式选择偏差

由于政府采购是一种依托于市场进行的交易行为,具有一定的不确定性,确定采购需求后的预算编制要在综合考虑采购市场的供求状况、采购风险的预测、各供应商的资信分析、采购数量和价格的预测分析上进行。而在传统采购模式下,由于"信息孤岛"的存在,有关预算编制所需的信息无法完整、准确地传递到政府采购机构,这会导致出现采购预算不精准的情况。虽然国家颁布《政府采购法》,但根据实际情况,政府采购的方式不能仅在预算范围内考虑,需要综合考虑市场条件、采购条件、组织能力等,如果因为信息的不完全导致采购方式

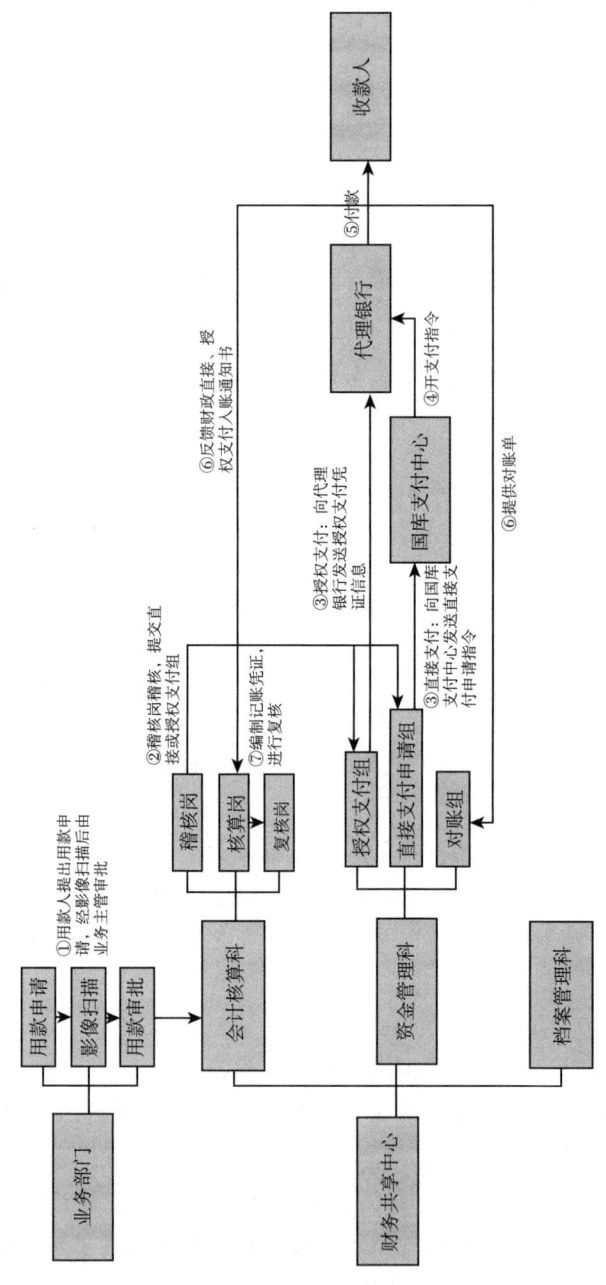

图7-10 基于财务共享服务中心政府部门预算使用的组织架构重构

的选择不当,不仅是对人力、物力、财力资源的浪费,甚至会为腐败寻租行为提供方便。

(2)采购机构与供应商之间的公平与效率

从采购信息发布到确定供应商签订合同,所有符合条件的供应商能否准确接收并了解到政府采购的需求,招标竞标环节能否做到信息的公开、透明将关系到政府采购的公平与效率的问题。虽然《政府采购信息公告管理办法》和《政府采购法》等法律和行政性法规中规定发布投标信息、供应商信息的标准以及审核供应商时的各项标准等,但任何由"内部人"因素夹杂进的行为都会存在腐败的空间,只有不断地通过增强信息的公开化才能减小这种空间。

目前,我国政府采购基本只是实现了信息发布的电子化。而财务共享平台是依托大数据、云计算等技术拥有了储存、处理、分析海量数据、信息的功能,但若这种功能的运用只停留在共享平台的内部,将无法彻底解决传统模式下政府采购的问题。若建立连接政府采购管理部门、相关的各预算部门、预算处、供应商之间的共享平台,将会在信息共享层面和监管层面一定程度地解决这一问题。

①信息共享层面上能够加强政府采购管理部门、各预算部门、预算处、供应商之间的信息传递速度和传递效率,加强了彼此间的沟通。政府采购管理部门根据采购需求拟定的政策等要求传递至各预算部门,各预算部结合财务共享平台的数据分析可以将预算编制更精准化。供应商通过平台与采购管理部对接,双方实时沟通采购进程,线上高效地推进采购进程。上级采购部门有关采购的信息披露在平台上也能及时被下级采购部门知悉。

②监管层面上这种内外部的沟通与协调加强了对政府采购过程的监管。上级采购管理部门能通过平台实时监控采购的进程和信息动态。关于政府采购招标、评标、开标等信息公开、透明地披露在平台上,将会在提高行政效率的同时减少寻租的空间。

2. 目前政府采购业务涉及的组织架构分析

政府采购组织形式包括集中采购和分散采购,两者在采购对象、金额、采购执行机构等方面存在差异,但是基本流程类似。以应用较为广泛的集中采购为例,具体环节包括:采购预算的编制批复环节、实际采购环节、申请付款环节、账务处理环节。采购预算编制、审批、批复等具体操作在预算管理系统中实现,具体数据共享至财务平台即可,下面着重对实际采购、申请付款、账务处理阶段的流程进行分析,探讨政府采购业务在财务共享中心的业务流转过程。

(1) 实际采购环节

实际执行采购预算时，采购单位委托集中采购机构实施采购，采购机构依据核准的采购方式确定供应商，然后签订书面合同。待采购合同执行完毕，采购单位或采购人对合同履行情况进行验收，验收人在验收书上签字，然后将合同有关信息录入政府采购管理系统。目前实际采购环节主要运用"金财工程"中的采购管理系统，通过人工录入的方式采集采购合同的相关信息。

(2) 货物验收后，进入申请付款环节

①预算单位需要在国库支付系统中提交财政直接支付申请，并打印"政府采购资金财政直接支付申请书"，随同采购合同、验收清单、发票、政府采购计划函等原始凭证，传递至国库支付中心。

②国库支付中心依据部门预算及用款计划审核支付申请书，要求内容完整、印鉴、原始凭证附件完备，出具"财政直接支付汇总清算额度通知单""财政直接支付凭证"分别报送中国人民银行和代理银行。

③代理银行依据支付凭证及时将款项转账支付给供应商，代理银行出具"财政直接支付入账通知书"报送预算单位。并于支付当日将付款信息反馈给财政部门，并与人民银行进行清算。

(3) 付款完成后，进入账务处理环节

预算单位依据财政直接支付入账通知书、发票、货物验收单进行账务处理。

参考企业财务共享的思路，在实行财务共享后，财务核算、资金支付等操作功能由财务共享中心进行集中处理，支付与核算前原始凭证的稽核工作也需要集中至财务共享中心；政府采购业务的相关核算工作涉及采购合同、验收清单、发票、政府采购计划函等纸质原始凭证扫描成电子影像便于审批、审核等环节的流转。

3. 财务共享中心内部和外部组织架构的重构分析

(1) 采购在进入财务共享中心内部前需经历一系列业务流程，这些流程也就是财务共享中心和外部的对接过程

①实际采购过程控制。采购的进程反映在共享平台上，由政府采购管理部门和采购中心实时监控，与供应商就细节方面及时沟通。

②采购的验收和合同的录入。待采购合同执行完毕，采购单位或采购人对合同履行情况进行验收，验收人在验收书上签字，然后将合同有关信息录入政府采购管理系统，同步至财务共享平台数据库。

③预算单位申请支付。预算单位需要在国库支付系统中提交财政直接支付申

请,并打印"政府采购资金财政直接支付申请书",随同采购合同、验收清单、发票、政府采购计划函等原始凭证,传递至主管部门扫描点。

④影像扫描。主管部门扫描人员扫描原始凭证的影像,上传至影像管理系统。影像系统和OCR技术相结合,采购发票中的信息被自动提取出来以便于日后自动化核算,发票校验信息通过金税接口还能自动验证发票真伪。

(2)随后流程转入财务共享中心内部进行处理,需要相应的岗位进行操作

①财务共享中心稽核人员在线审核。审核人员审核申请信息与原始凭证影像,系统从采购管理系统中获取发票信息、验收信息,并与发票信息进行匹配验证。

②直接支付申请。直接支付申请岗信息确认后传递至国库中心

③国库中心发出支付令。国库支付中心审核后向代理银行发出支付令,代理银行将直接支付入账通知书传递至财务共享中心

④核算岗编制记账凭证。代理银行出具的"财政直接支付入账通知书"以电子影像形式通过网络反馈给财务共享中心。"入账通知书"中的业务信息会自动准记账凭证,核算岗只需进行确认即可快速生成记账凭证。

⑤记账凭证复核岗进行复核。记账凭证复核岗对记账凭证进行复核。

(三)财务共享中心与国库集中支付的协同

1. 财务共享中心与国库集中支付组织架构对接的必要性

国库集中支付体系下行政事业单位的财务运行存在诸多问题,具体表现在资金运用与预算不相符、资金清算环节多且时间长、缺乏统计分析系统等方面。

(1)资金运用与预算不相符

行政事业单位资金的使用范围和大小理应受到预算的制约,但是目前国库集中支付体系下的资金运用往往和预算并不相符。原因主要有三点:其一,在预算编制时,缺乏往年的资金运用数据为其提供参考,导致预算编制的准确性不足,进一步导致新一年度的资金运用和预算不相符;其二,在预算执行时,缺乏对资金运用情况的实时跟踪,无法与预算进行实时比对,难以进行实时的预算控制;其三,在期末考核时,缺乏对资金运用数据的汇总分析,难以对预算执行情况进行考核。

(2)资金清算环节多且时间长

目前行政事业单位的资金支付需要经过层层审批,清算时间较长。这一方面

会导致资金流转速度低下,甚至会因为环节的繁复而导致出现差错;另一方面会使得行政事业单位在资金的管理中付出较多的时间成本和精力成本。

(3) 缺乏资金使用情况的统计分析系统

一方面,行政事业单位在汇总资金使用数据时,依然需要依靠人工来开展统计工作,缺乏相应的信息化手段。因为各预算单位的数据较为分散、体量庞大,人工统计的方式将导致汇总的持续周期较长,较易出错。另一方面,行政事业单位缺乏对资金使用情况的分析系统,难以对预算执行效率进行考核。

通过建立连接行政事业单位主管部门、财政部门、代理银行三者之间的共享平台,可以在很大程度上解决上述问题,下面将一一说明。

①建立财务共享平台可以加强对资金去向的监管,保证资金的运用处于预算的制约之下。原因在于:在预算编制时,财务共享平台作为一个大数据中心,可以提供往年的资金使用数据供预算单位参考,使得预算编制更为合理;在预算执行时,每支付一笔资金,财务共享平台的数据库中都会记录下资金的流转过程,同时在预算单位申请资金支付时,财务共享平台通过预算管理系统自动和预算进行比对,并实时显示资金额度使用情况,从而达到实时监督资金流转动态、提高资金运用和预算的相符度;在期末考核时,由于财务共享平台使得预算编制、预算执行、会计核算、决算这一整体流程的财政资金流转所产生的信息形成了闭环,对资金使用情况的考核会更为方便快捷,从而督促各预算单位在预算制约下合理运用资金。

②建立财务共享平台可以缩短资金清算环节,减少清算时长。原因在于:首先,通过财务共享平台,财政部门可在线审核资金支付申请,同时系统可设置自动审核点,比如通过对接预算系统,可自动审核资金支付申请是否超过预算,大大提高审核的效率;其次,通过将财务共享平台和银行支付系统对接,代理银行在线支付并反馈信息,加快从支付到反馈和记账的速度,减少清算时长。

③建立财务共享平台可以提高资金信息统计效率,并提供数据分析功能。原因在于:财务共享平台使得预算编制、预算执行、会计核算、决算这一整体流程的财政资金流转所产生的信息形成了闭环,资金运作的全部数据都集中于财务共享平台上,财政部门可根据需要汇总所需数据,在此基础上可利用系统实现对数据的分析。通过财务共享平台不仅可统计分析某一个行政事业单位的资金运作数据,还可以针对某项数据进行跨单位汇总,比如"三公经费"等,从而实现对跨单位间单项费用的分析。

2. 目前国库集中支付业务涉及的组织架构分析

（1）目前授权支付业务的组织架构

①预算单位提出授权支付申请。预算单位报账会计依据财政部门批复的本单位分月用款计划，在国库集中支付系统中填写"财政授权支付申请书"。

②领导审批纸质单据。预算单位报账会计将支付申请书打印成纸单，送单位负责人或财务负责人审核签字。

③财务审核纸质单据。预算单位稽核会计根据报账会计传递的"授权支付申请书"及相关原始凭证进行核查。

④预算单位发出支付指令。预算单位资金会计按规定填制"财政授权支付凭证"，传递给代理银行。

⑤代理银行反馈支付信息。代理银行审核支付凭证与用款额度后，通过单位零余额账户向收款人进行资金支付，并向预算单位发出授权支付入账通知书。

⑥预算单位账务处理。预算单位根据反馈的入账通知书和相关原始凭证入账。

（2）目前直接支付业务的组织架构

①基层预算单位提出申请用款。预算单位依据批复的部门预算和用款计划，在国库支付系统填写"财政直接支付申请书"，向一级预算单位提出支付申请。

②主管部门审批并汇总用款申请。一级预算单位依据预算与用款计划在网上进行审批、汇总，并打印"财政直接支付汇总申请书"，递交财政部门业务处。

③财政部门业务处审核后，递交财政部门国库处审核，审核完成后交国库支付中心。

④国库支付中心审核并签发支付令。国库支付中心依据部门预算及用款计划审核支付申请，查核预算单位传递的相关原始凭证，向代理银行签发支付指令，并出具"财政直接支付汇总清算额度通知单""财政直接支付凭证"分别报送中国人民银行和代理银行。

⑤代理银行支付与反馈。代理银行收到国库支付中心的支付指令，依据支付凭证及时转账支付给收款人或用款单位，出具"财政直接支付入账通知书"报送预算单位。代理银行于支付当日将付款信息反馈给财政部门，并与人民银行进行清算。

⑥预算单位账务处理。预算单位根据代理银行出具"财政直接支付入账通知书"进行账务处理。

3. 财务共享中心内部和外部组织架构的重构分析

（1）授权支付业务的组织架构重构

借鉴企业的资金支付思路，资金支付的权限应当被集中到财务共享中心，由共享中心的资金管理中心审核后统一向银行签发支付指令，无须在各预算单位安排业务人员处理授权支付业务。借鉴企业业务审批、财务审核的思路，建议将纸质单据扫描成电子影像，便于审批、审核过程的流转。基于此，提出行政事业单位授权支付的新组织架构：

①授权支付申请在进入财务共享中心内部前需经历一系列业务流程，这就是财务共享中心和外部的对接过程。

A. 预算单位提出授权支付申请。预算单位报账会计依据批复的本单位分月用款计划，在国库集中支付系统中填写"财政授权支付申请书"并打印。

B. 影像扫描。预算单位扫描岗将纸质"财政授权支付申请书"和相关原始凭证扫描成电子影像上传。

C. 领导线上审批。单位负责人或者财务负责人调阅电子影像审批支付申请，审批通过后提交给共享中心。

②随后转入财务共享中心内部进行处理，需要设置相应的岗位进行操作。

A. 稽核岗稽核。影像流进入财务共享中心，共享中心稽核岗会计人员根据"授权支付申请书"及相关原始凭证的影像进行稽核。

B. 授权支付岗发出支付指令。财务稽核完成后，相关原始单据传递至资金管理科，授权支付岗通过系统生成"财政授权支付凭证"，传递至代理银行。

③数据流推送至代理银行，由代理银行进行付款操作。代理银行根据预算单位传递的授权支付凭证信息，核对用款信息，向收款人支付款项。支付完成后，将"财政授权支付入账通知书"以电子化形式发送给会计核算科，同时定期将对账单发送给资金管理科。

④最后业务流程又转入财务共享中心内部进行操作，由相应的岗位进行相关操作。

A. 核算岗编制记账凭证。核算岗收到代理银行发送的"授权支付入账通知书"后，依据预设的业务信息转换规则，"入账通知书"中的业务信息会自动转换为会计信息，生成准记账凭证，核算岗只需进行确认即可快速生成记账凭证。

B. 记账凭证复核岗进行复核。记账凭证复核岗对记账凭证进行复核，可利用系统进行高效处理。

C. 对账组对账。资金管理科的对账组需要定期对单位零余额账户额度情况与代理银行提供的对账单进行核对。

财政授权支付的新流程仅仅改变支付指令签发的主体,即由原先的预算单位变为财务共享中心内部的"授权支付岗";但是不改变涉及的银行账户与账务处理规则,也不改变授权支付的资金使用范围,各预算单位对于预算内资金仍然具备自主使用的权利(见图7-11)。

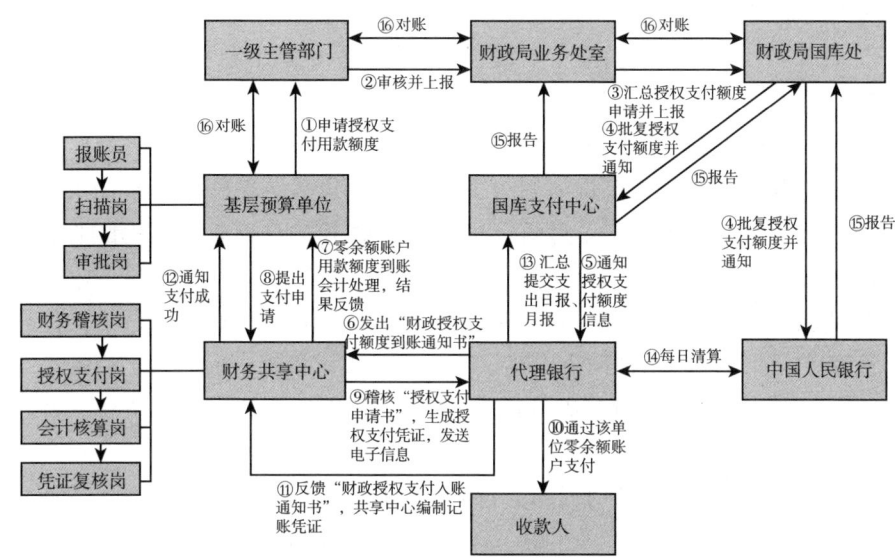

图7-11 基于财务共享服务中心财政授权支付业务的组织架构重构

(2)直接支付业务的组织架构重构

财政授权支付只需在基层预算单位内部之间进行审批,由预算单位自身签发支付令;而财政直接支付在各预算单位内部审批后,还需要经过财政部门业务处、国库支付中心的审批,由国库支付中心签发支付指令。基于此,如果与财政授权支付一样,在财务共享中心内部设置直接向代理银行签发支付指令的岗位,那么直接支付和授权支付就会得不到区分;另一方面,若省略了财政部门国库支付中心的审核程序,便无法实现对直接支付业务加强监管的目的。所以,财务共享中心不应该设置直接向代理银行直接签发支付指令的岗位,但是可以设置一个"直接支付申请岗",既能代替预算单位向国库支付中心提出直接支付的申请,又能实现区分直接支付和授权支付的目的。基于此,可以提出行政事业单位直接支付的新组织架构:

①直接支付申请在进入财务共享中心内部前需经历一系列业务流程,这就是外部和财务共享中心的对接过程:

A. 基层预算单位提出申请用款。基层预算单位依据批复的部门预算和用款计划，通过国库支付系统填写"财政直接支付申请书"，向一级预算单位提出支付申请，后附原始凭证交给主管部门。

B. 主管部门网上审批并汇总用款申请。一级预算单位依据预算与用款计划在网上进行审批、汇总，并打印"财政直接支付汇总申请书"，在此过程中可通过预算控制系统自动判断出申请是否符合预算额度。

C. 影像扫描。扫描岗扫描"财政直接支付汇总申请书""财政直接支付申请书"和相关原始凭证，生成影像。

②随后转入财务共享中心内部进行处理，由相应的岗位进行相关操作：

A. 稽核岗稽核。影像流进入财务共享中心，共享中心稽核岗会计人员根据"财政直接支付汇总申请书""财政直接支付申请书"及相关原始凭证的影像进行稽核。

B. 直接支付申请岗发出支付申请。财务稽核完成后，相关原始单据传递至资金管理科，直接支付申请岗点击确认，将国库支付系统中的支付申请推送至国库支付中心，并将"财政直接支付汇总申请书""财政直接支付申请书"及相关原始凭证的影像传递至国库支付中心。

③数据流推送至财政部门国库支付中心和代理银行：

A. 国库支付中心。国库支付中心依据部门预算及用款计划审核支付申请，查核相关原始单据的影像，向代理银行签发支付指令，并出具"财政直接支付汇总清算额度通知单""财政直接支付凭证"分别报送中国人民银行和代理银行，在此过程中可通过预算控制系统自动判断出申请是否符合预算额度。

B. 代理银行支付与反馈。代理银行收到国库支付中心的支付指令，依据支付凭证及时转账支付给收款人或用款单位。支付完成后，代理银行将"财政直接支付入账通知书"以电子形式发送给会计核算科，同时定期将对账单发送给资金管理科。

④最后业务流程又转入财务共享中心内部进行操作，由相应的岗位进行相关操作：

A. 核算岗编制记账凭证。核算岗收到代理银行发送的"直接支付入账通知书"后，依据预设的业务信息转换规则，"入账通知书"中的业务信息会自动转换为会计信息，生成准记账凭证，核算岗只需进行确认即可快速生成记账凭证。

B. 记账凭证复核岗进行复核。记账凭证复核岗对记账凭证进行复核，可利用系统进行高效处理。

C. 对账组对账。资金管理科的对账组需要定期对单位零余额账户额度情况与代理银行提供的对账单进行核对。

财政直接支付的新流程使得财务共享中心增加了一个新的类型的岗位，即"直接支付申请岗"。并且，将财政部门业务处的审核工作交由财务共享中心的稽核岗完成。但是不改变所涉及的银行账户与账务处理规则，也不改变直接支付的资金使用范围（见图7-12）。

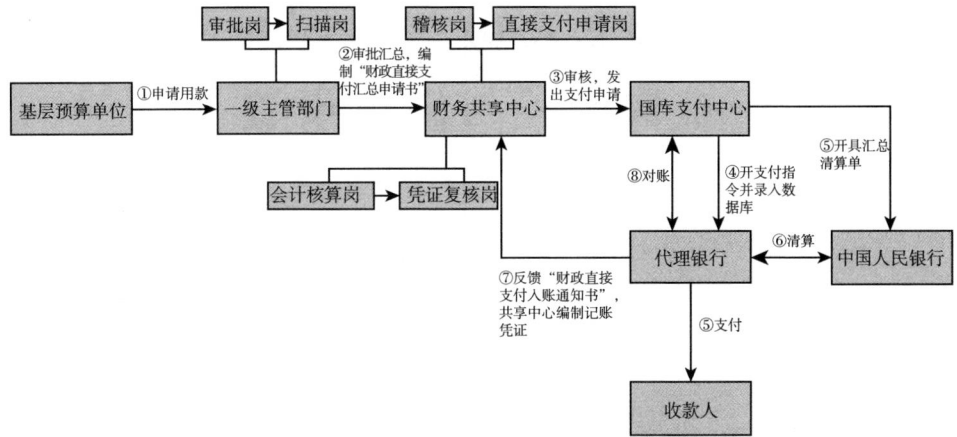

图7-12 基于财务共享服务中心财政直接支付业务的组织架构重构

第八章

行政事业单位财务共享中心的机构设置与岗位设置

一、集中核算阶段的机构设置与岗位设置

(一) 集中核算阶段的机构设置

集中核算阶段是财务共享中心建设的初级阶段,此时只在厅级范围实现核算共享。财务共享中心的辐射范围主要涉及各厅级行政事业单位,如教育厅、公安厅、卫生厅、交通厅等。对于此阶段财务共享中心的组织架构,前文已做说明:可在财政厅内设财务共享处,也可在财政厅下设财务共享局。但无论是选择哪种组织机构设计方案,这个阶段财务共享的目标是唯一的,财务共享中心内部的机构设置也不会因为组织机构设计方案的不同而产生变化。这个阶段下,参考中兴的财务共享中心的共享财务部的内部设置,行政事业单位共享中心内部可以设置会计核算科、资金支付科、运营维护科和档案管理科。集中核算阶段的机构设置如图 8-1 所示,以下会分别论述设置各个科室的原因和各个科室的职责 (见图 8-1)。

1. 会计核算科

会计核算是财务共享中心最基础的工作,和企业一样,行政事业单位的财务

第八章 行政事业单位财务共享中心的机构设置与岗位设置

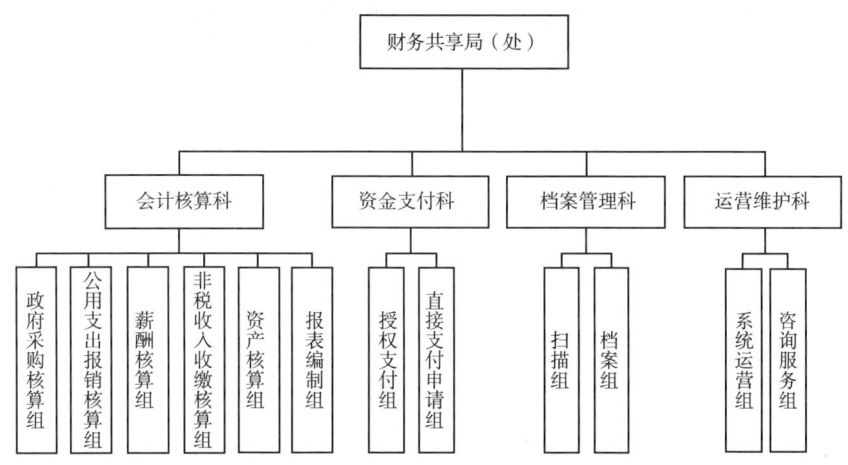

图8-1 集中核算阶段的机构设置

共享中心应设置专门的会计核算科来负责会计核算工作。

企业财务共享中心的会计核算部门"按业务循环类型划分工作组",行政事业单位也可借鉴此原则,根据具体的业务类型来划分核算工作组。

行政事业单位的重要业务类型包括政府采购、公用支出报销、资产管理、薪酬发放、非税收入收缴等,那么可以设置政府采购核算组、公用支出报销核算组、薪酬核算组、非税收入收缴核算组、资产核算组等,每个工作组专门负责该类业务的核算,另外还需设置报表组来负责报表的编制。

2. 资金支付科

企业财务共享中心的资金科室主要负责的工作是资金结算和票据管理。对于行政事业单位而言,票据管理工作目前是由财政部门负责,财政部门组织印制发放中央行政事业单位资金往来结算票据、非税收入一般缴款书等财政票据。由于财政部门的票据监管的工作十分重要,不能简单地纳入财务共享中心处理。但是,行政事业单位可以考虑将资金支付工作集中到财务共享中心处理。

目前行政事业单位的资金支付业务分成授权支付和直接支付两类。

对于授权支付业务,在建立财务共享中心之前,是由各个单位进行财务审核后自行向代理银行发送支付指令;在建立财务共享中心之后,由于各个单位不再保留财务稽核与核算的职能,而授权支付又离不开财务审核,因此向代理银行发送授权支付指令的功能也应集中到财务共享中心,通过设置一个"授权支付组",即可实现授权支付的功能。

对于直接支付业务,在建立财务共享中心之前,是由各个单位内部审批后,交由财政部门业务处、国库支付中心审批，审批通过后由国库支付中心签发支付指令。在建立财务共享中心后，如果与财政授权支付一样，在财务共享中心内部设置直接向代理银行签发支付指令的岗位，那么直接支付和授权支付就会得不到区分；另一方面，若省略了财政部门国库支付中心的审核程序，便无法实现对直接支付业务加强监管的目的。所以，财务共享中心不应该设置直接向代理银行直接签发支付指令的岗位；但是可以设置一个"直接支付申请组"，既能代替预算单位向国库支付中心提出直接支付的申请，又能实现区分直接支付和授权支付的目的。

根据上述分析，在资金支付科内应设置"授权支付组"和"直接支付申请组"，"授权支付组"负责向各单位的代理银行发送授权支付指令，"直接支付申请组"负责审核各单位的直接支付需求后向国库支付中心提出直接支付申请。

3. 档案管理科

依据财务共享中心的业务工作流程，档案管理科的职能主要为：①接受各单位邮寄至共享中心的原始单据并进行汇总扫描、暂存管理；②对共享中心处理完毕的业务进行记账凭证、报表的集中打印、原始凭证和记账凭证的集中粘贴；③将业务处理完毕的账簿、报表打印并装订，进行归档管理，便于日后查阅；④将核算人员反映的核算过程中发现的有问题的原始单据找出并汇总邮寄至原预算单位；⑤在对业务处理完毕后，将粘贴好原始凭证的账簿、报表邮寄回原预算单位；⑥对档案的日常管理，包括档案的查阅、出借、盘点管理。据此，在档案管理科下设置档案组和扫描组。

（1）扫描组

主要负责接收各预算单位邮寄到共享中心的原始单据，并进行集中汇总扫描；将业务处理完成后的记账凭证打印并与原始单据粘贴好，连同账簿、报表一并送至档案组进行暂存管理；将记账人员反映的记账过程中有问题的原始单据找出并汇总寄回原预算单位。

关于原始单据的汇总扫描，由扫描人员进行集中、分类扫描，将原始单据转化成电子影像，传递至共享系统中。扫描过程中，注意扫描原始单据前的二维码封面。扫描完成后，将原始单据汇总并进行暂存管理。

业务处理完成后，扫描组将记账凭证依次从系统中打印出来并与原始单据进行粘贴，将其与打印好的账簿、报表进行暂时存档，这些档案是归属于各预算单位的，后期会寄送给原预算单位。

记账人员在记账过程中发现的有问题的原始单据会将其退回到原扫描平台上，扫描组工作人员根据该业务的单号找到与其相对应的原始单据，进行汇总，定期寄回原预算单位。

（2）档案组

主要负责对扫描组暂存的记账凭证、账簿、报表进行管理并定期寄送给原预算单位，对核算完成后的账簿、报表进行打印、归档整理，对档案的查阅、出借、盘点进行日常管理。

对扫描组暂存的记账凭证、账簿、报表进行暂存管理，由档案组人员对扫描组粘贴好原始单据的记账凭证进行条形码扫描，入库后由档案组人员定期对记账凭证、账簿进行整理、装订并寄送给相应的预算单位。

对于保存在共享中心内部的档案资料，区别于前文所提的归还给各预算单位的账簿、报表。由于预算单位传递到共享中心的原始单据在业务处理完毕后需定期连同记账凭证定期寄送给原预算单位，因此，在共享中心内部档案保存环节，档案组人员需要将影像原始凭证和记账凭证、账簿、报表一并打印出来并装订好，按照各预算单位名称、时间顺序进行归档。在归档环节，档案组工作人员需要同步更新系统中该账簿或报表在档案库中的状态，如在库、借阅、丢失等。

档案的日常管理工作包括档案的查阅、出借和盘点。档案的查阅和出借申请包括影像档案的借阅申请和纸质档案的借阅申请。关于影像档案的借阅申请，相关被授权人员可以直接通过系统调阅单据、凭证、报表的影像；未直接授予档案查询权的用户若存在档案查询需求，需要在系统中发起档案影像借阅请求，该请求随工作流引擎被推送给档案管理员；若通过审批，借阅人则在一定期限内拥有档案查询的权限。关于纸质档案原件的调阅申请，相关人员需要严格按照借阅制度，通过邮件发送借阅申请，经单位领导审批、档案管理员审核后，由财务共享服务中心统一进行邮寄或出借。档案组的工作人员需要及时更新档案在系统中的状态，确保系统能实时反映各档案的状态。同时，工作人员需要对档案库中的档案进行定期盘点，对未收回的出借档案进行催促收回，对盘点过程中出现的问题及时查明原因并向领导汇报。

4. 运营维护科

财务人员主要通过财务共享系统推进实现财务共享战略目标。根据战略目标实现需求，为确保和实现财务共享系统使用过程中的安全问题、系统维护、功能优化升级等目标，现在设置运营维护科，并将其职能定位为以下3点。①对系统进行日常维护，确保财务信息安全和解决系统日常运营中的错误和问题；②对系统功能进行优化升级，根据不同阶段的战略目标和共享中心内其他部门、科室的工作需求对系统进行功能上的优化升级；③提供咨询服务，负责解答财务人员操作层面的问题以及和外部有关系统开发的人员进行对接。据此，我们建议在运营维护科下设置两个组，系统运营组和咨询服务组。

（1）系统运营组

主要负责日常系统维护和系统功能升级。

在日常系统维护中，系统运营组一方面维护财务信息的安全，另一方面解决系统日常运营过程的问题。财务共享处（局）在本阶段汇总了各级主管部门的财务数据和信息，在以后阶段会接触到更多预算单位的财务数据和信息，如何保护信息安全问题，防止财务信息泄露成了系统运营组的首要工作任务。系统运营组通过对共享中心内部人员和委托单位财务人员的权限申请进行审核，对委托单位不同层级的财务人员、共享中心内部从事不同业务、不同级别的人员进行权限设置，确保各用户在工作范围和职权范围内查看财务信息，确保了财务信息的私密性。系统运营组还需对共享系统安全隐患漏洞进行日常的排查和修复，对日常运营过程中出现的非法入侵现象进行及时处理并进行系统升级解决安全隐患。

在系统功能升级方面，系统运营组依据其他部门的财务人员提出的需求点对系统功能进行升级优化。其他部门的财务人员主要依据工作目标、工作任务对系统功能提出改进的要求并反馈给运营维护科的系统运营组，系统运营组人员在统筹考虑需求性、技术可行性、经济可行性等各方面因素后将其设计到系统中，使需求得以实现。系统运营组这一职能的实现尤其体现在财务共享中心战略目标出现阶段性变化的时候。系统运营组根据目标变化对系统中原有的功能模块以及各模块中实现的功能进行修改变动或增设新的功能模块。如共享中心发展到第二阶段出现业财融合目标时，系统运营组需要据此将系统完成与业务系统的对接和在原有系统上增设相关模块，实现业财融合的目标。

（2）咨询服务组

咨询服务组的职责，一是辅助其他部门的财务人员实现熟悉操作共享系统的目标。在财务人员遇到操作问题时，解决问题协助操作。另一方面，在系统运行过程中，如果出现棘手的维护问题或系统再开发的问题需要外部系统开发维护人员对系统进行重整。此时，咨询服务组负责与这些外部人员进行对接，辅助其完成系统重整。

第八章　行政事业单位财务共享中心的机构设置与岗位设置

（二）集中核算阶段各机构内部的岗位设置

1. 会计核算科

参考企业按流程环节划分岗位的理念，应在每个工作环节上安排一个岗位。以下是对各个工作组内部岗位的介绍。

（1）政府采购核算组

①审核岗。负责对系统中的政府采购申请单明细信息与原始凭证影像进行核对，并且负责发票的审核。审核内容包括：采购发票的真实性、电子申请单、原始单据电子影像等相关文件信息是否一致、是否已经过审批盖章、金额是否准确、内容是否完整。操作方法：审核岗从"待审核任务池"中提取任务，然后通过双屏审核的方式进行处理，一台显示器显示报账员或业务员在系统中提交的政府采购申请明细信息，另一台显示器显示采购合同、验收清单、发票、政府采购计划函等原始凭证的扫描件。

②复核岗。负责再次对系统中的政府采购申请单明细信息与原始凭证影像进行核对，并且负责发票的再次审核。复核内容包括：采购发票的真实性、电子申请单、原始单据电子影像等相关文件信息是否一致、是否已经过审批盖章、金额是否准确、内容是否完整。操作方法：复核岗从"待复核任务池"中提取任务，然后通过双屏审核的方式进行处理，审核通过后，工作任务进入"待支付任务池"。

③政府采购核算岗。负责在财务系统中编制与政府采购业务相关的记账凭证。操作方法：政府采购核算岗从"待制单任务池"中提取任务，此时核算系统会自动提取单据中的经济信息，依据一定的转化规则转化成会计信息，生成准记账凭证，政府采购核算人员需对准记账凭证进行确认，生成记账凭证。

④记账凭证复核岗。负责复核与政府采购业务相关的记账凭证。操作方法：记账凭证复核岗从"待复核记账凭证的任务池"提取任务，可进行批量处理。

（2）日常公用支出报销核算组

公用支出方式可分为公务卡结算、银行转账结算、现金结算三类，日常公用支出报销核算组负责针对这三种结算方式下的费用报销类业务进行核算。

①审核岗。审核岗负责审核费用报销的电子申请单明细信息和原始凭证影像。审核内容包括：电子单据、原始单据电子影像等相关文件信息是否一致、是否已经过审批盖章、金额是否准确、内容是否完整。操作方法：审核岗从"待审

核任务池"中提取任务,然后通过双屏审核的方式进行处理。

A. 对于公务卡结算方式下的公用支出报销业务,在公务卡报销环节,审核岗负责审核公务卡报销凭证和供应商开具的发票、交易凭条等纸质原始凭证的影像;在公务卡还款环节,审核岗负责审核公务卡报销凭证的影像和代理银行传来的"授权支付入账通知书"和"公务卡还款信息表"。

B. 对于银行转账结算方式下的公用支出报销业务,审核岗负责审核系统中的电子报销申请单和供应商开具的发票、交易凭条等纸质原始凭证的影像。

C. 对于现金结算方式下的公用支出报销业务,在借支环节,审核岗负责审核已经批准的借支申请单的电子影像;在报销结算环节审核岗负责审核电子报销单和预算单位的备用金提取申请。

②复核岗。复核岗负责复核费用报销的电子申请单明细信息和原始凭证影像。具体审核内容与操作方法与上述审核岗一致。审核通过后,需要支付的业务进入"待支付任务池",不需支付只需记账的业务进入"待制单任务池"。

③公用支出报销核算岗。负责在财务系统中编制与公用支出报销业务相关的记账凭证。操作方法:公用支出报销核算岗从"待制单任务池"中提取任务,此时核算系统会自动提取单据中的经济信息,依据一定的转化规则转化成会计信息,生成准记账凭证,公用支出核算岗需对准记账凭证进行确认,生成记账凭证。

④记账凭证复核岗。负责复核与公用支出报销业务相关的记账凭证。操作方法:记账凭证复核岗从"待复核记账凭证的任务池"提取任务,可进行批量处理。

(3) 薪酬核算组

在建立财务共享中心前,行政事业单位薪酬发放是先由各单位录入工资信息,经编制部门、人事部门审核后报送国库支付中心,国库支付中心审核后进行直接支付,各单位只需在支付后根据代理银行传来的"财政直接支付入账通知书"和工资发放明细表进行账务处理即可。由此可见,在建立财务共享中心前,整个过程不需要预算单位进行财务审核,因此在建立财务共享中心后也不需要财务共享中心进行财务审核,所以无须设置财务审核岗和复核岗。但是由于财务共享中心具有集中核算的责任,最终的账务处理仍需要由财务共享中心的核算岗完成。所以薪酬核算组内应设置薪酬核算岗和记账凭证复核岗。

①薪酬发放核算岗。负责依据代理银行传来的"财政直接支付入账通知书"和工资发放明细表编制记账凭证。操作方法:薪酬发放核算岗从"待制单任务池"中提取任务,系统依据预设的业务信息转换规则将业务信息会自动转变为会

计信息，生成准记账凭证，核算岗需要进行确认，生成记账凭证。

②记账凭证复核岗。负责复核与薪酬发放业务相关的记账凭证。操作方法：记账凭证复核岗从"待复核记账凭证的任务池"提取任务，可进行批量处理。

（4）非税收入收缴核算组

由于目前非税收入收缴实行电子化，在信息流转的过程中不再涉及纸质原始凭证，也不需要各单位自身进行资金支付，所以在建立财务共享中心后，不需要财务共享中心进行财务审核，无须设置财务审核岗和复核岗。但是由于财务共享中心具有集中核算的责任，最终的账务处理仍需要由财务共享中心的核算岗完成。所以非税收入收缴核算组内应设置非税收入收缴核算岗和记账凭证复核岗。

①非税收入收缴核算岗：负责依据电子化的"非税收入一般缴款书"和代理银行传来的收缴反馈信息编制记账凭证。操作方法：非税收入收缴核算岗从"待制单任务池"中提取任务，系统根据"非税收入一般缴款书"和相关收款、缴款信息，自动提取其中的经济信息，快速转换成会计信息，生成准记账凭证，核算岗需要进行确认，生成记账凭证。

②记账凭证复核岗：负责复核非税收入收缴相关的记账凭证。操作方法：记账凭证复核岗从"待复核记账凭证的任务池"提取任务，可进行批量处理。

（5）报表组

报表组负责编制财务报表并发送给各单位，并根据反馈修改报表。报表组下设报表岗。

报表岗。报表岗的首要工作是编制财务报表。报表岗在系统中选择所需报表类型，点击"计算"，系统依据公式从前端数据库中提取信息，自动产生当前期间的财务报表。其次，报表岗需要将报表上传至共享平台并向相应单位发送提醒。最后，当相应单位审核报表后反馈报表问题时，报表岗需要修正后重新上传。

（6）非货币性资产核算组

①审核岗。审核岗负责审核与资产取得、资产对外使用、资产维护、资产处置业务相关的原始凭证影像和从资产管理系统中传递过来的电子申请单明细信息。审核内容包括：电子单据、原始单据电子影像等相关文件信息是否一致、是否已经过审批盖章、金额是否准确、内容是否完整。操作方法：审核岗从"待审核任务池"中提取任务，然后通过双屏审核的方式进行处理。

②复核岗。复核岗负责复核与资产取得、资产对外使用、资产维护、资产处置业务相关的原始凭证影像和从资产管理系统中传递过来的电子申请单明细信息。具体审核内容与操作方法与上述审核岗一致。审核通过后，需要支付的业务

进入"待支付任务池",不需支付只需记账的业务进入"待制单任务池"。

③非货币性资产核算岗。负责在财务系统中编制与非货币性资产业务相关的记账凭证。操作方法:非货币性资产核算岗从"待制单任务池"中提取任务,此时核算系统会自动提取单据中的经济信息,依据一定的转化规则转化成会计信息,生成准记账凭证,非货币性资产核算岗需对准记账凭证进行确认,生成记账凭证。

④记账凭证复核岗:负责复核与非货币性资产业务相关的记账凭证。操作方法:记账凭证复核岗从"待复核记账凭证的任务池"提取任务,可进行批量处理。

2. 资金支付科

前文已述,需要在资金支付科设置"授权支付组"和"直接支付申请组","授权支付组"负责向各单位的代理银行发送授权支付指令,"直接支付申请组"负责审核各单位的直接支付需求后向国库支付中心提出直接支付申请。以下是对各个组内岗位设置的介绍。

(1) 授权支付组

下设授权支付岗,负责向各单位的代理银行发送授权支付指令。对于属于财政授权支付的业务,财务稽核后工作数据流传递至"授权支付岗","授权支付岗"负责通过国库支付系统生成"财政授权支付凭证",支付指令传递至代理银行。

(2) 直接支付申请组

下设直接支付申请岗,负责审核各单位的直接支付需求后向国库支付中心提出直接支付申请。对于属于财政直接支付的业务,财务稽核后工作数据流传递至"直接支付申请岗",由"直接支付申请岗"进行确认,将国库支付系统中的支付申请推送至国库支付中心,并将"财政直接支付汇总申请书""财政直接支付申请书"及相关原始凭证的影像传递至国库支付中心。

3. 档案管理科

根据档案管理科的机构设置和职能定位,现对档案管理科进行岗位设置。

(1) 扫描组

设置单据接受管理岗,单据扫描岗,以下为对岗位职责的界定:

①单据接受管理岗。负责接受各预算单位寄到共享中心的原始单据并将其进行分类管理。负责找出记账活动中审核出的有问题的单据并将其汇总邮寄至原预

算单位。

②单据扫描岗。负责将分类汇总后的原始单据进行扫描,先扫描单据条形码封面,后扫描原始单据。根据条形码在财务系统中找到已经处理完毕的业务,再次核对实物单据和电子影像是否完全一致,打印系统中的记账凭证,和相应的实物原始凭证进行匹配,形成完整的会计凭证。以凭证号码作为排序依据,对会计凭证进行整理装订并将装订好的会计凭证传递至档案组进行暂存管理。

(2) 档案组

设置归档岗、档案管理岗,以下为对其岗位职责的界定:

①归档岗。负责将扫描组传递来的粘贴好的记账凭证、账簿、报表进行分类,扫描其凭证上的条形码进行入库暂存,定期对其进行整理、装订并寄送给原预算单位。负责定期打印整理各预算单位的账簿、报表,传递给档案管理岗作为共享中心内部的档案进行归档管理。

②档案管理岗。负责共享中心内部档案的归档、借阅、盘存等日常管理。在系统中对档案状态的变更进行及时更新,对纸质档案和影响档案的借阅与查看权限进行严格的审核,对档案进行定期、不定期盘点,确保档案的完整和安全,并将盘点后的异常情况及时汇报给领导。

4. 运营维护科

根据运营维护科的机构设置和职能界定,现对运营维护科进行岗位设置。

(1) 系统运营组

设置系统权限管理岗、信息安全监控岗、系统升级维护岗,以下对其职责进行界定。

①系统权限管理岗。主要负责对共享中心内部不同层级不同业务领域的人员以及各委托单位不同层级不同领域的财务人员进行系统、模块的权限设置,确保财务信息的私密性和安全性。

②信息安全监控岗。主要负责确保信息系统的安全问题。对系统安全隐患进行排查并进行修复。对系统进行定期安全性能检查并升级,对非法侵入系统的行为进行及时阻断并解决。

③系统维护岗。主要负责整个财务共享服务中心的系统日常维护工作和系统功能升级优化。日常维护工作主要包括对数据进行维护和升级管理,当各种软硬件设备出现问题时,第一时间进行维修,确保共享中心工作进行。系统功能升级优化包括对战略目标变化下系统的功能进行升级配套,对其他部门的人员对系统改进提出的新的需求点进行分析并实现。

(2) 咨询服务组

设置咨询服务岗，负责协助解决操作人员遇到的问题；负责协助传播、传授新的流程运营规章制度及软件使用方法等；负责与外部系统维护开发人员进行对接，辅助实现系统维护、优化升级。

二、业财融合阶段的机构设置与岗位设置

(一) 业财融合阶段的机构设置

在业财融合阶段下，财务共享局为实现业财融合的目标，需要新增业务财务部，因此将原集中核算阶段下的会计核算科、档案管理科、资金支付科、运营维护科纳入共享财务部，与业务财务部平级。至此，业财融合阶段下的财务共享局机构设置下设共享财务部和业务财务部，共同实现业财融下的财务共享目标。业财融合阶段的机构设置如图8-2所示，以下会对各部内具体的机构设置和职能进行一一介绍。

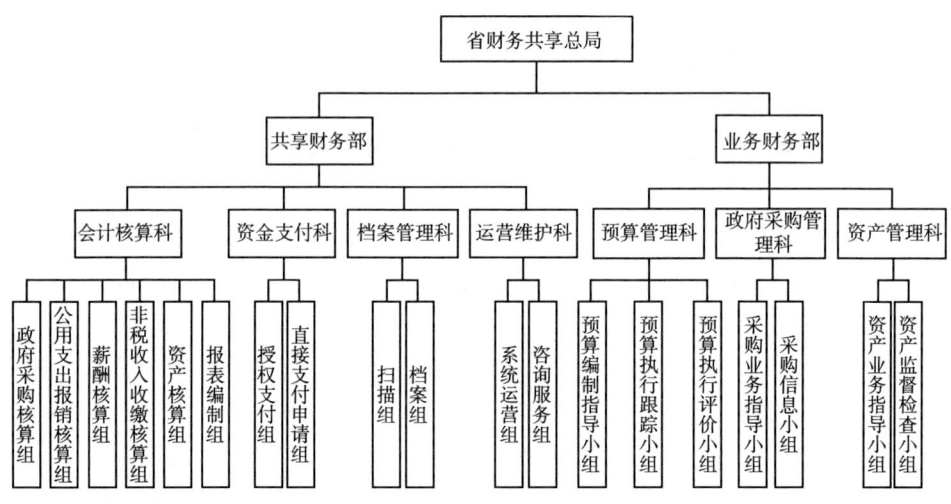

图 8-2 业财融合阶段的机构设置

1. 共享财务部

业财融合阶段下共享财务部的机构设置同集中核算阶段的机构设置，共享财

务部下设会计核算科、档案管理科、资金支付科和运营维护科。

前3个科室的职能和科室内机构设置没有任何变化，具体可见上一阶段的阐述。

但是，运营维护科的职能发生了略微的变化，在业财融合阶段其职能得到扩充。这一阶段运营维护科的职能除实现集中核算阶段下的系统日常维护、系统功能优化升级和提供咨询服务外，运营维护科还需要将原有的财务共享系统与财政厅国库支付系统、财政厅和各预算主管部门的预算管理系统、政府采购系统实现无缝对接，在模块设置和系统功能升级上，系统维护组需要在系统模块中增设预算管理模块，政府采购管理模块和资产管理模块或将共享系统与业务财务部3个科室使用的预算管理系统、政府采购管理系统和资产管理系统对接起来，方便业务财务部从核算系统中抽取数据，满足业务财务部的业财融合的需求。同时，在业务财务部建设与发展的过程中，运营维护科需要根据业务财务部下3个科室人员的提出的需求点进行系统的维护与功能的升级。

2. 业务财务部

业务财务部的设立目的是指导各主管单位业务与财务实现无缝对接，同时实现财务指导业务开展，业财融合的目标。各主管单位中需要财务对接的业务主要有3类，预算业务、政府采购业务和资产管理业务。因此，在业务财务部内按这3类业务下设3个科室，分别为预算管理科、政府采购管理科和资产管理科。

（1）预算管理科

在业务财务部设置预算管理科的目的是实现两方面的对接：一是与财政厅的预算处进行对接；二是与各预算单位进行对接，为各预算单位提供预算业务的指导。根据预算的编制、执行、事后评价的流程，可在预算管理科下设预算编制指导小组、预算执行跟踪小组、预算执行评价小组。

①预算编制指导小组。预算编制指导小组负责就预算编制业务对接各预算单位和财政厅的预算处。就预算编制指导小组与各预算单位的对接方面而言，在各个单位编制部门预算或者期中调整预算时，预算编制指导小组负责根据以前年度的预算信息进行分析，对各部门预算编制和调整的合理性进行把关，为其预算编制和调整提供指导。就预算编制指导小组与财政厅预算处的对接方面而言，在财政厅预算处审核、批复和调整部门预算时，预算编制指导小组应为提供意见参考。

②预算执行跟踪小组。预算执行跟踪小组负责在预算执行过程中对接各预算单位和财政厅的预算处。就预算执行跟踪小组与各预算单位的对接方面而言，预

算执行跟踪小组负责向各单位实时汇报本单位的预算执行进度、资金状况，并以图表的方式呈现出来。当预算数与实际数存在较大差异时，帮助领导追踪查询具体哪一项预算项目发生偏差，分析原因，并将责任落实到具体预算单位或有关责任人。就预算执行跟踪小组与财政厅预算处的对接方面而言，预算执行跟踪小组负责及时向财政厅预算处汇报各单位的预算执行情况。

③预算执行评价小组。预算执行评价小组负责在预算执行结束后对接各预算单位和财政厅的预算处。就预算执行评价小组与各个预算单位的对接方面而言，预算执行跟踪小组负责对本期预算执行情况进行智能分析，并向预算单位输出预算执行评价报告。就预算执行评价小组与财政厅预算处的对接方面而言，预算执行跟踪小组负责及时向财政厅预算处提交各单位的预算执行评价报告，为其下期组织编制年度省级全口径预算草案和省级预算调整草案提供参考。

（2）政府采购管理科

业务财务部的政府采购科主要为共享中心与各预算单位政府采购业务更好地对接，以及更好地指导各预算单位政府采购业务的开展而设立。政府采购科的主要职能定位：一是在各预算单位进行年初采购预算时、年中采购业务开展时，对各预算单位的采购业务提供采购价格、供应商、合同等方面的建议指导。二是各预算单位采购业务完成后，对采购业务的完成情况进行考察和绩效考评。三是在财政厅对各预算单位采购申请进行审核批复时，为财政厅政府采购管理处提供建议。四是利用共享中心信息集成的特性建立并完善政府采购业务的数据库，与各预算单位政府采购处和财政厅政府采购管理处相对接，共同推进政府采购业务上的业财融合。根据职能定位在政府采购管理科下设采购业务指导小组和采购信息小组。

①采购业务指导小组。采购业务指导小组负责在各预算单位年初进行采购预算计划、年中开展采购业务时提出建设性建议，在采购业务完成后对采购业务的最终完成情况进行数据分析、绩效考核并将其录入采购业务的数据库中，在财政厅政府采购管理处批复各预算单位采购计划或处理采购业务完成后的资金拨付申请时，可以参考采购业务指导小组给出的建议。

各预算单位无论是在年初对本年度采购计划进行预算编制时，还是年中需要追加采购预算时，都需要对共享财务局的业务财务处提出申请，采购业务指导小组根据采购业务申请的内容，和采购信息小组依据申请和数据库中的信息，从财务角度制定出一份建议书，这份建议书将保存在政府采购管理系统中，与各预算单位和财政厅的政府采购管理系统相对接，其中包括对采购价格、采购合同条款修订、采购商等，各预算单位根据自身的实际情况，参考建议书再制订相应的采购计划。

财政厅政府采购管理处在接收到各预算单位递交的采购计划或采购完成后的支付申请,进行批复时,可从政府采购系统查看业务财务部对该采购计划给出的合同价格、合同条款等方面的建议,参考共享中心业务财务处的建议,对计划进行批复审核。

政府采购业务完成后,各预算单位向共享中心共享财务部递交具体原始凭证进行会计核算后,业务财务部根据政府采购核算的实际支出和预算进行分析,将有关采购业务的绩效考核报告上传至采购管理系统,便于政府采购管理处对各预算单位的绩效评价以及下一年度各预算单位采购计划的编制和财政厅政府采购管理处的审批。

②采购信息小组。采购信息小组负责在各预算单位和财政厅政府采购管理系统原有的信息库基础上建立并完善共享中心的政府采购管理信息库,其中包括按预算单位名称、采购业务类型划分的采购价格、采购合同书、不同供应商信用、报价等信息,还包括各预算单位采购业务完成后采购业务指导小组做出的绩效分析考评报告等。

采购信息小组除建立并完善信息库外,在日常工作中,对各预算单位递交上的采购计划等,在系统的信息库中利用大数据分析技术对该计划提出数据信息上的方案建议并提交给采购业务指导小组,由采购业务指导小组对其进行细化形成建议书上传至政府采购管理系统并递交给相关预算单位。

(3) 资产管理科

在业务财务部设置资产管理科的目的是实现两方面的对接:一是与财政厅的资产处进行对接;二是与各个预算单位进行对接,为各个预算单位提供资产业务的指导。资产管理科下设资产业务指导小组、资产监督检查小组。

①资产业务指导小组。资产业务指导小组负责就资产配置、资产对外使用、资产处置等资产业务对接各个预算单位和财政厅的资产处。就资产业务指导小组与各个预算单位的对接方面而言,资产业务指导小组负责对各预算单位资产的配置、出借出租、处置决策提供合理性指导。就资产业务指导小组与财政厅资产处的对接方面而言,在财政厅资产处制订省级行政事业单位资产配置、更新、报废标准时,资产业务指导小组负责为其提供建议;在财政厅资产处审核与审批各单位的资产配置事项、资产处置和产权变动事项时,资产业务指导小组为其提供合理性分析。

②资产监督检查小组。资产监督检查小组负责就资产的清查盘点、资产评估、统计报告对接各个预算单位和财政厅的资产处。就资产监督检查小组与各个预算单位的对接方面而言,资产监督检查小组负责监督指导行政事业单位对国有

资产的动态管理和统计报告工作，监督其充分利用设备，避免资源浪费；就资产监督检查小组与财政厅资产处的对接方面而言，资产监督检查小组负责向资产处汇报资产的清查盘点、资产评估、统计报告工作，为其对预算单位的资产绩效考评工作提供数据支持。

（二）业财融合阶段各机构内部的岗位设置

1. 共享财务部

共享财务部下仍按照会计核算科、资金支付科、档案管理科和运营维护科进行岗位设置，前3个科室具体岗位设置和岗位职责与集中核算阶段相同，具体可见上文阐述。

运营维护科下仍按照系统运营组和咨询服务组进行岗位设置，系统运营组下设置系统权限管理岗、信息安全监控岗和系统升级维护岗，咨询服务组下设置咨询服务岗。系统升级维护岗在业财融合阶段下岗位职责得到扩充，负责将原有的财务共享系统与财政厅国库支付系统、财政厅和各预算主管部门的预算管理系统、政府采购系统实现无缝对接，并将业务财务部下三个科室使用的系统对接到共享系统后新设模块和系统功能上的升级。

2. 业务财务部

（1）预算管理科

根据政府采购管理科内机构设置和职能定位，现对政府采购科进行岗位设置。

①预算编制指导小组。下设多个预算编制指导岗，每个岗位与专门的单位进行对接，例如安排专门的人员与教育厅对接，再安排专门的人员与公安厅对接，此处不再穷举。

预算编制指导岗：负责根据以前年度的预算信息进行分析，对各部门预算编制和调整的合理性进行把关，为其预算编制和调整提供指导；负责在财政厅预算处审核、批复和调整部门预算时，为其提供意见参考。

②预算执行跟踪小组。下设多个预算执行跟踪岗，每个岗位与专门的单位进行对接，如安排专门的人员与教育厅对接，再安排专门的人员与公安厅对接，此处不再穷举。

预算执行跟踪岗：负责向各单位实时汇报本单位的预算执行进度、资金状况，并以图表的方式呈现出来；当预算数与实际数存在较大差异时，帮助领导追踪查询具体哪一项预算项目发生偏差，分析原因，并将责任落实到具体预算单位或有关责任人；负责及时向财政厅预算处汇报各单位的预算执行情况。

③预算执行评价小组。下设多个预算执行评价岗，每个岗位与专门的单位进行对接，例如安排专门的人员与教育厅对接，再安排专门的人员与公安厅对接，此处不再穷举。

预算执行评价岗：负责对本期预算执行情况进行智能分析，并向预算单位输出预算执行评价报告；负责及时向财政厅预算处提交各单位的预算执行评价报告，为其下期组织编制年度省级全口径预算草案和省级预算调整草案提供参考。

（2）政府采购管理科

根据政府采购管理科内机构设置和职能定位，现对政府采购科进行岗位设置。

①采购业务指导小组。设置采购业务咨询岗、采购业务考评岗，以下为对岗位职责的介绍。

A. 采购业务咨询岗。负责在各预算单位年初提出采购计划和年中增加采购预算时，根据采购信息小组提供的分析后的数据基础进行建议书编制并上传至采购管理系统，具体包括采购价格、供应商资质、采购合同条款等；负责在各预算单位开展采购业务时提供财务上的咨询和指导。

B. 采购业务考评岗。负责在各预算单位完成采购业务后依据采购完成情况以及审批后的采购预算进行采购业务的分析考评。

②采购信息小组。设置采购业务分析岗、采购信息咨询岗，以下为对岗位职责的介绍。

A. 采购业务分析岗。负责对各预算单位递交的采购计划在政府管理系统和政府采购信息库的基础上进行数据分析，为采购业务咨询岗进行采购建议书编制提供基础的数据信息资料。

B. 采购信息咨询岗。在系统与各预算单位和财政厅政府管理系统对接的基础上，负责建设和完善共享中心的政府采购管理信息库，包括但不限于各预算单位常见采购类型、不同采购类型下的标准合同、历史采购价格、供应商报价信息、供应商资质信息、采购业务几下分析考评等。采购信息咨询岗需要不断完善信息库的建设，将预算单位新出现的采购业务的信息纳入数据库中。同时，为了配合共享中心系统功能的维护升级，采购信息咨询岗需要根据业务财务处政府采购管理科的业务发展情况对系统建设和完善提出需求点和建议，并传达给运营维护科的系统维护岗，以供其进行系统功能的维护升级。

（3）资产管理科

根据资产管理科内机构设置和职能定位，现对资产管理科进行岗位设置。

①资产业务指导小组。设置多个资产配置管理岗、资产使用管理岗、资产处置管理岗，以下为对岗位职责的介绍。

A. 资产配置管理岗。负责利用往期资产核算数据对各预算单位资产的配置决策提供合理性分析，指导和协助预算单位资产管理员对各类所需配置资产的最低的使用年限、数量以及价格的上限进行明确，并根据市场物价水平、单位财力情况对其进行及时的调整；负责在财政厅资产处制定资产配置的标准时为其提供建议，在其审批预算单位的资产配置申请时为其提供意见参考。

B. 资产使用管理岗。负责利用往期资产核算数据对各预算单位资产的出借出租决策提供效益分析，帮助各单位提高资产使用效率；负责在财政厅资产处审批预算单位的资产产权变动事项时为其提供意见参考。

C. 资产处置管理岗。负责利用往期资产核算数据对各预算单位资产的处置决策提供合理性分析，帮助各单位提高资产使用效率；负责在财政厅资产处制定资产报废的标准时为其提供建议，负责在财政厅资产处审批预算单位的资产处置事项时为其提供意见参考。

②资产监督检查小组。设置多个资产监督检查岗，每个岗位与专门的预算单位进行对接。

资产监督检查岗。负责监督指导行政事业单位对国有资产的动态管理和统计报告工作，确保其准确掌握资产的属性、使用管理情况，监督其充分利用设备，避免资源浪费，确保资产管理过程的合理合法性；负责向资产处汇报预算单位的资产清查盘点、资产评估、统计报告工作，为其对预算单位的资产绩效考评工作提供数据支持。

三、行业集约化管理阶段的机构设置与岗位设置

前文已述，在这个阶段中，可以以行业为单位建立多个财务共享分局，把每个政府主管部门及其下属预算单位分别纳入每个分局，例如建立省教育厅财务共享分局，将教育厅及其下属的高校等多个预算单位纳入该分局。本节将介绍每个分局的机构设置。每个分局内除了设立共享财务部、业务财务部，本阶段还新增了一个行业研究部。第三阶段的机构设置如图8-3所示，以下会对各部内具体的机构设置和职能进行一一介绍。

第八章 行政事业单位财务共享中心的机构设置与岗位设置

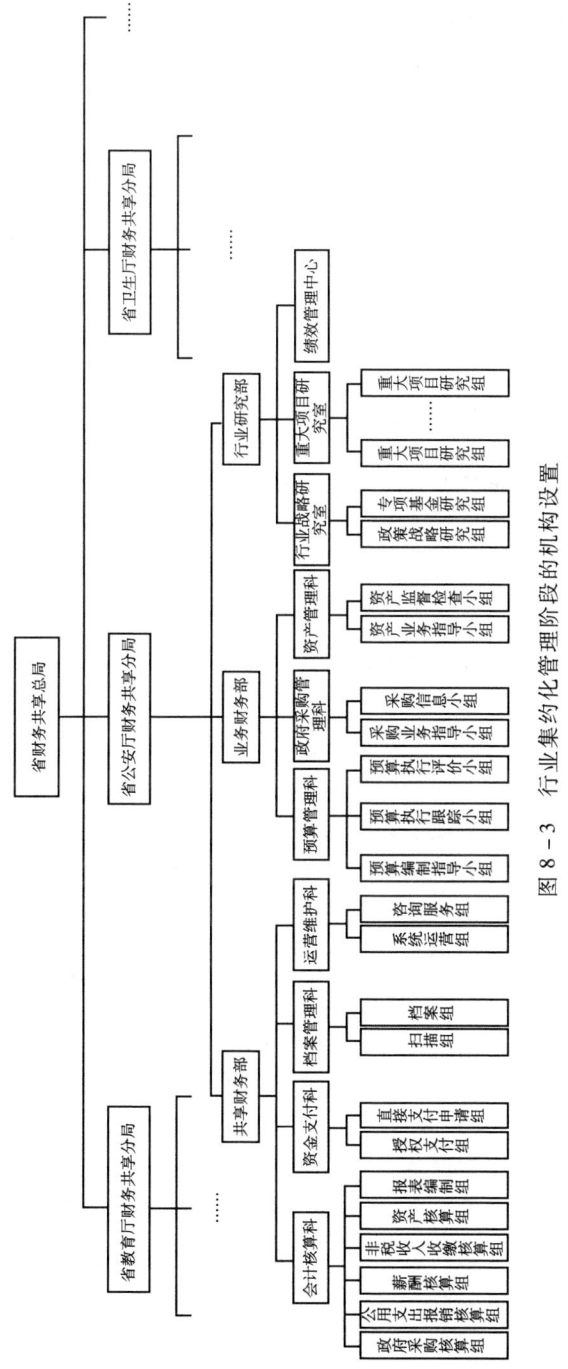

图 8-3 行业集约化管理阶段的机构设置

(一) 行业集约化管理阶段的机构设置

1. 共享财务部

行业集约化管理阶段下共享财务部的机构设置同前两个阶段的机构设置，共享财务部下设会计核算科、档案管理科、资金支付科和运营维护科。

但是4个科室中的运营维护科的职能相比较第二阶段又进行了扩充。为了实现财务支持战略发展的目标，这一阶段运营维护科需要在共享系统中增设行业研究分析模块，模块需要具备支持数据多维分析的功能以及支持自定义报表的功能，系统中需嵌入多种逻辑运算工具，模块支持成本、效益、可持续性等多种分析报告的编辑和存储。同时，在业务财务部和行业研究部的建设与发展的过程中，运营维护科需要根据这些业务人员和研究人员的提出的需求点进行系统的维护与功能的升级。

同时，共享财务部的服务对象发生了变化：原来省级财务共享总局的共享财务部的核算范围是各个厅，现在以行业为单位建立了多个财务共享分局后，每个财务共享分局内的共享财务部的核算范围是某个厅及其下属预算单位。

2. 业务财务部

行业集约化管理阶段下业务财务部的机构设置同前一个阶段的机构设置，业务财务部下设预算管理科、政府采购管理科和资产管理科。

但是业务财务部的服务对象发生了变化：原来省级财务共享总局的业务财务部服务的是各个厅，现在以行业为单位建立了多个财务共享分局后，每个财务共享分局内的业务财务部服务的是某个厅及其下属预算单位。

3. 行业研究部

行业研究部下设行业战略研究室、重大项目研究室、绩效管理中心。

（1）行业战略研究室

行业战略研究室的主要职能分为以下两点，①辅助财政厅和各预算单位制定本行业和本单位财政政策和行业政策，实现财政厅和各预算单位战略目标。②对各预算单位专项资金使用进行效益分析，提供建议，优化资金支出结构。据此，在行业战略研究室内划分为政策战略研究组和专项基金研究组。

①政策战略研究组。财政厅和各预算单位向共享局提出政策战略辅助研究需求后，政策战略研究组负责对财政厅和各预算单位拟定的政策草稿从财务的角度

进行可行性分析，包括但不限于成本分析、效益分析、可持续性分析等，出具相应的政策战略分析报告，供财政厅和各预算单位参考，财政厅和各预算单位在参考政策战略分析报告后，制订出符合各行业和各预算单位战略目标的财政政策和行业政策。在进行政策战略可行性研究时，研究组可在共享中心数据库的基础数据上进行分析。研究组在利用共享系统进行政策战略研究时，可对共享系统的建设完善提出要求并传达给共享财务部的运营维护科，例如系统支持数据定向分析、支持定制化报表等。

②专项基金研究组。各预算单位向共享局提出专项基金辅助研究需求后，专项基金研究组通过对各预算单位以前年度专项基金的使用情况进行效益分析来对本年度专项基金的使用提供建议，优化支出结构。专项基金的使用效益分析是指利用共享中心数据库和共享系统进行专项基金支出效益和支出结构的分析，出具相关分析报告，对下一年度专项基金的支出使用提供建设性意见。同时，研究组可在使用共享系统进行工作时对系统功能建设提出需求点，对完善系统提出建议。

（2）重大项目研究室

重大项目研究室的设立主要服务于各预算单位的重大项目，其研究的开展立足于立项阶段，对重大项目的可行性分析上，包括但不限于项目的成本分析、效益分析、可持续分析等，主要从财务的角度出具相关的经济可行性分析报告。各预算单位可参考分析报告决策项目是否开展该项目或修改项目开展计划，辅助各预算单位更好地进行重大项目建设，防止项目建设中或建设后出现经济上的重大纰漏。研究人员利用共享系统基于共享系统数据库进行分析，在工作开展过程中，研究人员可根据工作需求对系统功能升级和完善提出要求并转达给运营维护科，便于系统的升级完善。

（3）绩效管理中心

绩效管理中心的主要职能分为以下两点：一是协助各个行业主管部门组织开展某一行业内的经费使用绩效考核工作，结合财务数据形成分析图表，多角度多层次提取和展现资金运动情况，既便于主管部门领导从全局纵览厅本级和下属单位的总体财务状况，为主管部门提供本级和下属单位总体财务状况的基础数据和评价报告；二是向省财政厅汇报行业范围内的绩效管理工作，协助其开展省内绩效目标管理工作和绩效评价管理工作。

（二）行业集约化管理阶段各机构内部的岗位设置

1. 共享财务部

行业集约化管理阶段共享财务部下仍按照会计核算科、资金支付科、档案管理科和运营维护科进行岗位设置，前3个科室具体岗位设置和岗位职责与前两个阶段相同，具体可见上文阐述。

运营维护科下仍按照系统运营组和咨询服务组进行岗位设置，系统运营组下设置系统权限管理岗、信息安全监控岗和系统升级维护岗，咨询服务组下设置咨询服务岗。系统升级维护岗在行业集约化管理阶段下岗位职责得到扩充，负责在系统中新增行业研究分析模块，模块通过基于共享系统数据库通过逻辑运算、大数据分析支持成本、效益、可持续性等多种分析报告的编辑和存储，并在日常的系统维护升级工作中实现行业研究部和业务财务部人员提出的需求点。

2. 业务财务部

业务财务部仍按照预算管理科、政府采购管理科和资产管理科进行岗位设置，每个科室内岗位设置和岗位职责不变，只是服务对象发生了变更：原来的内部岗位服务的是各个厅，现在以行业为单位建立了多个财务共享分局后，业务财务部的内部岗位服务的是某个厅及其下属预算单位。

3. 行业研究部

（1）行业战略研究室

根据行业战略研究室的内部机构设置和职能定位，进行岗位设置，以下为对其职责以及分工的介绍。

①政策战略研究组。政策战略研究岗。负责出具行业政策和财政政策的可行性分析报告，辅助各预算单位和财政厅实现战略目标。

政策战略研究组不同于其他部门其他科室的岗位设置，其主要是从事政策战略可行性研究的人员。因此，建议政策战略研究组内只设政策战略研究岗，但在具体分工时按团队进行划分，研究组划分为若干团队，每一个团队对应一个行业或一个预算单位的政策制定研究，以团队形式开展工作。

②专项基金研究组。专项基金研究岗：负责出具专项基金支出分析报告，通过效益分析为优化专项基金支出结构提供建议。

专项基金研究组的分工类似于政策战略研究组，其内部只设置专项基金研究岗，具体工作时按团队划分，研究组内形成若干团队，每一个团队对应一个或多个专项基金的研究。

（2）重大项目研究室

项目研究岗：负责出具重大项目可行性分析报告，以数据为基础，对重大项目进行不同层面的经济可行性分析并给各预算单位提供建议。

重大项目研究室内和行业战略研究室相同，只设置项目研究岗，在研究室内按团队划分，每一个团队对应一个重大项目，团队内区分项目组长和组员，由组长牵头，以团队形式开展工作。

(3) 绩效管理中心

绩效管理中心内设置一个主任和多个绩效管理岗。

绩效管理岗：负责结合财务数据形成分析图表，多角度多层次提取和展现资金运动情况，为行业主管部门提供本级和下属单位经费使用情况的基础数据和经费使用绩效评价报告。

绩效管理主任：负责向省财政厅汇报行业范围内的绩效管理工作，协助其开展省内绩效目标管理工作和绩效评价管理工作。

四、全面共享和战略决策支持阶段的机构设置与岗位设置

第四阶段是全面共享和战略决策支持阶段，是在第三阶段的基础上进行纵向延伸。第四阶段，共享不再局限在省级层面，而是扩展至市、县层面。在各个市、县增设作为市财政局下属预算单位的财务共享分局，以集中处理市政府主管部门及所属的各预算单位的会计业务，同时，支持各市、县财政局下预算单位的业财融合和行业的集约化管理。

(一) 全面共享和战略决策支持阶段的机构设置

由于第四阶段的财务共享是在第三阶段基础上进行的纵向延伸，因此，第四阶段各财务共享分局内部机构设置与第三阶段各分局内部机构设置基本保持一致。按照第三阶段的研究结论，第四阶段，在市、县财务共享分局中仍按照职能设置财务共享部、业务财务部、行业研究部3个部门，各部门履行职能与第三阶段相同，只是省、市、县3个层级的共享中心内部各部门的服务对象范围不同：省级共享中心内部机构的服务对象是省政府主管部门及其下属各预算单位；市共享分局内部机构的服务对象是市政府主管部门及其下属各预算单位；县共享分局内部机构的服务对象是县政府主管部门及其下属各预算单位。全面共享和战略决策支持阶段的机构设置如图8-4所示。

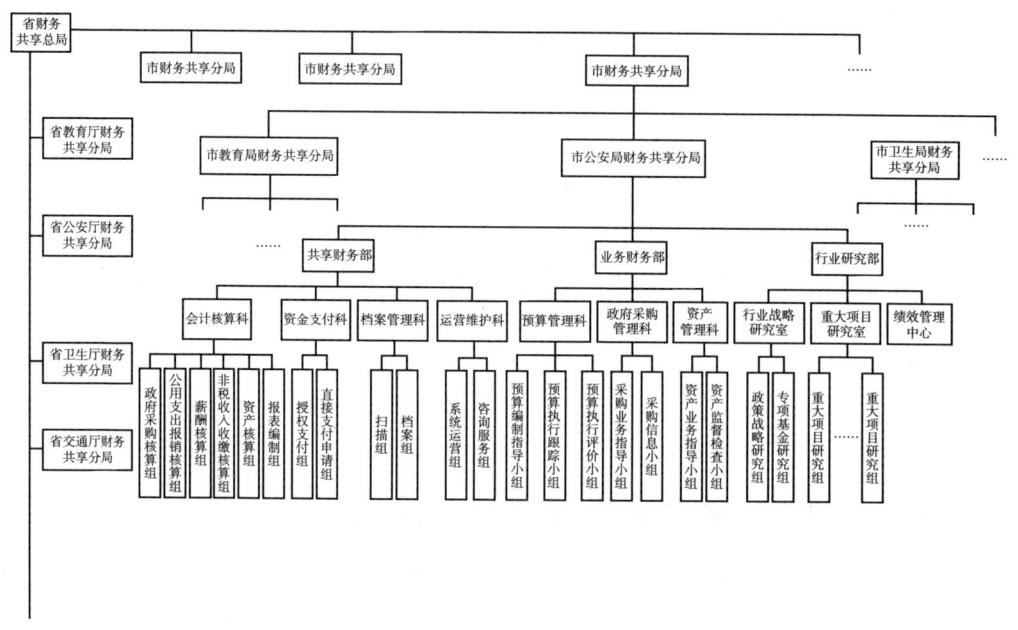

图8-4 全面共享和战略决策支持阶段的机构设置

(二) 全面共享和战略决策支持阶段各机构内部的岗位设置

前文已述，第四阶段中在市、县财务共享分局中仍按照职能设置财务共享部、业务财务部、行业研究部3个部门，各部门履行职能与第三阶段相同，只是省、市、县3个层级的共享中心内部各部门的服务对象范围不同。因此，各个市、县共享分局中各机构内部的岗位设置与省级共享中心一致，只是省、市、县3个层级的共享中心内部岗位的服务对象范围不同：省级共享中心内部岗位的服务对象是省政府主管部门及其下属各预算单位；市共享分局内部岗位的服务对象是市政府主管部门及其下属各预算单位；县共享分局内部岗位的服务对象是县政府主管部门及其下属各预算单位。

第九章

行政事业单位财务共享中心的人员安排

一、科学的人员测算方式的选择分析

财务共享模式下的财务管理方式、流程都明显区别于传统财务管理模式,所以行政事业单位新设的财务共享局或财务共享处下的人员规模、流程、地点、工具、工作标准都应有所区别。人员测算方式是指对财务共享局或财务共享处内各个岗位所需的人员数进行测算的方法,即通过科学的测算决定各岗位的人员规模。因此,科学的人员测算方式是研究财务共享中心人员配置的重要因素之一。科学的人员测算方式主要有以下三种,对于不同类型的岗位,有不同的测算方式:

(一) 业务分析法

业务分析法是基于业务性质,并结合现有管理人员及业务人员的经验,进行分析评估后确定人员需求数量的测算方法。此方法适用于难以进行数据精确测算,只能根据工作经验且无法取得对标数据的情况。适用于业务分析法的岗位有报表编制岗、稽核岗、系统升级维护岗、咨询服务岗等。

（二）数据测算法

数据测算法是在业务量和工作时效要求明确的基础上确定人员需求的方法。此方法适用于能够提取到可靠业务量，并能够对单笔业务量所用时间进行测量的岗位。适用于数据测算法的岗位主要是核算类岗位，如费用核算岗、薪酬核算岗等。

（三）对标评测法

对标测评法是指，对于原先没有岗位设置，无经验值参考、无法进行数据测算的岗位，为了测算人力选取相近口径的企业进行对标，在此基础上进行人员测算的方法。适用对标评测法的岗位有业务财务部和行业研究部的各研究岗。

二、原单位财务人员的转型方向分析

原省财政厅、各市县财政局的财会人员以及各预算单位的财会人员在进入财务共享中心后需要进行转型，根据机构设置和岗位设置的要求，这些人员需要向共享财务人员、业务财务人员和战略财务人员进行不同的转型，分别适应财务共享中心内各部门的岗位和职责要求。

（一）转型为共享财务人员

1. 目标转型人员

共享财务人员主要包括业务操作人员和关键技术人员。业务操作人员是财务共享中心的直接生产者，类似传统工厂的工人，属于基础型岗位。财务操作人员按照已有的标准流程，进行会计核算、资金结算等基本财务操作。对于财务共享中心的财务操作人员，其专业技能和基本素质要求都不太高，只需要具备一定的财务知识、英语基础和计算机操作技能，通过培训就能消除转型障碍。业务操作人员学历不需过高，本科生及以下即可，需具备较强的学习能力，因为主要是一些很频繁的操作，只要经过一些培训就可以做到。

关键技术人员是共享财务部的核心员工。技术人员既是财务信息化、标准化、流程优化的行家里手,又是成本控制、绩效管理和内部风险管理等管理领域的专家,在财务共享服务中心具有难以替代的作用。关键技术人员需要精通管理技能和计算机技术,对计算机和管理的交叉人才需求量较大。传统财务人员直接向关键技术人员转型困难较大,建议从业务操作人员做起,通过经验积累,知识技能拓展,实现二次转型为财务共享中心的技术人员。关键技术人员对于知识的要求就高一些,通常要求是重点高校本科生或研究生,且能够胜任业务流程优化提升与中心运营管理方面的高水平工作,也就是对于计算机的操作方面比较了解。

2. 共享财务人员的核心工作内容

共享财务人员的核心就是财务会计,包含会计的基本核算、做账、报表编制、财务信息报送等,将原本传统会计下的操作,变得更加程序化,也更加有效。除此之外,还包括严格执行会计准则,进行财务执行和财务监督。

(二) 转型为业务财务人员

1. 目标转型人员

业务财务人员主要是原来传统财务会计下的具备一定管理能力的会计人员,这部分财务人员具备扎实的财务与会计理论知识,对于实务的操作和业务的流程也熟悉。业务财务人员需要具备一定的远见且能够利用财务管理的知识指导业务的开展,推进业财融合的进程。业务财务人员通常要求重点高校本科生或研究生,且曾经从事过政府采购、预算管理、资产管理相关财务管理工作的财务人员。

2. 业务财务人员的核心工作内容

业务财务人员在需要推进业财融合的主要业务模块,如政府采购、预算管理、资产管理,通过对各单位以上业务流程管理的各环节进行财务分析、预测和决策等,推进业务的加快财务与业务的融合,为管理者提供财务与非财务信息,着眼于各预算单位短期目标的实现。

(三) 转型为战略财务人员

1. 目标转型人员

向战略财务职能转型的主要是原财会队伍中的优秀人才，必须具有一定的战略思想与宽阔的视野。战略财务人员需要具备丰富的经验和较强的研究能力，无论是知识储备方面还是实务经验都很丰富。战略财务人员通常要求重点高校研究生及以上，且具备一定的工作经验，能够推进各预算单位以及各行业的战略目标实现和各行业领域的重大项目开展。

2. 战略财务人员的核心工作

战略财务人员主要立足于战略层面，通过各种财务管理手段，并且有长远的目光，对各预算单位的重大战略制定与实施和重大项目的开展提供决策有用性信息和关键指导性意见。

三、财务共享中心的人员能力要求分析

按照财政部发布的《会计行业中长期人才发展规划（2010—2020年）》的要求，信息化环境下初级会计人员需要具备的能力包括业务能力和与工作相关的表达沟通能力，其中业务能力包括操作能力和判断能力，表达与沟通能力包括协调沟通能力和口头表达能力。中级会计人员需要具备的能力包括业务能力、分析与解决问题能力、组织协调能力，其中业务能力包括对所需财务信息的捕获能力、以专业的角度对经济业务进行判断的能力，分析与解决问题能力为对所遇到的问题从专业的角度进行分析以及利用专业知识进行解决的能力，组织协调能力包括组织与管理能力和沟通协调能力。而高级会计人员需要具备的能力包括业务能力、分析决策能力、沟通协调能力和组织领导能力。

（一）共享财务部人员能力要求

由于共享财务部中会计核算科、资金支付科、档案管理科的财务人员属于基础的财务人员操作，而运营维护科中的人员既需要懂系统，又需要懂财务，运营

维护科的人员要求远高于其他3个科室,因此本部分将分成两个方面来探讨:一是探讨共享财务部中会计核算科、资金支付科、档案管理科的基础财务操作人员的能力要求;二是探讨共享财务部中运营维护科的人员能力要求。

1. 会计核算科、资金支付科、档案管理科的基础财务操作人员的能力要求

共享财务部基础财务操作人员具备的职业知识应分为以下3类:①财务管理与会计的基础知识;②财经法规、会计制度相关知识,由于基础财务操作人员只需要根据操作手册操作系统处理工作,所以只需要财会人员基本了解这两类知识,不要求进行过系统学习;③信息系统操作知识,共享财务人员需要利用信息系统进行工作,因此,需要熟练掌握系统操作相关知识。

共享财务部基础财务操作人员应具备的职业技能主要包括沟通协调能力和学习能力。沟通协调能力是指基础财务操作人员能与共享中心内部其他财务人员良好沟通协调,具有团队协作精神。学习能力是指基础财务操作人员学习新知识的能力,如系统升级后能快速适应系统操作环境的变化。

同时,要求基础财务操作人员具有一定的基础财会工作经验,一般要求具有全日制高等学校专科的学历即可,少部分要求具有全日制高等学校本科的学历。

据此,共享财务部基础财务操作人员能力要求框架如表9-1所示。

表9-1 共享财务部中基础财务操作人员(会计核算科、资金支付科、档案管理科)能力要求

	内容	掌握程度
职业知识	财务管理与会计的基础知识	要求了解,不要求进行过系统学习
	财经法规和会计制度、准则等相关知识	
	信息系统操作知识	熟练掌握
职业技能	沟通协调能力	要求能与共享中心内部财务人员良好沟通协调,具有团队协作精神
	学习能力	要求能快速适应工作环境的变更
教育背景	一般要求具有全日制高等学校专科的学历,少部分要求具有全日制高等学校本科的学历	
经验要求	要求具备一定的财务工作经历	

2. 共享财务部中运营维护科的人员能力要求

共享财务部中运营维护科的人员具备的职业知识应分为以下4类:①财务管

理与会计的基础知识，由于运营维护科中的人员需要协助基础财务操作人员解决工作中遇到的问题，所以要求运营维护科中财会人员系统学习过会计、财务管理等专业知识；②财经法规和会计制度、准则等相关知识，要求运营维护科中财会人员能对这类知识达到应用性认知；③系统运营相关知识，由于运营维护科负责日常系统运维，所以要求运营维护科的财会人员精通这类知识并能熟练运用；④系统开发知识，由于财务共享中心系统的升级优化由运营维护科负责，所以同样要求其精通并能熟练运用这类知识。

共享财务部中运营维护科的人员应具备的职业技能主要包括沟通协调能力、分析能力、写作能力和学习能力。沟通协调能力指运营维护科的财会人员与其他部门的财务人员进行良好沟通的能力，要求能了解其他部门财务人员在操作过程中遇到的问题，同时能清楚掌握其他部门财务人员对系统功能的改进要求。分析能力是指对风险具有很强的敏感性和判断力，要求能综合业务过程的问题提出改善建议。写作能力是指要求运营维护科的人员能就系统改善建议出具分析报告。学习能力指运营维护科的人员学习新的业务、新的知识的能力。

综上分析，要求运营维护科的人员具有系统运营开发等相关工作经验，一般要求具有全日制高等学校研究生的学历，对具有本领域较丰富经验、业绩能力较突出的可考虑吸纳全日制本科生。同时优先考虑具有计算机专业和财会专业复合背景的人才。

据此，运营维护科的人员能力要求框架如表9-2所示。

表9-2　　　　　共享财务部中运营维护科的财会人员能力要求

	内容	掌握程度
职业知识	财务管理与会计的基础知识	要求系统学习过会计、财务管理等专业知识
	财经法规和会计制度、准则等相关知识	要求达到应用性认知
	系统运营相关知识	要求精通相关知识并能熟练运用
	系统开发相关知识	
职业技能	沟通协调能力	要求较高，要求能与其他部门的财务人员进行良好沟通，了解其在操作过程中遇到的问题；清楚掌握其他部门财务人员对系统功能的改进要求
	分析能力	要求对风险具有很强的敏感性和判断力，能综合业务过程的问题提出改善建议
	写作能力	要求能就系统改善建议出具分析报告
	学习能力	要求较高，能快速学习接受掌握并运营新知识新技能

续表

	内容	掌握程度
教育背景	一般要求具有全日制高等学校研究生的学历，对具有本领域较丰富经验、业绩能力较突出的可考虑吸纳全日制本科生 优先考虑具有计算机专业和财会专业复合背景的人才	
经验要求	要求具有系统运营开发等相关工作经验	

（二）业务财务部人员能力要求

业务财务部财会人员具备的职业知识应分为以下4类：①财务管理与会计的基础知识，由于业务财务部财会人员不需要进行业务的核算、报表等处理，因此对这类知识的掌握重点在财务管理和会计学原理上；②信息系统操作知识，业务财务人员需要利用信息系统进行工作，因此，需要熟练掌握系统操作相关知识，同时，业务财务人员在工作的过程中对系统功能等方面提出改进意见；③与业务相关的知识，业务财务人员立足于实现业财融合的目标，因此业务财务人员必须熟悉相关的业务流程、制度、法规等；④与分析技能相关的知识，业务财务人员的职责是利用财务知识解决业务问题，为业务更好地提供决策，因此，业务人员需要具备对财务信息进行加工的能力，这就是分析技能，而形成该技能需要具备与财务分析相关的知识并能熟练运用。

业务财务部财会人员应具备的职业技能主要包括沟通协调能力、学习能力、分析能力和决策能力。沟通协调能力指业务财务人员在辅助指导各单位在政府采购、预算管理和资产管理方面业务开展时具备的能力，学习能力指业务财务人员学习新的业务、分析知识时的能力，分析能力指业务财务人员运用分析知识进行业务财务分析时的能力，决策能力指业务财务人员在根据财务分析结果后对业务决策提供意见的能力。

综上分析，业务财务部财会人员应具备与政府采购、预算管理、资产管理领域的财务工作经验，由于对此类人员分析能力和决策能力要求较高，建议要求重点大学本科生或研究生学历。

据此，业务财务部财会人员能力要求框架如表9-3所示。

表 9-3　　　　　　　　　　业务财务部财会人员能力要求

	内容	掌握程度
职业知识	财务管理与会计的基础知识	了解财务管理与会计的知识，注重掌握财务管理与会计学原理
	信息系统操作知识	熟练掌握，适当根据需求提出改进意见
	各预算单位业务内容与管理模式知识	熟悉相关流程、法规、制度
	各预算单位业务流程管理知识	
	政府采购管理相关制度、行政事业单位预算管理相关制度、国有资产管理相关制度	
	标准成本、变动成本、质量成本、作业成本、目标成本法等成本管理知识	精通相关知识并能熟练运用
	全面预算编制知识	
	责任会计、约束会计、标杆评价、关键绩效指标等绩效考核知识	
职业技能	沟通协调能力	要求较高，能与各预算单位相关负责人良好沟通协调
	学习能力	要求较高，能快速学习接受掌握并运营新知识新技能
	分析能力	要求较高，熟练运用知识进行分析
	决策能力	要求较高，熟练运用分析结果进行决策
教育背景	一般要求重点大学本科生或研究生学历	
经验要求	需要具备与行政事业单位政府采购、预算管理、资产管理领域的财务工作经验	

（三）行业研究部人员能力要求

行业研究部财会人员具备的职业知识应分为以下 4 类：①财务管理与会计的基础知识，与业务财务部人员相同，由于行业研究部财会人员不需要进行业务的核算、报表等处理，因此对这类知识的掌握重点在财务管理和会计学原理上；②信息系统操作知识，业务财务人员需要利用信息系统进行工作，因此，需要熟练掌握系统操作相关知识，同时，行业研究部人员在工作的过程中对系统功能等方面提出改进意见；③与业务相关的知识，行业研究人员立足于实现推进行业战略实现的目标，因此行业研究财务人员必须熟悉相关行业的业务流程、管理模式，与行政事业单位相关的政策、制度、法律法规等；④与分析技能相关的知识，行业研究人员的职责是利用财务知识促进行业战略政策的制定与实施以及为行业重大项目的提供财务意见，因此，研究人员需要具备对相应的分析技能，这一部分的分析技能比业务财务部的人员要求更高，因此需要具备更多、更深的与之相关的知识并能熟练运用。

行业研究部财会人员在业务财务部财会人员应具备的职业技能的基础上新增了控制能力和资源管理能力、领导能力、组织管理能力和战略规划能力。

综上分析，行业研究部财会人员应具备一定的行政事业单位工作经验，需要了解、熟悉行政事业单位工作职责和工作思路，因此，不局限于财务领域，由于对此类人员技能要求高且具备一定的研究能力，建议要求重点大学研究生及其以上学历。

据此，行业研究部财会人员能力要求框架如表9-4所示。

表9-4　　　　　　　　行业研究部财会人员能力要求

	内容	掌握程度
职业知识	财务管理与会计的基础知识	了解财务管理与会计的知识，注重掌握财务管理与会计学原理
	信息系统操作知识	熟练掌握，适当根据需求提出改进意见
	各行业业务内容与管理模式知识	熟悉相关业务内容、管理模式、法规、制度
	政府财政会计知识	
	公共支出管理知识	
	行政、政策法律法规和行政事业单位规章知识	
	标准成本、变动成本、质量成本、作业成本、目标成本法等成本管理知识	精通相关技能并能熟练运用
	全面预算编制知识	
	责任会计、约束会计、标杆评价、关键绩效指标等绩效考核知识	
	本量利	
	短期运营、长期投资决策知识	
	预算控制	
	作业管理	
	战略地图	
	资源规划	
	危机管理过程工具	
	情景与应急计划	
	价值工程	
	激励机制知识	
	SWOT、PEST等环境分析方法	

续表

内容		掌握程度
职业技能	沟通协调能力	要求高，能与各预算单位相关负责人良好沟通协调
	学习能力	要求高，能快速学习接受掌握并运营新知识新技能
	分析能力	要求高，熟练运用知识进行分析
	决策能力	要求高，熟练运用分析结果进行决策
	控制能力和资源管理能力	要求高
	领导能力	要求高
	组织管理能力	要求高
	战略规划能力	要求高
教育背景	一般要求重点大学研究生及其以上学历	
经验要求	具备一定的行政事业单位工作经历，不局限于财务领域	

四、财务共享中心的人员管理与考核要求

财务共享服务中心是典型的从管理中取得效益的组织，因此，对财务共享中心人员的管理与考核显得尤为重要。

在管理层面，包括了业务指导、专业培训、职业生涯规划培训、系统操作培训、团队建设管理以及心理培训等。在人力资源管理上，财务共享服务中心应加强激励、考核机制的建立和完善，合理设定财务共享服务中心的岗位等级，建设差异化的员工晋升通道。

在考核层面，财务共享中心需要按照人才类别建立起绩效评价体系。通过平衡积分卡的考核方式，对员工进行测评，将测评结果与晋升奖惩机制相结合。对优秀的员工，在给予物质奖励的同时，为其提供更多的培训、岗位交流和晋升机会，提升员工的个人素养，为财务共享中心的发展储备人才。

第四部分

实现系统与保障体系论

第十章

行政事业单位财务共享中心的实现系统

一、研究问题界定及系统实现的思路

前文对行政事业单位财务共享中心的组织与业务的优化进行了探讨,而单位的组织与业务能否有效运行,很大程度上取决于信息化系统的建设——如果财务共享系统无法实现工作所需的功能,那么前文对实务工作的优化重构都将成为空谈。所以,本章将基于行政事业单位财务共享的组织、人员与业务流程需求,对信息系统平台的构建进行规划。

本章采用层层细化、逐步分解的总体思路对财务共享系统的实现进行分析。首先,从宏观层面讨论如何选择财务共享系统的整体部署方式。其次,对财务共享系统的模块进行总体的架构设计。架构设计主要包括内容设计和关系设计,内容设计的核心要求是以需求为导向,我们将根据第五章设计的业务流程的运行需求,抽象出实现能够实现各单位业务所需的所有系统模块。关系设计则需要用联系的观点分析模块间的互动关系,对不同模块进行组合与优化。内容设计与关系设计相结合,就能描绘出系统架构的全貌。最后,本章将在微观层面上深入阐述各个系统的子模块应有的功能,为财务共享系统提供具体到操作层面的建议。

二、行政事业单位财务共享系统的模块框架

通过借鉴企业财务共享系统的架构，在梳理分析共享中心系统实现模式的基础上，本书设计出的行政事业单位财务共享系统应有的模块以及整体结构如图10-1所示，其中财务共享核心系统包括总账系统、报表系统、网络报销系统、影像管理系统、电子档案系统等。系统基础设置是系统运转的前提，移动应用则增添了系统使用的便捷性，是移动报销、移动审批等操作的载体。此外，财务共享系统还与预决算系统、业务系统和组织外部系统进行数据交换，使信息的自动化处理成为可能。

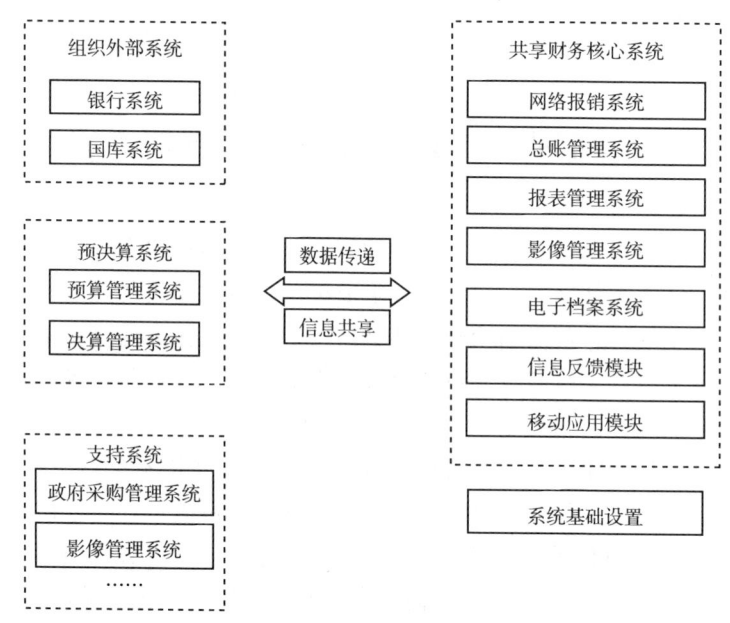

图10-1　行政事业单位财务共享系统整体架构

（一）独立服务器模式

与共享云平台模式不同，行政事业单位财务共享中心的另一种系统实现方式是独立服务器模式。在独立服务器模式下，各行政事业单位仍然采用自己独立的会计信息系统，并且各单位的系统类型可能存在不同，但是各种类型的会计系统

都通过虚拟服务器或虚拟网络的方式与共享中心的会计信息系统连接。在这种模式下，共享中心的会计信息系统不与各预算单位的系统直接相连，而是只进行信息的传输和共享。各行政事业单位的业务部门发生经济业务时，不需要登录统一的云端账务平台，而是直接在单位自己的管理信息系统中完成业务的审批，并在其会计信息系统模块进行原始凭证的采集工作。通过服务器或虚拟网络，业务的审批信息和原始凭证的采集信息以电子的形式传送至共享中心，由共享中心在其自身的会计信息系统中统一进行账务核算处理工作。当共享中心完成账务处理工作后，账务的处理信息、资金的收付信息以及相关的预决算报表再同样以服务器的形式从共享中心传回至各行政事业单位。

（二）共享云平台模式

在考虑行政事业单位财务共享中心的系统实现方式时，一种可以采用的构建方式是建立共享云平台的模式。

1. 共享云平台模式的含义与原理

所谓"云"，可以说是从信息技术层面上对远程环境业务的一种描绘。从宽泛的意义上来讲，云平台就是通过互联网的应用为网络使用者提供不同项目的服务，具有按需获取资源、分布式无限虚拟计算以及自动故障迁移等一系列特征。

在实际应用过程中，共享云平台模式会将数量较多的计算资源通过虚拟化技术的应用组成独特的资源池，并将这部分资源以分布的方式在物理中进行储存。比如在某预算单位中，其用于财务处理的服务器可以设在 A 地点，但其这部分数据所具有的备份则会在处于 B 地点的操作中心对其进行实现。而在云共享平台的资源池中，其所具有的所有数据以及资源都能够以共享的方式提供给所有用户，并在为用户提供服务的同时对其中的部分操作细节进行适当的隐藏，且在逻辑方面也以单一整体的方式向用户进行呈现。与此同时，云共享平台中心也能够依据不同用户对于相关计算资源所具有的使用需求、使用情况等等对相关计算资源进行自动的管理与分配，并以此较好地实现了计算能力高度弹性的优化与缩放使用，真正的实现了负载均衡。

而共享云平台模式中向用户提供的资源池方面，用户对其中所具有资源的取用也是较为轻松、自如的，无论是在资源释放方面还是资源扩展方面，用户通过互联网发出相关的需求指令就能够较为快速地完成既定目标。同时，共享云平台模式中所具有的智能管理系统也具有协同合作以及事件驱动等机制，能够较好地对规模较大的计算机集群进行自动化的管理,不仅能够在相关设备、数据出现异常情况之前对其进行自动迁移以及动态的调度工作,还能够对服务器上所有向用户提供的软件服务都实现自动部署、自动配置以及自动升级的功能,能够大大提升系统用户的应用便利性以及使用效率。通过这种方式,整个云共享平台中心就能够帮助我们实现具有自动化以及良好实时功能的即插即用式管理,且能够在系统运行的过程中在出现问题时也能够以自动的方式对数据进行迁移、对故障进行处理,并以此将故障出现对系统用户所产生的影响降至最低。

2. 共享云平台模式下的操作流程

在共享云平台模式下,财务共享中心根据委托—代理关系,接受各行政事业单位的账务处理业务,建立统一的云端账务处理平台,各行政事业单位自身的会计信息系统将被统一的云端账务系统所取代。在云端平台中,共享中心和各行政事业单位会计系统中的所有功能被集成和共享,委托方和被委托方在同一个服务器中进行会计业务流程的处理工作。当各行政事业单位发生经济业务需要进行账务处理时,业务人员只要通过单位的用户名和密码登录云端平台,可以按照系统功能提示进行各类业务的账务处理申请工作,并按照提示通过扫描、拍照、电子等形式上传各类原始凭证。共享中心的会计人员在云端平台的另一端可以实时看到各行政事业单位发生的经济业务的审批情况、各种原始凭证的采集传递情况以及各类待处理经济业务的申请情况,并及时根据各单位的申请进行账务处理工作。各行政事业单位也可以通过该共享平台查询自己申请的账务处理工作的进度,各预算单位负责人还可以以自己的权限查询预决算报表等会计信息。

3. 共享云平台模式的系统总体架构与分项设计

(1) 系统总体架构

参考浪潮集团对电子政务云平台的建设方案,财务共享云平台模式的方案总体设计原则依据可信、融合、弹性、开放、绿色的设计原则,设计思路采用"由面到点、自上而下"的方法。其中"由面到点"是指从数据中心系统架构和组网框架设计逐步细化到系统和设备部署节点,从而让客户从整体框架到技术细节逐步了解和掌握。"自上而下"是指从满足财务共享中心云服务功能需求,逐步延伸到云资源管理平台、基础设施设计、运维管理设计、云安全设计等基础支撑平台,每个平台均是对上一个平台的有效支撑,从而做到整体方案按需设计、提升效率。系统总体架构如图10-2所示。

第十章　行政事业单位财务共享中心的实现系统

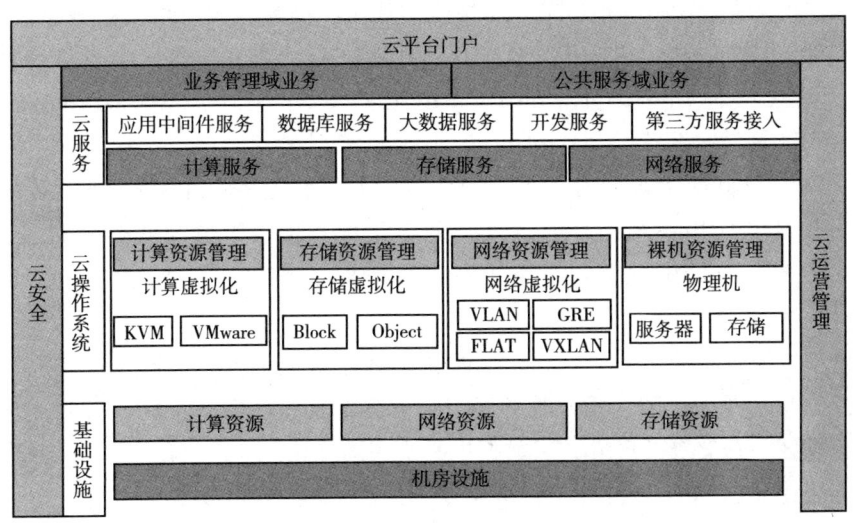

图 10-2　财务共享云平台模式的系统总体架构图

（2）系统分项设计

云共享平台设计包括 IaaS（基础设施即服务）和 PaaS（平台即服务）两部分云服务功能，其中 IaaS 设计包括计算服务、存储服务、网络服务、虚拟化 VDC 服务、编排服务、负载均衡服务、NAS 共享服务等。PaaS 设计包括大数据服务、数据库服务、中间件服务、开发平台服务等。以上服务均以服务目录的形式在云平台门户中统一提供，旨在满足财务共享中心的服务化支撑需求。

云资源管理平台（InCloud OpenStack）将基础设施平台的计算、存储以及网络等，通过虚拟化技术、软件定义存储、软件定义网络等技术方式构建成逻辑的虚拟资源池，这种逻辑的资源池可以将其中的资源按需划分、动态调整。全面支持分布式架构，各个功能模块（计算节点、存储节点、网络节点、管理节点、消息队列服务等）分布式部署并提供高可用架构。支持分布式消息队列，提高平台计算能力和响应速度来满足大规模环境扩展要求。

基础设施设计依托财务共享云服务平台目录功能需求，对云平台的支撑资源池部分进行详细设计，包括计算资源池、存储资源池、网络资源池、安全资源池 4 个部分，分别从原则、架构、功能、部署、设备选型等不同维度进行综合设计。

计算资源主要以物理机及虚拟机两种方式提供服务，对内存容量、IO、扩展性的要求都不高，且有节约空间和能源的应用，采用虚拟化计算资源来满足；对于高性能计算，大容量内存和高 IO 等不能虚拟化部署满足应用的需求，则采用浪潮集团的4路、8路、小型机等高性能物理主机满足；同时根据政务系统性能要求和部署规格，物理主机按照资源匹配类型进行差异化部署，主要分为轻载、中载、重载三种规格，分别可以采用浪潮集团的 NF5280M4、NF8460M4、TS860G3 等服务器设备。

存储资源根据承载业务数据类型，分为块存储、文件存储、对象存储，同时根据政务应用系统的部署方式，分为集中式部署、分布式部署以及超融合部署方式，存储资源设备可采用浪潮集团的 AS5500G2、AS5600、AS18000、AS13000 等。

网络资源采用分区、分层、分平面方式部署，按照业务功能及安全需求将网络资源分为外网接入区、托管服务区、开发测试区、部门业务区、公共业务区、安全管理区、存储资源区等，云数据中心采用扁平化 Fabric 网络架构分为接入层和核心层，通过 SDN 软件定义技术实现网络控制层面和数据层面的解耦分离，所有网络设备均采用数据中心级网路产品，支持 VXLAN、虚拟化、Openflow 等数据中心特性。

全资源部署在数据中心业务流的南北和东西两个区域，业务东西向流量间的安全资源采用基于 X86 服务器的软件架构部署，通过虚拟化技术满足性能和功能的灵活扩展，业务南北向流量间为了满足性能需求采用成熟的硬件安全设备部署，包括防火墙、DDOS、流量控制、IPS 等。

云安全整体设计以国家颁发的指导性文件为主要依据，同时根据财务共享资源中心云平台安全需求特点和风险状况，从"物理与环境安全、网络与通信安全、设备与计算安全、应用和数据安全、监管与运维安全"五个安全角度考虑，实行分区隔离、分等级防护，提供云安全的主动服务、纵深防御，形成具备未雨绸缪思想的财务共享云数据中心整体防御体系。

业务连续性设计对数据中心所面临的风险进行分析，通过运维管理制度和技术手段形成有效应对机制，有效规避人为误操作、人为蓄意攻击、数据中心灾难等计划外业务中断或数据丢失。浪潮在业务持续服务方面有一套完整的实施方法论，它包括分析、设计和实施三个阶段的咨询和技术服务，方案将该三个阶段工作划分为7个步骤，即"风险分析""业务影响分析""可恢复性评估""恢复策略制定""灾难恢复方案设计""业务持续计划设计"和"业务持续计划演练和维护"。

系统云化迁移设计根据共享云平台应用系统架构的不同，设计与之匹配的部署和迁移方案，同时针对已建公共应用系统，制定完善的系统云迁移方案，确保已建系统的顺利迁移和平滑过渡。为了平滑过渡，在迁移前期实行新老系统双轨运行,在试运行期间对环境进行测试验证,成熟后再整体迁移云平台,迁移类型设计分为应用迁移、虚拟化迁移、数据迁移等。

对于财务共享云平台数据中心运维管理,云数据设计方案以"体系化"的思路构建一整套行之有效的"持续改善机制",面向业务和应用,以服务为导向,创建创新性的政务运维管理体系。财务共享云平台运维管理体系涵盖组织管理模式、制度规范体系、技术支撑体系等三个层面,同时融合了人员、流程、技术三个维度。另外,根据信息化的发展要求,配套的管理措施包括组织模式、管理制度、管理流程、绩效考核、运维费用、技术支撑等内容。

三、行政事业单位财务共享系统的功能分析

(一)网络报销系统的功能需求分析

网络报销系统主要用于各行政事业单位采用公务卡结算、先垫付后报销以及借支备用金三种方式下的公用支出报销业务。报销系统应具有网页版和手机APP两种形式。网络报销系统应实现以下4项功能模块:报账单填制、单据业务审批、单据财务审核和报销状态查询。

1. 报销单填制

①对于采用公务卡结算的公用支出业务,在刷卡时有关消费信息被采集,并传入银行系统,银行系统再将这些信息实时传入财务共享系统。财务共享系统依据刷卡人的身份信息,自动推送到对应报销人的报销平台上。商品信息、消费金额、消费时间和地点等信息自动填入电子报销单中,报销人只需进行确认或补充录入其他信息。

②对于业务人员先垫付后报销的公用支出业务,业务人员垫付后在报销系统中人工录入相关信息,完成电子报销单的填制。

③对于借支备用金的公用支出业务,在支付完成并归还备用金时,业务人员在报销系统中人工录入相关信息,完成电子报销单的填制。

上述是3种支出方式下的电子报销单填制过程。另外,报账单填制模块还应具备原始单据影像上传功能。报销人利用手机将原始单据拍照后传入系统,并与电子报销单一同提交。对于原始单据较多的业务,报销人也可以将单据交给本单

位的票据管理员，然后通过扫描仪集中传入系统，并利用条码技术与对应的电子报销单关联。

此外，在提单前，系统还应该具有能从预算系统获取员工报销预算信息的功能。若报销金额超预算，或者报销项目超范围，系统应自动阻止报销单上传。

2. 单据业务审批

系统应依据预设单据审批流程，将报销单传入有关业务负责人的审批工作台。这样业务负责人进入系统后便可以清晰地看到自己的待审批任务。与移动报销相同，业务审批功能同样可以配置到手机 APP 上。这样，负责人可以随时随地进行审批，从而显著提升审批效率。审批时，系统应确保负责人可以查阅对应的原始单据影像。

除此以外，该模块还应具备代理审批和预警功能。当某负责人无法亲自审批时，可以授权其他人员代理审批；当负责人在规定时间内未完成审批任务时，系统应自动发送短信或邮件，提醒其进行审批。

3. 单据财务审核

网络报销系统应将审批完成的报销单推送至财务共享中心审核员的工作台。财务审核涉及的方面非常广泛，对费用报销而言，主要检查电子报销单信息与原始单据影像是否匹配，原始单据是否完整、有效等。财务审核一般在固定的办公地点完成，因此网络报销系统只需满足 PC 端审核的要求，无需在移动端也设置相同的功能。

4. 报销状态查询

网络报销系统中应设置报销状态查询的模块。报销状态大致分为以下几种：暂存、待领导审批、待财务审核、待支付、已完成、已退回。该模块应使报销人员可追踪查询自己的报销处理状态，也可以查询历史报销记录和处理结果，同时使业务负责人可以查询自己审批的所有单据信息。

（二）总账系统与报表系统的功能需求分析

总账与报表管理系统实现的是各类业务信息与各类会计信息进行转换。财务共享系统中的总账与报表管理系统应具备基础资料设置、科目余额初始化、记账、账簿查询、对账、结账等功能。

各项待生成凭证的业务信息从其他系统传输到总账系统，总账系统应通过预设的任务分配规则将其推送给特定的记账人员。系统应将这些凭证生成任务依据来源进行分类，分别显示各类凭证生成任务的数量。共享中心的记账人员主要审核分录转换规则是否正确，若审核通过，即可确认生成凭证。系统设计时必须支持单个凭证生成和批量生成。已生成的记账凭证进入凭证复核环节，系统应将相应的复核任务推送到复核员的工作台中。

由于凭证是依据系统中预设的分录转换规则自动生成的，可能会发生异常情况，无法自动转换。为了增强系统的健壮性，系统设计时可考虑在单据信息遇到异常时，将这些异常单据汇总输出，以便业务员再逐条进行分析与处理。

报表系统应与总账系统紧密关联，报表系统应能够根据系统内预设的规则，从总账模块中提取数据，自动生成报表。报表管理系统应包含3个模块：模板制作、报表编制和报表查询。

在模板制作模块中，要求系统能够提供必要的取数函数和数学函数，并支持报表编辑和公式编辑。业务人员可预先设定各类财务报表的计算公式，然后保存为模板。

报表编制模块应实现某一会计期间的报表的具体编制工作。业务人员选择所需报表模板，点击"计算"后系统应能够自动产生当前期间的财务报表。

报表查询模块应提供对各预算单位各期间报表查询的功能。此外，该模块还应支持依据行政隶属关系对各个报表项目按照预设的规则进行合并、抵销的操作，进而自动生成合并后的报表，从而保证一级预算单位负责人可以查询所有下级预算单位合并后的财务报表。

（三）影像管理系统的功能需求分析

影像管理系统作为异地审批、异地财务审核的重要技术基础，应包含3个模块：影像采集、影像识别和影像传输。

1. 影像采集

影像采集是纸质单据图像化的首要环节。影像采集模块应具备3个功能：影像扫描、条码识别、文件分组。

影像扫描应通过将财务共享系统与扫描仪集成来实现。当扫描仪捕获到单据影像后，应通过互联网自动传输到财务共享系统。为了将单据影像与电子单据相关联，通常需要采用条码技术。例如，在填制合同或者电子报销单时，系统应生成单据号和条形码，同时将两者的对应关系存入系统，并分别作为电子单据与实物单据的唯一标识。条形码被打印出来，粘贴到原始单据封面，由扫描人员随单据一同扫入系统，而影像系统应具有读取条码信息的条码识别功。一组原始单据可能存在多张，当系统识别出封面的条码后，应确认一组单据的开始，此后，无条码则将影像归为当前组，否则确认为下一组，从而实现文件分组的效果。

2. 影像识别

影像识别应通过 OCR 技术来实现，通过 OCR 技术可提取单据影像中的信息。对于增值税发票等格式较为固定的原始单据，可以预先在系统中设置待提取信息的位置，并制成模板；实际传入单据影像时，系统即可依据模板将关键信息提取出来，从而实现纸质信息到电子信息的转变。此外，也可将系统与金税系统对接，通过金税系统自动验证发票真伪，从而发挥财务审核的作用。

3. 影像传输

影像传输应包括影像上传和异常影像退回修正两项功能。

影像上传是指将影像传输到服务器。上传前，系统应先对影像文件进行压缩，从而提高图像传输速度，降低图像存储与管理成本；为了使信息传输更加安全，系统应具有对图像进行加密的功能。当审核人员检查到单据影像不清晰，或存在其他问题时，系统应具有将影像退回的功能，待业务员重新扫描后再传入系统。

（四）电子档案系统的功能需求分析

电子档案系统应与影像管理系统、财务核心系统等集成，集中管理业务中产生的所有电子化会计资料。该系统应包含以下几个模块：单据查询、凭证报表查询、档案借阅和库房管理。

1. 单据查询

系统需要实现对单据的分类存储，根据所属组织、会计期间、单据类别等维度对系统中保存的原始单据进行分类，主要有以下 3 种：①通过影像系统扫描或者手机拍摄后传入系统的原始单据影像；②从外部系统获取的电子原始单据，如电子发票、从银行系统获取的电子"财政直接/授权支付入账通知书"等；③组织内部系统产生的电子单据，如电子报销单。

系统应具有对上述原始单据进行分类的功能,便于档案查询人员快速查找到所需的单据。

2. 凭证报表查询

总账模块产生的电子记账凭证在过账后应自动传入电子档案系统,凭证报表查询模块应实现依据组织范围、会计期间等参数对凭证进行分类管理的功能。实现凭证管理功能时还需要通过条形码将记账凭证与原始凭证对应起来进行管理,从而根据每一记账凭证的条形码即可追溯到与之相对应的原始凭证。用户在借阅凭证时,只需登录系统即可完成查阅。

同时,系统应根据参数对各预算单位各会计期间财务报表进行分类管理。拥有报表查询权的用户同样可以登录系统查阅各项历史财务报表。

3. 档案借阅

档案借阅模块应实现电子档案借阅的审批流程。对于未直接授予档案查询权的用户,若存在档案查询需求时,系统应能够允许其在该模块终端发起档案借阅请求,并保证档案管理员能在终端接受该请求和对请求做出反馈;若档案管理员审批通过,系统应赋予该用户在一定期限内拥有档案查询的权限。如查阅合同、单据等。

4. 库房管理

库房管理模块应实现对纸质档案入库、出库、归还、盘点的记录。在条形码扫描操作下,系统记录对应纸质档案入库状态、库房位置等信息并将其存储;类似地,档案出库扫描后,系统中关于该档案的状态信息也应发生改变。这样,系统可以实时获取每一份纸质档案的库存状态和物理位置,即使实物单据在预算单位本地归档,异地的财务共享中心归档员也可以通过系统管理这些会计资料。

(五) 其他模块的功能需求分析

1. 信息反馈模块

财务共享系统将众多预算单位的常规性业务集中处理,处理过程中会产生大量数据。信息反馈模块设计的目的是对这些数据进行有效分析,提高财政管理水平。

实际上，数据分析技术在财务共享系统中的应用尚处于起步阶段，即使在企业中也未形成成熟模式。因此，本部分只是尝试性分析系统应能够反馈哪些有价值的信息，实际运用中还需要结合各行政事业单位的管理需求和系统设计的技术水平。

信息反馈模块至少应提供4个方面的信息：预算执行信息、财务信息、营运信息和预警信息。

在预算执行信息方面，系统应能够通过图表呈现方式实时汇报各项目的预算执行进度。在预算数和实际数产生较大偏差时，系统应对该项目进行标红，以便用户追踪查询具体哪一项预算项目发生偏差，并将责任落实到具体预算单位或有关责任人。在预算期间结束后，系统应具有对本期预算执行情况进行智能分析的功能，并将分析结果以评价报告的形式生成，以便于用户从系统上下载并查看。

在财务信息方面，系统不仅应具备提供传统财务报表的功能，还应具备对报表中的数据进行一定分析的功能。比如，系统应能够以图表的方式呈现某项财务指标随时间的变化情况，或者呈现某预算单位资产或负债的构成。具体需要对哪些数据进行何种层面的分析，需要根据各单位的管理需求确定，由系统设计人员在系统内预设分析逻辑。

营运信息主要是指对系统运行效率的评价。例如，系统应根据计算业务人员业务处理平均延迟处理时间和每百项业务的出错率等指标来评判记录业务人员的处理效率，这是绩效考核重要依据；管理人员也可以据此判断业务员的工作量是否合理，任务分配是否均匀。

预警信息需要系统自动发送提示消息给有关人员。例如，当公务卡的还款期限快到时，系统应自动发送智能提醒至公务人员的账号中提醒其及时报销。当公务人员尝试超预算或者超范围消费时，系统应自动阻断支付，并且将该违规操作信息发送到上级领导或财政部门的账号中。

2. 移动应用模块

为了给用户带来更大的便捷，财务共享系统的一部分功能需要集成到手机应用软件中。若开发一款行政事业单位专用手机应用软件，与财务共享系统相关的功能至少应包含以下几个方面：移动报销、移动审批和信息查询。

移动报销和移动审批在之前的内容中已多有涉及，不再详述。信息查询功能涉及的方面比较广泛。例如，普通员工可以在自己的账号中查询薪酬情况、公务卡消费与还款情况；领导可以在权限范围内查询各种报表，接收系统反馈的各项智能分析结果。

第十一章

行政事业单位财务共享中心的运营保障措施

一、制 度 建 设

财务共享中心建立之前,各行政事业单位的业务操作流程都是有所差别的。共享模式下,流程与制度的统一化和标准化是必要的,如财务备份制度、会计账户等,这些都需通过制度的建立统一起来。相关部门和岗位认识的统一,最终以制度的形式反映和固化。此外,还要根据外部环境和内部管理的变化将制度不断完善与改进,以保证与业务部的实际运作情况相吻合。

二、知 识 管 理

财务共享模式下人员的流动会成为一种常态,因此要通过实施知识管理来加强财务共享中心的标准化流程管理。

知识管理的几个层面:建立知识库、促进员工的知识交流、建立尊重知识的内部环境、对知识进行资产管理。

知识管理需要建设知识管理平台,平台建设的核心内容是制度的规范化和流程化。财务共享模式下制度建设应包括"财务共享服务中心标准化工作流程"

"财务共享服务中心工作标准""费用报销手册"等内容。

知识管理平台需要专人专岗对知识文档进行管理。在知识管理的过程中,一方面,采取定期访谈、追踪、调整、后续跟进等多种方式进行系统和业务流程的缺陷评估、征求意见和改善;另一方面,在系统和业务流程变更时,按照效益、成本原则确定方案,评估交接过程中的风险,强化风险管理。

三、风险管理

财务共享模式是一种新的财务管理模式,财务共享服务中心需要识别这种创新的管理模式下的风险并进行规避,才能保障财务共享中心的正常运行。

(一) 系统风险

财务共享服务需要借助IT系统的实现,而信息技术的使用过程中存在的主要风险在于存储、安全性、接口、兼容、可测量性、产能、反应速度等方面,这些都将影响到财务共享服务中心的效率和效果。另外,财务共享模式下高度集中的会计作业以及资金支付也会将风险高度集中。因此,财务共享服务中心必须重视财务系统的管理。加强系统上线的事前、事中、事后的监督。

(二) 人员流失风险

财务共享模式下人员的流动是常态,因此,为规避由于人员流失给财务共享中心运营带来的风险应当从以下几个方面着手:

第一,拓宽共享中心的人员招聘渠道。不同于一般的招聘,共享模式下的人员招聘一次性需求量较大,对不同岗位人员的基本素质要求略有不同。共享中心要建立全方位、专属的招聘渠道,满足自身业务发展的需要。

第二,为财务共享服务中心的基础会计核算人员设置清晰的职业发展通道,健全福利保障体系,加强业务及素质培训。

第三,建立一套完整的上岗培训体系。财务共享模式是财务管理的一种创新模式,无论是转型后的老财务人员还是新招聘的财务人员,都需要具备不同于传统模式下的技能。因此,共享中心从建立之初就必须建立适合自己的、有效的培训体系,保证新入职员工在规定的时间达到上岗所需的专业技能。

第四,加强团队建设。财务共享服务中心往往是一个庞大的、年轻的团队。日常、大量重复性的工作会造成工作效率的下降和团队情绪的波动。因此,财务共享服务中心需要在人员管理方面加强团队建设。团队建设不是简单的业余活动,需要有规划、系统、成体系的活动方案,而且要随着共享组织业务的变化不断调整。

四、绩效管理

财务共享中心应建立起一套符合自身发展阶段的由可量化指标构成的绩效评价体系。从国内外成熟的财务共享服务中心运作过程看,通常具备完善的绩效管理系统,通过日报、月报等定期报告以及实时的数据统计可以为企业提供完善的绩效数据支持。财务共享中心的绩效管理将促进财务共享中心的流程优化,明确其中的任何一项业务的运作方式、要求、由谁来做、如何去做、做完后传递给谁等具体流程方面的问题,这些都将促进财务共享服务中心的效率提升和流程的不断优化。

五、内部稽核管理

财务共享模式下,各部门仅需负责报销单据的填报,大部分会计业务交由财务共享中心处理。这种做法既保证了财务数据传递的及时性和准确性,还能在第一道关口就拦截大部分违反财经法纪的行为,加强了控制,但是传统的财务管理与核算职能的分离会降低财务管理者对数据中隐藏的敏感性问题的注意力,加大企业财务和经营上的风险。因此,财务共享服务中心内需建立一支高素质的内部稽核队伍。

财务共享服务中心内部稽核的重点是:①财务共享服务中心内部作业质量的稽核。虽然财务共享服务中心的作业多标准化、规范化,但每一个操作人员之间执行标准和规范的情况需要做规范性的稽核。②对原始单据真实性的核查。由于财务共享中心原始单据采用影像扫描的形式上传至共享服务中心,如果原始单据发生变造伪造情况,那么财务共享服务中心的核算依据的真实性就会受到挑战。财务共享服务中心的内部稽核人员定期对原始单据进行重点抽查,以保证原始单据的真实性。内部稽核队伍根据稽核结果对业务流程、机构设置和人员安排提出整改意见。

六、体系保障

（一）构建基于全面精细化预算管理的财务管理体系

以全面预算管理的信息化为源头，构建财务信息化管理体系，收入预算、经费支出预算、科研经费预算、国库资金计划预算、基建修购预算、资产购置预算等申报、执行、监控等环节的信息化管理，实现精细化财务管理。

（二）构建基于 OA 网络系统的财务办公体系

通过 OA 网络办公系统替代传统的手工纸质（存贮介质）信息传递处理财务信息。实现财务报销、劳务发放网上申报、设备网上申购及入账、科研预算申报、结题等网上服务平台。

（三）构建单位与银行实时互联的支付体系

传统的支付方式，比如现金、支票和汇票业务工作效率很低，人工占用大。通过"银企互联"模式，实现财务无现金报账和网上收款，提升银行信息反馈质量和工作效率。

（四）构建与单位各业务系统互联互通的信息传递体系

财务部门和单位其他部门的信息交互越来紧密，交互的信息量越来越大，为了提高信息交互的质量，需要在单位数据化平台上建立财务管理信息交互平台，实现人事、科研、资产、后勤等财务信息实时交互，旨在实现单位财务数据的集成和共享，解决单位财务管理中"信息孤岛"现象。

（五）构建为单位各部门实时提供信息服务的财务信息发布体系

财务信息化平台的一个重要方面，就是要给单位各级领导和员工提供准确、即时的财务信息，为各级领导管理提供决策依据。主要提供信息包括：财务信息网站发布的各类信息，通过手机、微信或各种智能终端发布的文字信息、语音信息等。

主要参考文献

[1] Barbara E. Quinn, Robert Cooke, Andrew Kris. Shared Service: Mining for Corporate Gold [M]. Financial Times Prentice Hall, 1998.

[2] Bryan Bergeron. Esentials of Shared Services [M]. New Jersey: John Wiley & Sons, Inc., 2003.

[3] V Schulz, W Brenner. Characteristics of shared service centers [J]. Transforming Government: People, Process and Policy, 2010, 4 (3): 210 – 219.

[4] Bergeron. Essentials of Shared Service [M]. Wiley, 2003: 59 – 90. Martin Fahy. The Financial Future [J]. Financial Management, 2005.

[5] Yao Li. Study on Optimization of Financial Sharing Service Center [J]. Modern Economy, 2016, 7 (11): 1290 – 1302.

[6] James R Dukart. Treasury sets up Financial Services Information Sharing Center [J]. Signals, 1999, 54 (4): VG6.

[7] McDowell J. Shared services centers can drive significant savings [J]. Healthcare Financial Management, 2011, 65 (6): 118 – 122, 124.

[8] Marijn Janssen, Anton Joha. Motives for establishing shared service centers in public administrations [J]. International Journal of Information Management, 2006, 26 (2): 102 – 115.

[9] Gunn R. W., Carberry D. P., Frigo R, et al. Shared Services: Major Companies Are Reengineering their Accounting Functions [J]. Management Accounting, 1993, 75: 22 – 28.

[10] Barbara E. Quinn, Robert Cooke, Andrew Kris. Shared Service: Mining for Corporate Gold [M], Financial Times Prentice Hall, 1998.

[11] Bryan Bergeron. Esentials of Shared Services [M]. New Jersey: John Wi-

ley & Sons, Inc., 2003.

[12] V Schulz, W Brenner. Characteristics of shared service centers [J]. Transforming Government: People, Process and Policy, 2010, 4 (3): 210 – 219.

[13] M. Jassen, Rothwell, W. seal. Shared service centers and professional employability [J]. Journal of Vocational Behavior, 2013, 79: 241 – 252.

[14] Schulman D S, Dunleavy J R, Harmer M J, et al. Shared Services: Adding Value to the Business Units [J]. 1999.

[15] Reijers HA, Mansar SL. Best practices in business process redesign: An overview and qualitative evaluation of successful redesign heuristics. Omega, 33 (4), 283 – 306 [J]. Omega, 2005, 33 (4): 283 – 306.

[16] Peppard J, Rowland P. Managing Business Processes. BPR and Beyond [J]. Journal of the Operational Research Society, 2007, 48 (8): 847.

[17] Howcroft D, Richardson H. The back office goes global: exploring connections and contradictions in shared service centres [J]. Work Employment & Society, 2012, 26 (1): 111 – 127.

[18] J Becker, B Niehaves, A Krause. Shared Service Center vs. Shared Service Network [J]. Mis Quarterly Executive, 2014, 13 (2): 63 – 75.

[19] Gunn R. W., Carberry D. P., Frigo R, et al. Shared Services: Major Companies Are Reengineering their Accounting Functions [J]. Management Accounting, 1993, 75: 22 – 28.

[20] Barbara E. Quinn, Robert Cooke, Andrew Kris. Shared Service: Mining for Corporate Gold [M], Financial Times Prentice Hall, 1998.

[21] Bryan Bergeron. Esentials of Shared Services [M]. New Jersey: John Wiley & Sons, Inc., 2003.

[22] V Schulz, W Brenner. Characteristics of shared service centers [J]. Transforming Government: People, Process and Policy, 2010, 4 (3): 210 – 219.

[23] 陈虎, 孙彦丛. 财务共享服务 [M]. 北京: 中国财政经济出版社, 2014: 122 – 166.

[24] 陈虎, 董皓. 财务共享服务中心的绩效管理及评估 [J]. 财务与会计, 2008 (22): 61 – 62.

[25] 胡勇. 集团医院财务共享模式的应用分析 [J]. 经营管理者, 2016 (31): 32.

[26] 侯增周. 财务共享模式下"会计工厂"探索研究——以某大型国有企

业财务共享中为例 [J]．商业时代．2016 (15)：188-190.

［27］金灿灿，王竹泉．财务共享模式下企业营运资金管理绩效研究——基于海尔集团 2007—2014 年的纵向案例 [J]．财会通讯．2017 (2)：98-103.

［28］张瑞君，陈虎，胡耀光，常艳．财务共享服务模式研究及实践 [J]．管理案例研究与评论，2008 (3)：19-27.

［29］张高峰，赵晓晖，吴益军．企业服务共享中心及其对上海城市化发展的意义 [J]．上海经济研究，2002 (12)：49-53.

［30］陈阳．大数据时代的财务信息化再升级 [J]．上海信息化，2017 (10)：26-29.

［31］黄庆华，杜舟．财务共享服务中心模式探究 [J]．经济问题，2014 (7)：108-109.

［32］王钊，黄旭等．大数据背景下财务共享服务模式建构的途径 [J]．中国管理信息化，2016 (1)：26.

［33］刘玉爱．财务共享模式在企业集团财务管理中的应用分析 [J]．中国市场，2016 (3)：101-102.

［34］程平，白沂．大数据时代基于财务共享服务模式的 IT 审计 [J]．会计之友，2016 (24)：128-129.

［35］王会芳．财务共享服务下管理会计信息化有效实施策略 [J]．纳税，2017 (13)：14-15.

［36］魏新峰．企业财务集中管理模式的构建与完善 [J]．中国国际财经，2017 (3)：73.

［37］曾雨露．财务共享服务中心的必要性和紧迫性分析 [J]．企业改革与管理，2017 (16)：129.

［38］计永芳，史剑春．浅谈财务共享服务在财政财务管理工作中的应用 [J]．财政监督，2017 (22)：63-67.

［39］刘慧娴，宋文萍．合肥：做好共享大文章 创造财政管理高水平 [J]．中国财政，2017 (15)：11-13.

［40］张顺．借鉴财务共享模式推动行政事业单位内部控制建设的思考 [J]．财务与会计（理财版），2014 (9)：59-60.

［41］张晓宇．会计集中核算制度与国库集中支付制度改革问题研究 [D]．吉林财经大学，2016.

［42］李明峰．国库集中支付下行政单位会计核算研究 [D]．吉林财经大学，2015.

[43] 于红军. 济南市行政事业单位会计集中核算制度问题研究 [D]. 山东大学, 2012.

[44] 蔡杰. 集中核算模式下的政府部门会计信息化平台构建研究 [D]. 天津大学, 2014.

[45] 戴洪健. 适应国库集中支付制度的会计应用软件系统开发策略研究 [D]. 厦门大学, 2008.

[46] 卢燕. 对基于网络的集中财务研究 [D]. 暨南大学, 2003.

[47] 光建梅. 行政事业单位建立财务共享服务体系研究 [J]. 现代商业, 2018 (18): 156-157.

[48] 李思思, 张秋雪. 基于我国行政事业单位财务共享中心建设的研究 [J]. 现代经济信息, 2018 (4): 274.

[49] 王春科. 浅析财务共享服务在行政事业单位的应用 [J]. 新丝路 (下旬), 2016 (7): 70-71.

[50] 朱蕾. 财务云共享模式构建与应用 [J]. 财会通讯, 2018 (26): 79-82.

[51] 戴宏伟. "互联网+" 视野下行政单位财务会计创新探析 [J]. 现代商贸工业, 2018, 39 (20): 60-61.

[52] 李英. 财务共享服务中心模式下财务与业务融合 [J]. 现代营销 (下旬刊), 2018 (6): 164.

[53] 刘小平. 行政事业单位财务共享服务思维植入 [J]. 经贸实践, 2018 (12): 118.

[54] 袁兰兰. 我国会计代理记账行业发展的现状和对策分析 [J]. 中国乡镇企业会计, 2018 (6): 197-198.

[55] 李燕. "大智移云" 时代企业集团财务共享服务创新研究 [D]. 西南科技大学, 2018.

[56] 甘智灵. 行政事业单位代理记账思考 [J]. 行政事业资产与财务, 2018 (8): 49-50.

[57] 袁惠民. 江苏省行政事业单位内部审计信息化现状调查研究 [D]. 南京审计大学, 2018.

[58] 李思思, 张秋雪. 基于我国行政事业单位财务共享中心建设的研究 [J]. 现代经济信息, 2018 (4): 274.

[59] 苏梦蓝. 财务共享服务视角下企业应付账款业务流程再造研究 [J]. 西部财会, 2018 (2): 36-39.

[60] 王虹. 基于"圈层分类"的政府综合财务报告框架与报表合并路径研究 [J]. 四川大学学报（哲学社会科学版），2018（1）：139-146.

[61] 杨子琪. 财务共享服务中心的建设与运营 [J]. 中国注册会计师，2017（12）：19-22.

[62] 张庆龙，韩菲，何敬. 财务共享服务未来何去何从——展现跨界融合之美 [J]. 财务与会计，2017（16）：53-55.

[63] 李德奎，杨宁柯. 浅谈集团公司差旅费用报销管理细则 [J]. 现代企业，2017（7）：15-16.

[64] 黄书娟. 财务共享模式对行政事业单位财务管理的启示和经验借鉴 [J]. 西部财会，2017（7）：27-30.

[65] 段晓霞. "互联网+"环境下代理记账的发展新趋势 [J]. 财会学习，2017（12）：114-115.

[66] 刘辽源. 行政事业单位建立财务共享服务中心的意义 [J]. 现代经济信息，2017（11）：111.

[67] 张然. 企业集团财务共享服务模式研究 [D]. 首都经济贸易大学，2017.

[68] 王垒垒. 企业集团财务共享服务中心制度建设问题与对策研究 [D]. 首都经济贸易大学，2017.

[69] 梁晓燕. 预算管理与财务共享服务流程的协同融合研究 [D]. 首都经济贸易大学，2017.

[70] 朱若熙. 跨国公司财务共享服务中心模式的研究 [D]. 对外经济贸易大学，2017.

[71] 温梦. 行政事业单位财务共享研究：综述与展望 [J]. 经贸实践，2017（7）：30-31.

[72] 陈丽娟. 行政事业单位财务管理目标探析 [J]. 财会学习，2017（7）：48，50.

[73] 周银明. 行政事业单位预算编制探讨 [J]. 现代商贸工业，2017（10）：108-109.

[74] 王玮. "大智移云"背景下企业财务共享平台案例分析及研究 [D]. 西南科技大学，2017.

[75] 黄迪. H集团财务共享服务模式的构建研究 [D]. 哈尔滨商业大学，2017.

[76] 朱玉玮. A企业集团财务共享服务中心建设研究 [D]. 重庆理工大

学,2017.

[77] 庄华. 财务共享模式下的预算管理探究 [J]. 会计师,2017 (5): 30 – 31.

[78] 张居帅,李小梅. 利用网络计划技术优化行政事业单位业务流程 [J]. 财会月刊,2017 (7): 31 – 34.

[79] 王克国. 富士康科技集团财务共享服务体系构建研究 [D]. 兰州大学,2017.

[80] 苗雨君,郭亚红. 企业集团财务共享服务的流程再造研究——基于创新资源配置的机理分析 [J]. 改革与战略,2017,33 (3): 143 – 145.

[81] 周利. 高校会计核算业务服务外包问题研究 [J]. 教育财会研究,2017,28 (1): 88 – 91.

[82] 王运运,胡本源. 财务共享服务中心建设流程探究 [J]. 财会月刊,2017 (1): 34 – 37.

[83] 马安乐. 行政单位会计独立性研究 [D]. 江西农业大学,2016.

[84] 杨波. 论行政事业单位财务制度改革与管理 [J]. 中国国际财经 (中英文),2016 (21): 147 – 149.

[85] 程平,白沂. 大数据时代基于财务共享服务模式的费用预算管理 [J]. 会计之友,2016 (22): 128 – 131.

[86] 丁雅俊,郝芳梓,杨成文,王曙光. 平安集团财务共享服务中心组织结构框架研究 [J]. 时代金融,2016 (27): 273,275.

[87] 杨寅,赵立彬. 财务共享服务中心构建的关键影响因素分析 [J]. 财会通讯,2016 (26): 58 – 62.

[88] 王春科. 浅析财务共享服务在行政事业单位的应用 [J]. 新丝路 (下旬),2016 (7): 70 – 71.

[89] 马广奇,景马婕. 财务共享模式下CFO的角色定位 [J]. 现代企业,2016 (8): 70 – 71.

[90] 张静. 行政事业单位部门预算改革与会计核算的协调 [J]. 中国商论,2016 (17): 56 – 57.

[91] 蒲又红. 完善行政事业单位预算编制及管理研究 [J]. 财会学习,2016 (13): 182 – 183.

[92] 王晓滨. 行政事业单位财务管理的目标研究 [J]. 财经界 (学术版),2016 (12): 248.

[93] 孙琅儒,李香. 行政事业单位"双分录"会计核算的比较研究 [J]. 全国商情,2016 (17): 102 – 103.

[94] 郝建华. 基于财务共享服务的 Y 集团财务管控模式研究 [D]. 内蒙古财经大学, 2016.

[95] 史寒冰. B 集团中国区财务共享服务中心的模式选择与运营管理 [D]. 东华大学, 2016.

[96] 王小琛. 集团企业财务共享服务中心的构建及实践研究 [D]. 首都经济贸易大学, 2016.

[97] 彭博. 我国企业财务共享服务模式研究 [D]. 吉林财经大学, 2016.

[98] 朱晓茹. ×××财政局预算管理存在的问题及对策研究 [D]. 吉林大学, 2016.

[99] 金莲花, 王华. 财务共享服务中心的应用效果研究 [J]. 会计之友, 2016 (5): 21-24.

[100] 王钊, 黄旭, 吴念芝. 大数据背景下财务共享服务模式建构的途径 [J]. 中国管理信息化, 2016, 19 (1): 27-30.

[101] 关红玲. 试析当前企业代理记账行业存在的问题与对策 [J]. 会计师, 2015 (24): 67-68.

[102] 薛婧, 林蕊. 财务共享服务模式对财务流程再造的影响研究 [J]. 商业会计, 2015 (24): 51-53.

[103] 刘东进, 廖书佳. 浅析"财务与会计平行运行"在财务共享中心的创新应用——以中交二航局财务共享中心为例 [J]. 中国总会计师, 2015 (12): 42-45.

[104] 郑跃. 会计代理记账行业发展的现状和完善对策分析 [J]. 东方企业文化, 2015 (23): 261, 264.

[105] 于露露. 会计集中核算模式下加强行政事业单位财务管理之我见 [J]. 知识经济, 2015 (24): 96-97.

[106] 谢江宏. 财务共享职能模式的探讨与研究 [J]. 财经界 (学术版), 2015 (21): 173.

[107] 张碧云. 电网企业原始凭证电子化应用研究 [J]. 现代经济信息, 2015 (21): 143-144.

[108] 韩海文, 范靓靓, 张旭辉. 电网企业推行原始凭证电子化的创新与实践 [J]. 商业会计, 2015 (17): 126-127.

[109] 李金, 韩海文. 电网企业推行原始凭证电子化的创新与实践 [C] // 软实力与现代化管理实践——2015 全国电力行业企业管理创新论文大赛获奖论文. 中国电力企业管理, 2015: 2.

[110] 黄璇. 对行政事业单位代理记账的思考 [J]. 财会学习, 2015 (8): 47, 49.

[111] 秦奇. 财务共享下业务流程再造研究 [D]. 安徽财经大学, 2015.

[112] 肖士高. 基于新形势下行政事业单位预算管理模式分析 [J]. 时代金融, 2015 (14): 166, 168.

[113] 杨晨虹. S 快递集团财务共享服务模式框架的构建研究 [D]. 长安大学, 2015.

[114] 朱明. S 市财政局预算管理体系研究 [D]. 长安大学, 2015.

[115] 游庆红. 对行政事业单位代理记账的思考 [J]. 北京财贸职业学院学报, 2015, 31 (2): 39-43.

[116] 褚燕. 云财务共享服务模式设计——以费用报销流程为例探讨 [J]. 价值工程, 2015, 34 (10): 16-18.

[117] 曹惠玲. 江苏对接上海自贸区的云会计外包模式探究 [J]. 财务与会计, 2015 (6): 49-50.

[118] 林仁灶. 从政府视角看代理记账的规范管理 [J]. 财会月刊, 2015 (7): 22-25.

[119] 陈娟. 论财务共享服务中心的建设运营 [J]. 时代金融, 2014 (36): 237, 240.

[120] 季金英. 集团企业财务共享服务中心的探讨与实践 [J]. 现代商业, 2014 (36): 199-200.

[121] 单继祥. 行政事业单位应收账款管理亟待加强 [J]. 预算管理与会计, 2014 (12): 38.

[122] 蔡海生. 基于 SOA 技术的政府财务核算系统的设计与实现 [D]. 北京工业大学, 2014.

[123] 黄臻如. 财务共享服务中心模式的利弊探析 [J]. 财经界 (学术版), 2014 (20): 167, 169.

[124] 果彩云. 建立以预算管理为中心的财务共享管理模式 [C] //廊坊市应用经济学会. 京津廊都市区跨越式发展与廊坊功能再定位——第八届国家重大发展战略——京津冀协同发展: 廊坊区位优势与对接高端城市论坛论文集. 廊坊市应用经济学会: 廊坊市应用经济学会, 2014: 4.

[125] 曲艺. 优化行政事业单位财务预算管理的思路 [J]. 中国总会计师, 2014 (6): 96-98.

[126] 江苏省行政事业单位内部控制研究课题组. 行政事业单位内部控制现

状分析与政策建议——基于江苏省行政事业单位内部控制问卷调查的研究［J］．财务与会计，2014（6）：12-14．

［127］袁瑞仙．BS公司财务共享服务中心的构建与运作研究［D］．河北工业大学，2014．

［128］张爱民，蔡剑锋．财务共享服务中心实施中的人力资源管理和架构策略［J］．商业会计，2014（3）：18-20．

［129］杨敏，欧阳宗书，胡兴国，李静．我国代理记账行业发展情况报告——基于财政部首次开展的全国代理记账机构普查分析［J］．财务与会计，2013（12）：10-13．

［130］陈代华．财务共享中心如何提高会计反映监督职能——中交二航局的案例分析［J］．中国总会计师，2013（10）：59-60．

［131］林平．小议行政事业单位代理记账模式对审计的影响［J］．管理观察，2013（19）：143-144．

［132］薛晖．预算绩效管理改革与行政事业单位财务管理模式探讨［D］．首都经济贸易大学，2013．

［133］何瑛．基于云计算的企业集团财务流程再造的路径与方向［J］．管理世界，2013（4）：182-183．

［134］张雪泽，王筱安．浅析流程型组织在政府组织中的应用及意义［J］．辽宁行政学院学报，2013（2）：27-29．

［135］程婉君．一个财务共享系统的设计与实现［D］．华中科技大学，2013．

［136］张雪艳．行政事业单位财务管理目标及加强财务管理的对策［J］．行政事业资产与财务，2012（18）：171-172．

［137］卢志强，王革，陈立新．组织目标形成的影响因素［J］．经营与管理，2012（9）：109-112．

［138］陶稳婵．论行政事业单位财务制度改革与管理［J］．企业研究，2012（14）：91-92．

［139］邵代斌．刍议会计集中核算模式下的行政事业单位固定资产管理［J］．现代商业，2012（15）：235．

［140］张庆龙，聂兴凯．财务共享服务中心建设咨询服务系列专题（五）财务共享服务中的流程再造与流程管理［J］．中国注册会计师，2012（5）：51-54．

［141］黄国成，张庆龙，彭志国．财务共享服务中心建设项目的组织实施［J］．中国注册会计师，2012（4）：37-40．

[142] 钟邦秀. 大型跨国集团公司财务共享服务中心构建模式研究 [J]. 财会研究, 2012 (5): 44-46.

[143] 张正益. 企业组织架构的构建与调整分析研究 [J]. 建材发展导向, 2012, 10 (1): 34-37.

[144] 张庆龙, 董皓. 财务共享服务模式探讨及其选择 [J]. 中国注册会计师, 2012 (2): 66-69.

[145] 薛馨. 政府部门记账凭证规范化管理探讨 [J]. 财经界 (学术版), 2012 (1): 136.

[146] 费诚. 原始凭证电子化探析 [J]. 中国集体经济, 2011 (36): 152-153.

[147] 张译丹. A跨国公司差旅费用报销审计流程再造研究 [D]. 大连理工大学, 2011.

[148] 耿建新, 洪图. 会计原始凭证无纸化问题探讨——基于电子商务的视角 [J]. 会计研究, 2011 (8): 9-15, 95.

[149] 周卫华. 行政事业单位财务一体化管理框架的构建——基于系统整合的视角 [C] //中国会计学会会计信息化专业委员会. 第十届全国会计信息化年会论文集. 中国会计学会会计信息化专业委员会: 中国会计学会, 2011: 6.

[150] 郭静荷. 从财务共享服务到企业业务流程再造 [J]. 企业家天地 (理论版), 2011 (4): 29-30.

[151] 曾祥华. 会计集中核算体制下固定资产管理探讨 [J]. 山东纺织经济, 2011 (4): 26-28.

[152] 张育强, 林金腾. 企业集团财务共享服务模式的比较分析 [J]. 会计之友, 2011 (1): 41-44.

[153] 陈裕. 浅析会计代理记账行业发展的现状和对策 [J]. 经济研究导刊, 2010 (22): 77-78.

[154] 张瑞君, 陈虎, 张永冀. 企业集团财务共享服务的流程再造关键因素研究——基于中兴通讯集团管理实践 [J]. 会计研究, 2010 (7): 57-64, 96.

[155] 袁婧. 昆明财政局预算编制管理系统设计与研发 [D]. 云南大学, 2010.

[156] 何瑛. 企业财务流程再造新趋势: 财务共享服务 [J]. 财会通讯, 2010 (6): 110-113.

[157] 崔世娟, 孙利, 蓝海林. 企业业务重组战略研究——以华立集团为例 [J]. 管理案例研究与评论, 2010, 3 (1): 72-81.

[158] 刘东辉, 高金伟, 么迎红. 我国会计代理记账行业发展的现状和对策 [J]. 经济师, 2010 (2): 144-146.

[159] 张琳. 行政事业单位的会计稽核 [J]. 现代商业, 2009 (24): 253.

[160] 吴一平. 财务共享服务中心运作模式分析 [J]. 财会通讯, 2009 (20): 151-152.

[161] 林倪滨. 我国财务共享服务模式的研究与应用 [D]. 厦门大学, 2009.

[162] 彭一浩. 基于委托代理理论的财务外包道德风险模型构建 [J]. 财会月刊, 2009 (9): 20-22.

[163] 柯明. 财务共享管控服务模式的探讨 [J]. 会计之友（上旬刊）, 2008 (12): 60-62.

[164] 朱冬琴. 财务外包：动因及其对中国企业的实践启迪 [J]. 审计与经济研究, 2008, 23 (6): 63-66.

[165] 栗军雄, 何爱华. 基于流程的组织结构设计 [J]. 山东行政学院山东省经济管理干部学院学报, 2008 (S1): 70-72.

[166] 张宝友, 达庆利, 黄祖庆. 企业核心业务与绩效相关性研究——基于我国21家上市物流公司的实证 [J]. 统计研究, 2008 (4): 33-39.

[167] 孔庆娟. 财务外包的中国模式发展研究 [D]. 同济大学, 2008.

[168] 高大钢. 安徽省会计代理记账行业发展的现状和对策 [J]. 安徽科技学院学报, 2007 (6): 81-83.

[169] 岳澎. 流程型组织的构建研究 [D]. 同济大学, 2006.

[170] 仲小云. 企业核心业务选择与评价研究 [D]. 大连理工大学, 2006.

[171] 曹雯. 我国行政事业单位会计集中核算现状分析及展望 [D]. 暨南大学, 2005.

[172] 王治超. 流程导向型组织设计研究 [D]. 山东大学, 2005.

[173] 刘飚. 企业业务流程分析及其再造的评价方法研究 [D]. 华中科技大学, 2004.

[174] 胡峰. 企业业务流程再造：理论、实践及启示 [J]. 石家庄经济学院学报, 2002 (4): 346-349.

[175] 李福来, 蔺海涛. 报销差旅费须使用差旅费报销单 [J]. 农村财务会计, 1999 (1): 26.

[176] 喻建屏, 严若文. 推介一种新的行政事业单位财务管理形式——会计委托代理制 [J]. 湖北财税, 1998 (17): 30.

[177] 屈涛. 立足共享服务构建集团级企业数据中心 [J]. 管理会计研究, 2019, 2 (2): 81-85, 88.

后　　记

本课题的研究和本书的撰写过程历时两年多。在南京大学海外教育学院陈志红副教授、东南大学浪潮智慧财务与会计研究院院长暨高质量发展评价研究院院长陈志斌教授的带领下，本课题采用文献研究、实地调研、小组讨论、专家访谈等方式，对我国行政事业单位财务共享服务的问题开展了研究，几经的修改完善，最终形成了本书。在本书的撰写和修改过程中，首先特别感谢课题高级顾问江苏省财政厅赵光副厅长、黄春育处长、东南大学总会计师丁辉教授、任卫时处长、南京大学财务处黄力处长的精心指导和大力支持，感谢课题主持人陈志红教授、陈志斌教授的精心构思与研究设计、精心指导与全心研究，感谢研究团队黄嘉诚、陈佳佳、周宇倩、朱芬芬、崔正林、刘岚、王健、张慧丽、葛晓冬、丁子云、朱晨曦、陈雨桐等每一个成员的辛苦付出。感谢浪潮集团、中兴通信等公司的支持，感谢浪潮集团王兴山总裁、中兴新云陈虎总裁等提供的宝贵资料、深入讨论。

由于行政事业单位财务共享问题是一个全新的研究领域，加之政府部门业务活动和财务活动的特殊性，因此，研究团队师生在理论可行性研究和实践可行性研究上付出了很多心血；也要感谢浪潮集团在研究过程中提供的帮助支持，浪潮集团为我们研究团队师生提供了实地调研交流的机会，并为本书的第四章、第十章部分内容的撰写提供了许多参考资料；感谢"江苏省社科应用研究精品工程"财经发展专项课题"大智移云时代行政事业单位财务共享机构设置及人员配置研究"（项目号：18SCA-03）和"政府及公共部门财务共享问题研究"（项目号：17SCA-01）两项基金项目的支持。目前，已有一篇与本书研究内容相关的论文公开发表在《管理会计研究》2019年第5期，未来，本研究团队将继续致力于行政事业单位财务共享问题展开更深层次的研究，以期建成全国范围内的行政事业单位财务共享服务中心。

本书课题组
2019 年 7 月 19 日